明朝大历史

吴晗 著

岳麓書社　博集天卷 CS-BOOKY

图书在版编目（CIP）数据

明朝大历史 / 吴晗著 . -- 长沙：岳麓书社，
2021.5

ISBN 978-7-5538-1248-9

Ⅰ . ①明… Ⅱ . ①吴… Ⅲ . ①中国历史—明代 Ⅳ .
① K248

中国版本图书馆 CIP 数据核字（2021）第 058548 号

MINGCHAO DA LISHI
明朝大历史

作　　者：吴　晗
责任编辑：奉懿梓
监　　制：秦　青
特约编辑：列　夫
营销编辑：杜　莎
封面设计：余　雷
版式设计：李　洁
岳麓书社出版
地址：湖南省长沙市爱民路 47 号
直销电话：0731-88804152　88885616
邮编：410006
2021 年 5 月第 1 版　2021 年 5 月第 1 次印刷
开本：680×955　1/16
印张：20
字数：267 千字
书号：ISBN 978-7-5538-1248-9
定价：48.00 元
承印：三河市兴博印务有限公司

若有质量问题，请致电质量监督电话：010-59096394
团购电话：010-59320018

目录

第一编

明史简述 //

第二编

明代政治军事与社会 //

第三编

明代人物 //

第一编

明史简述 //

明朝
大历史

　　本编是吴晗在中央高级党校所做学术讲演的记录稿，扼要而系统地讲述了明太祖建国、明成祖迁都北京、"北虏"南倭、东林党争、建州女真的崛起、郑和下西洋、资本主义萌芽等明代历史中最基本和最关键的问题。

现在讲明史。首先声明一下，这门课我已有十五六年没讲了，荒废很久；同时又缺乏准备，因为我3号刚从国外回来，21号又要走，各方面的工作都堆在一起，时间排得很满，没有很好地准备。所以，这次只能凭过去的印象，把自己所曾经思考过的一些问题以及对这些问题的认识，提出来供同志们参考、讨论。这些意见都不成熟，仅供参考，并不是定论。

这次只能讲1368年到1644年这个历史时期内的一些重大事件和重要问题，不准备像普通高等学校那样一般地讲。如果每一件事情都具体地讲，恐怕一年也讲不完。因为时间的限制，只能讲最基本的、最重要的、关键性的问题。

准备分两部分讲：

第一部分，明朝历史的基本情况。

毛主席在《中国革命和中国共产党》这一名著中给我们树立了一个研究历史的典范：要研究一个国家、一个民族的历史，重要的是抓住它的特征，到底它和其他国家、其他民族有什么不同。这样，才能了解这个国家、这个民族，了解它的各个历史时期许多问题的所以发生。所以我们首先讲明朝整个历史时期跟过去的时代到底有哪些不同，过去历史上所没有的，而这个时期才发生的是哪些问题、哪些事情。

这一部分讲这么几个小问题：

一、明太祖的建国。朱元璋建立了一个什么样的国家？如何建立的？也就是它的政权是什么性质，依靠什么，在什么基础上建立起来的？

二、明成祖迁都北京。明朝原来的首都在南京，明太祖为什么建都南京？到了明成祖时又为什么迁都北京？迁都北京与当时的社会情况有什么关系？对以后的历史发生了什么影响？

三、贯串明朝整个历史时期的两个大问题。一个是倭寇问题，就是日本海盗的侵略。这是外部问题，这个问题贯串了整个明朝历史；另一个是内部的民族关系问题，主要是明朝和北边蒙古族的关系。当时有所谓"北虏"、南倭的说法，称蒙古人为"北虏"，这是污蔑性的称呼。

四、建州女真族的问题。一般史书上往往容易混淆这一点，认为建州是明朝以后才有的。事实上不是这样，明朝一开始就有建州，建州女真早就在东北一带活动。我们研究明朝历史时，不能把这一点忽略了。

第一部分基本上就讲这么几个问题。有时间的话，还准备讲讲东林党的问题。

第二部分，准备提出几个问题：

一、郑和（三宝太监）下西洋的问题。这是历史上从来没有过的事，不但明朝以前没有，就是明朝以后也没有。前后三十多年内，郑和到南洋去了七次，最远达到非洲。他为什么去呢？去了之后的结果怎么样？在这些问题上，过去的历史学家有很多不同的意见、不同的看法。

二、资本主义萌芽问题。这是最近几年来历史学界讨论得比较多的一个问题，有不同的看法、不同的意见。到底资本主义萌芽从什么时候开始？怎么样才算是萌芽？为什么它只是一个萌芽，而不能够成长？准备提出一些看法。

三、农民战争问题。中国历史上发生过许多次的农民战争，大大小小有几百次，最大的也有十几次。但是明朝历史上有一个很奇怪的现象，就是明朝建国不久就发生农民战争。明太祖是从农民战争中起家的，他建立政权之后，马上就有农民起来反对他。这种斗争一直到明朝灭亡也没有停止过。明代农民战争爆发次数之多，我看历史上任何一个朝代都不能比。这是一个农民战争的时代。为什么？要回答这个问题。

有时间的话，还准备谈一谈八股文的危害，它在历史上所起的反动作用。我们现在不会写八股文，也不懂得八股文。可是明清两代六百年间都是写八股文的，它对中国学术文化的发展造成了严重的危害。

主要是讲上面这两个部分。如果时间允许的话，还可以讲几个历史人物。譬如保卫北京的于谦、海瑞，与海瑞同时的张居正。

上面所说的这些问题，过去都有过一些想法和看法。这些想法和看法不一定成熟，不一定正确。其中有些写了论文，有些没有来得及写。

现在讲第一部分。

明朝历史的基本情况

◉ 明太祖的建国

首先，我们应该弄清国家的含义。近几年来的学术讨论中，有人往往把我们这个时代关于国家的含义等同于历史上的国家的含义。这是错误的、不科学的。我们今天所说的国家，包括政府、土地、人民、主权各个方面。由于政权性质的不同，国家可以分为好几类，有人民民主国家、资本主义国家、民族主义国家等等。历史上国家的含义就跟这不一样。简单地说：历史上的国家只能是某一个家族的政权，不能把它等同于今天我们所说的国家。曹操的儿子曹丕临死前写了一篇遗嘱，说：自古无不亡之国。这里所说的"国"是什么呢？就是指某个家族的政权，是指刘家的、赵家的、李家的或者朱家的政权。这些政权经常更替，一个灭亡了，另一个起来。所以曹丕说自古无不亡之国。但是一个政权灭亡了，当时的国家是不是也灭亡了呢？没有。譬如汉朝刘家的政权被推翻了，曹操的儿子做了皇帝，还是有三国，我们的历史并没有中断。曹家的政权被推翻了，司马氏做了皇帝，国家也没有灭亡。所以，历史上的所谓亡国，就是指某一个家族的政权被推翻，国家还是存在的，人民还是存在的。因此我们所说的明太祖建国，也是指他建立的朱家的政权。这个国跟我们今天的中华人民共和国有本质的不同，它只代表一个家族、一个集团的利益，而不代表整个民族的共同的利益。把这个含义弄清楚，我们才可以讲下面的问题，就是朱元璋的政权依靠的是什么。

一、土地关系问题

要讲土地关系问题，不能不概括地讲讲当时的基本情况。在14世纪中叶，大致是从1348年到1368年的二十年中间，发生了大规模的农民起义、农民战争。规模之大，几乎遍及全国，从东北到西南，从西北到中南，到处都有农民战争发生。不单是有汉族农民参加，各地的少数民族也参加了，如东北的女真族（就是后来的建州族）、西南的回族都参加了斗争的行列。时间之久前后达二十年。战争激烈的情况，在整个历史上都是少有的。

在二十年的战争中，反对元朝的军事力量大致可以分为两个体系：一支是红军。因为参加起义的人都在头上包一块红布作为标志，在当时政府的文书上称为"红军"，也有个别的叫作"红巾军"。这是反对元朝的主要力量。现在有些历史学家不大愿用"红军"这个名称，大都称为"红巾军"。大概有这样一个顾虑：怕把历史上的红军同我们党建立的红军等同起来。在我的记忆里有这样一件事：大约二十年前，国民党政府的一个什么馆，要我写明史。书写好之后交给他们看，他们什么意见也提不出来，最后说：你这上面写的"红军"改不改？要改就出版，不改就不出版。我说：不出版拉倒！（这本书现在没有出版）他们怕红军，不但怕今天的红军，也怕历史上元朝的红军，因此他们要我改掉。我不改，因为根据历史记载，这支起义军本来就是红军，不是白军。这不说明什么政治内容，而只是说他们头上包了一块红布而已。红军又分成两部分：一部分在东边活动，一部分在西边活动。具体说，东边是指今天的安徽、河南、河北一带，西边是指江汉流域（长江、汉水流域）。江汉地区的红军很多，包括"北锁红军"和"南锁红军"。反对元朝的另一支军事力量是非红军系统：在浙江有方国珍，在元末的反元斗争中，他起兵最早；在江苏有张士诚；在福建有陈友定。这几支军队都不属于红军系统。当时为什么能爆发这样大规模的农民起义呢？我想在讲元朝历史的时候已提到了，这里就不再重复。

下面讲讲红军提出了些什么问题。

红军当中的一些领导者，他们在反元斗争展开之后发布了一个宣言（当时叫檄文），里面有这么两句话："贫极江南，富夸塞北。"（文件的全文已看不到了，只留下这么两句）这说明什么呢？说明红军反对元朝的统治，要推翻元朝的统治。这是一个有各族人民参加的阶级斗争。当时元朝的政治中心，一个在大都（北京），一个在上都。元朝政府经常派出很多官吏和军队到南方去搜刮物资，把这些物资运到北方去供少数人享受。元朝的皇帝在刚上台时，为了取得军事首领、部族酋长的支持，对他们大加赏赐，按照不同的地位给他们金、银、绸缎一类的物资。遇到政治上有困难时，为了获得支持以巩固自己的统治，也采取这种办法。每次赏赐的数目都很大，往往要用掉一年或者半年的收入，国家财政收支的一半甚至全部都给了他们。这些物资是从哪里来的呢？是从全国人民身上搜刮来的。几十年光景，造成了"贫极江南，富夸塞北"的局面。这样的统治使老百姓活不下去了，他们就起来斗争，改变这个局面，所以提出了这样鲜明的口号。

红军初期的主要领导人韩山童，是传布白莲教起家的（他家里世世代代都是传布白莲教的）。由于通过宣传白莲教，通过宗教迷信活动可以组织一部分力量，于是他就提出"明王出世""弥勒佛降生"的口号。明王是明教的神，也叫"明尊"或"明使"。明王出世的意思是光明必然到来，光明一到，黑暗就给消灭了，最后人类必然走上光明极乐的世界。弥勒佛是佛教里的著名人物。传说在释迦牟尼灭度（死）后，世界就变坏了，种种坏事全部出现，人的生活苦到不能再苦。幸得释迦牟尼在灭度前留下一句话，说再过若干年，会有弥勒佛出世。这佛爷一出世，世界立刻又变得好起来：自然界变好了；人心也变慈善了，抢着做好事，太太平平过日子；种的五谷，用不着拔草翻土，自己会长大，而且下一次种有七次的收成。这种宗教宣传，对当时受尽苦难的农民产生了深刻的影响，他们希望有人来解救他们。所以，在广大农民中间，白莲教就用"明王出世""弥勒佛降生"这样的口号作为号召来组织斗争力量。

　　这种宗教宣传对农民能够发生作用，可是对知识分子就不能够发生作用了，特别是一些念"四书""五经"的儒生不相信这一套。因此，对他们必须有另外一种口号。红军的领袖们就利用一些知识分子对元朝统治的不满，对宋朝怀念的心情，提出了"复宋"的口号。他们假托自己是赵家的子孙。韩山童是河北人，起兵之后被元朝政府杀害，他的儿子韩林儿跑掉了。以后刘福通就利用元朝政府治理黄河的机会组织反元斗争。当时黄河泛滥成灾，元朝政府用很大力量调了很多民夫、军队来做黄河改道的工作。民夫和军队都集中在一起，刘福通就乘机组织民夫发动反元斗争。军事行动开始之后，他们就假托韩林儿是宋徽宗的第九代子孙，刘福通是南宋大将刘光世的后代。他们以恢复宋朝的口号来团结一部分知识分子。所以红军有两套口号：一方面宣传"明王出世""弥勒佛降生"来团结和组织农民；另一方面以恢复宋朝政权相号召，团结社会上有威信的知识分子。而中心则是阶级斗争，推翻剥削阶级。

刘福通起兵之后，声势很大，得到了各个地方的响应。在江苏萧县有芝麻李起兵响应；安徽凤阳有郭子兴起兵响应，一下子就发展到几十万军队。他们从山里把韩林儿找出来，让他做了皇帝，建立了统治机构。同时分路出兵攻打元朝：一支由华北打到内蒙古，以后东占辽阳，转入高丽；另一支打到西北；还有一支打到四川。

以上讲的是东部红军的情况。

西部红军的主要领导人叫彭莹玉，他是一个和尚，原来在江西袁州组织过一次武装起义，失败以后，就跑到淮水、汉水流域，秘密传教，组织力量。后来他找到徐寿辉，组织武装力量，进行反元斗争。徐寿辉被他的部下陈友谅杀掉以后，西部红军的主要领导人就是陈友谅。此外，徐寿辉的另一个部将明玉珍跑到四川，在那里也建立了政权。

从二十年的长期战争中，我们可以看出这样几种基本情况：

第一，不管是东边韩林儿这一支，或者是西边陈友谅这一支，他们遇到的最坚强的敌人不是元朝的军队。这时元朝军队已经失去了建国初期那种勇敢、剽悍的特征，无论是军官也罢，士兵也罢，都腐化了，不能打仗了，在与红军作战时，往往是一触即溃。既然元朝军队不能打仗，为什么战争还能延续二十年呢？原因就在于坚决抵抗红军的是一些地主阶级的武装力量。这些武装力量，元朝政府把它称为"义军"。这些力量很强大，最强的有察罕帖木儿、扩廓帖木儿父子所领导的这一支；此外，李思齐、张思道、张良臣等也都很有实力。至于小的地主武装就举不胜举了。这些地主武装为什么这样坚决地反对农民起义呢？因为红军坚决反对阶级压迫。应该说当时的农民革命领袖并没有消灭地主阶级的思想，若要把现代人的意识强加于古人，那是错误的。那个时代的人不可能有消灭地主阶级的思想，但是，他们恨地主阶级，因为他们世代受地主阶级的剥削、压迫，现在他们自己有了武装力量，就要对这些地主阶级进行报复。在这种情况下，各地的地主阶级都组织力量来抵抗红军。其中最强的是察罕帖木儿和李思齐这两支力量。所以，红军在几路出兵的千里转战中，所遇到的主要敌人不是元朝的正规军，而是这些地主阶级的武装。在红军遭到这些地主武装的顽强阻击而受到损失之后，元朝政府就承认这些地主武装，封给察罕帖木儿、李思齐、张思道、张良臣及其部队以官位和名号。

一方面是红军，他们要改变"贫极江南，富夸塞北"的局面；另一方面，顽强抵抗红军的主要是地主阶级的武装力量，其中主要的数量最多的是汉人地主的武装力量。这就是从1348年到1368年二十年战争中的第一个基本情况。

第二，在二十年的斗争中，尽管起义的面很广，战争区域很大，军事力量发展得很快，但是始终没有形成统一的指挥。不管是刘福通这个系统，或者是徐寿辉这个系统，都是各自为政，互不配合。尽管在战争的过程中，东边的胜利可以支持西边，西边的胜利可以支持东边，可是战略上没有统一的部署，缺乏统一的领导。不只是东边这一支和西边这一支二者之间出现这种情况，就是在刘福通领导下的军事力量也是这样。军队从几路分兵出发，不能采取通盘的步骤，而是你打你的，我打我的。尽管他们也有根据地（刘福通建都开封，陈友谅建都武汉），但是在当时交通不便的情况下，前方和后方的联系很差，这支军队和那支军队之间的情况互不了解。尽管他们的军事力量都很强大，一打起仗来往往是几百里、几千里的远征，所到的地方都能把敌人打败，所消灭的敌人也很多，可是并不能把所占领的地方安定下来，没能建立起各个地方的政权。因此红军走了之后，原来的蒙古人和汉人地主的联合政权又恢复了。最后，这几支军队都由于得不到后方的接济，得不到友军的配合而逐个被消灭了。他们虽然失败了，但在历史记载上很少发现有投降元朝的，绝大多数都是战斗到最后。相反，不属于红军系统的那些反元力量，像浙江东部的方国珍

（佃户出身），以苏州为中心的张士诚（贩私盐的江湖好汉出身），他们也是反抗元朝的，也都有自己的政权，建号称王，可是在顶不住元朝的军事压迫的时候，就投降元朝，接受元朝的指挥。过一个时期看到元朝军事力量不行了，又起来反对元朝。方国珍也罢，张士诚也罢，都这样经常反复。他们虽然反对元朝，但并没有像红军那样提出政治的、宗教的阶级斗争口号。在二十年战争中，最后取得胜利的不是这些人，而是在韩林儿的旗帜下成长起来的朱元璋。

朱元璋出身于红军。他家里很穷苦，没有土地。从他祖父起，就经常搬家，替地主干活。最后，他父亲在安徽凤阳（当时的濠州）的一个小村子里落了户。朱元璋小的时候给人家放牛羊，以后因为遇到荒年，瘟疫流行，他的父母、哥哥都死了，他自己没有办法生活，便在庙里当了和尚。庙里是依靠地租过活的（过去寺院里都有大量的土地），遇到荒年，寺院里也收不到租，当和尚也还是没有饭吃。朱元璋只好出去化缘、要饭。他在淮水流域要了三年饭。这三年要饭的生活对朱元璋一生的事业有很大的关系。因为我们上面讲到的彭莹玉就是在这一带地方进行活动，通过宗教宣传组织反元斗争的。这样，朱元璋就不能不受到他的影响。同时，这三年的流浪生活也使朱元璋熟悉了这一带的地理、山川形势和风俗民情。三年后，朱元璋重新回到庙里。这时，濠州的郭子兴已经起兵，成为红军的将领之一。因为朱元璋和红军有来往，元朝政府就很注意他。他的处境很危险。但这时朱元璋还很彷徨，两条道路摆在面前：是革命呢，还是反革命呢？经过一番考虑，他最后还是投奔了红军，在郭子兴的部下当了一名亲兵。朱元璋自己后来写文章回忆，说他当时参加这个斗争并不很坚决，而是顾虑很多的。参加了郭子兴的部队以后，他很勇敢，也能够出主意，能够团结一些人。后来成了郭子兴的亲信，郭子兴就把自己的养女马氏许配给他，这样他就成了郭子兴的女婿。军队里称他为朱公子。朱元璋在反元斗争中用计谋袭击了一些地主武装，把这些地主武装拉了过来。同时他又回到自己的家乡去吸收了一批人，当时有二十四个人跟他参加了红军，以后都成了有名的将领，开国名将徐达就是其中之一。郭子兴死了之后，朱元璋代替了郭子兴，成为韩林儿旗帜下的一支军事力量的将领。这时，他的力量还并不强大。那么，他为什么能够赢得战争的胜利，取得全国的政权呢？有这么几个因素：

第一个因素是正当朱元璋开始组织军事力量时，刘福通部下的红军正在跟元朝的军队作战，元朝军队顾不上来打朱元璋。朱元璋占领区的北面都是红军，这样，就把他的军队和元朝的军队隔开了。所以，当红军和元朝军队作战时，朱元璋可以趁此机会壮大自己的武装力量，占领许多城市。

第二个因素是他取得了地主阶级知识分子的支持。他起兵之后不久，就有一些知识分子投奔他，像李善长、冯国用、刘基、宋濂、章溢、叶琛等。这些人都是浙江、安徽地区的地主阶级知识分子，在地方上有些威望，而且都有武装力量。这些知识分子替朱元璋出主意，劝他搞生产、搞屯田。在安徽时，朱升劝他"高筑墙、广积粮、缓称王"。这就是要他先把根据地搞好，在后方解决粮食问题，一开始不要把目标搞得太大。李善长、刘基劝他不要乱杀人，不要危害老百姓，要加强军队纪律，要巩固占领的城市，并经常把历史上成功的经验和失败的教训告诉他。朱元璋本人也很用功地学习历史，他在进行军事斗争或政治安排时，总是要征求这些人的意见，研究历史上的经验教训。

这里有一个问题，朱元璋出身于红军，他反对地主，而地主阶级为什么要支持他呢？这不是一个很大的矛盾吗？要了解这个问题，必须从当时的具体历史情况来看。朱元璋本人要打击地主，因为他受过地主阶级的压迫。可是在进行军事斗争的过程中，他感到光像过去那样打击地主、消灭地主，不仅很难取得地主阶级的支持，而且会遭到地主阶级的顽强抵抗。所以，在他还没有成为一个军事统帅的时候，他就改变了红军的传统，开始和地主阶级合作，取得他们的支持。这是问题的一方面。另一方面，地主阶级怎么愿意支持他呢？前面不是说过，红军在北上的战争中所遇到的最大阻力不是元朝军队，而是地主阶级的武装吗？原因很简单，就是安徽、浙江地区的地主阶级，他们看到元朝政府已经不能维持下去了，他们不能再依赖元朝政府的保护，而他们自己的武装力量又无论如何也抗拒不了朱元璋的进攻；更重要的是他们理解到朱元璋欢迎他们，采取跟他们合作的方针。他们与其坚决反抗朱元璋而被朱元璋消灭，还不如依靠朱元璋，得到朱元璋的保护，以维护自己的阶级利益。所以，当朱元璋派人去请刘基的时候，刘基开始拒绝，可是经过一番考虑之后，最后终于接受了。

朱元璋的军队加入了这样一批力量之后，它的性质逐渐改变了。所以在他以后去打张士诚时所发布的一个宣言中，不但不再承认他自己是红军，反而骂红军，攻击红军，把红军所讲的一些道理称为妖言。尽管这时他在形式上还是接受韩林儿的命令，用韩林儿的年号，他的官爵也是韩林儿封的，但实质上他已经叛变了红军。到了1368年，他已把陈友谅、张士诚消灭，派大将徐达进攻北京，这时又发布了一个宣言。在这个宣言中像红军所提出的"贫极江南，富夸塞北"的口号都没有了。主要提些什么问题呢？夷夏问题。就是说少数民族不能当中国的统治者，只能以夏治夷，不能以夷治夏。他要建立和恢复汉族的统治。在这样的情况下，战争的性质改变了，不再是红军原来的阶级斗争的性质，而是一个汉族与蒙古族的民族战争。

1368年，朱元璋的军队很顺利地打下了北京。元顺帝跑到蒙古，历史上称为北元。元顺帝虽然放弃了北京而回到蒙古，可是他的军事力量并没有受到太大的损失，还仍然保持着比较强大的军事力量和完整的政治机构。他并不认为自己统治的王朝已经结束了，他经常派兵来打北京，要收复失地。所以在明朝初年明朝和北元还有几次很激烈的战争。到了洪武八年（1375），北元的统帅扩廓帖木儿死了，蒙古对明朝的威胁才减轻了一些，但仍然没有结束。这时北元和高丽还保持着密切的关系，高丽的国王还照样是北元的女婿（每一个高丽国王都要娶蒙古贵族女子做妻子），在政治上仍然依附于北元。这种关系一直维持到洪武二十五年（1392）。这一年，高丽内部发生斗争，大将李成桂为了取王朝而代之，他依靠明朝的支持，在国内发动政变，推翻了旧的王朝，建立了一个新的朝代。从此，高丽臣服于明朝。同时，李成桂在求得明太祖的同意之后，把国名高丽改为朝鲜。此后一直叫朝鲜，不再称高丽了。朝鲜国内的政治变革，反映了明朝和北元的斗争关系和势力的消长。

总结上面所说的历史情况，得到这样的结论：经过二十年长期的战争，一方面是红军（包括东、西两部分）和非红军（像方国珍、张士诚）；另一方面是元朝军队，更重要的是各个地方的汉人地主武装力量。在战争过程中这些汉人地主武装大部分被消灭了。也由于二十年的长期战争，各地人口大大减少，土地大量地荒废。因此1368年明太祖建国之后，他就不能不采取一些措施，改变这种情况。一个以农业为主要生产手段的国家，农业生产得不到保证，它就不能维持下去。因此，在明朝初年采取了一系列的办法：

第一，大量地移民。例如移江浙的农民十四万户到安徽凤阳，迁山西的一部分人口到河南、河北、安徽去。移民的数量是很大的，一移就是几万家，甚至十几万家。迁移的民户到了新的地方之后，政府分配给他们土地。这些土地是从哪里来的呢？就是一些在战争中被消灭的大地主的土地和无主荒地。此外，政府还给耕牛、种子、农具，并宣布新开垦的荒地几年内不收租，鼓励他们的生产积极性。

第二，解放匠户。元朝有所谓匠户制度。成吉思汗定下了这样一种办法：每打下一个城市之后，一般的壮丁都杀掉，但是有技术的工人，无论是铜匠、铁匠或其他行业的工匠都保留下来。把每个大城市的技术工人都集合在一起为官府生产，这些人就称为匠户。这些匠户几乎没有人身自由，世世代代为官府服役。明太祖把他们部分地解放了，给他们一些自由，鼓励他们生产。匠户数目很大，有几十万人。

第三，凡是战争期间，农民的子弟被强迫去当奴隶的，一律解放，给予自由。这样，增加了农业生产的劳动力。

第四，广泛地鼓励农业生产。明太祖采取了很多措施，规定以各地农业收成的好坏作为考核地方官工作成绩的重要标准之一，地方官每年要向中央报告当地人口增加多少，农作物的产量增加多少；大力鼓励农民种植桑树和棉花，规定每一户的土地必须种多少棉花、多少桑树和果树。而且用法令规定：只要能够种棉花的地方就必须种棉花，能够种桑树、果树的地方就必须种桑树、果树。这样，农民的副业收入增加了。关于朱元璋鼓励种棉花的措施值得特别提一下。在朱元璋以前，更具体地说，在1368年以前，我们的祖先穿的是什么衣服呢？有钱的人夏天穿绸、穿缎，冬天穿皮的（北方）或者穿丝绵。老百姓穿的是什么呢？穿的是麻布。有一本看相的书，就叫《麻衣相法》。当时棉花很少，中国自南北朝的时候就有棉花进口，但数量少。到宋朝时棉布还是很珍贵。可是到了明太祖的时候，由于大力提倡种植棉花，以及当时由于种种原因，纺纱、织布的技术提高了，因而棉布大量增加。这样，我们祖先穿的衣服就改变了，过去平民以穿麻衣为主，现在一般人都能穿上棉布衣服。并且形成了几个产棉区和松江等出产棉布的中心。也是在这个时期，棉花种子从中国传入了朝鲜。结果在不太长的时间内，朝鲜人也穿上了棉布衣服。

在农业生产发展，农业经济恢复的基础上，朱元璋采取了支持商业的方针。在南京和其他一些地方，都专门为商人盖了房子，当时叫作"塌房"，以便他们进行商业活动。

所以，经过从1348年到1368年的二十年的长期战争，由于战争延续的时间长，涉及的区域广，战争的情况又极为残酷，使得社会上人口死亡很多，荒芜了很多土地。但是，经过洪武时期二十多年的努力以后，社会生产逐渐恢复并发展了，经济繁荣了。

那么，最后，问题归结到什么地方呢？朱元璋的政权依靠谁呢？

上面说过，元朝的大地主在战争中基本上被消灭了，在这种情况下，土地关系发生了重大的变化，第一种情况，过去土地比较集中，一个大地主占有很多土地，拥有很多庄园。现在这些大地主被消灭了，他们的土地被分配给了无地、少地的农民，或者是新来的移民。这样，一家一户几亩地，土地分散了，这是基本的情况。土地分散的后果是什么呢？在政治上是阶级矛盾的缓和。原来那些人口密度很高的地区（江苏、浙江一带），现在一部分地主被消灭了，一部分人口迁徙出去，留下来的农民有了部分土地，有了一些生产资料，这样，阶级关系就比过去缓和了。第二种情况与这相反，就是那些没有被消灭的地主，像李善长、冯国用、刘基、宋濂这些人，他们原来的土地不但保留下来了，而且有了发展。他们大都成为明朝的开国功臣，做了大官。第三种情况是出现了新的地主阶级。像朱元璋回家招兵时，跟他出来的二十四个人后来都成了他的大将、开国功臣，朱元璋给他们封公、封侯。这些人在政治上有了地位，经济地位也跟着提高了。明朝初年分配土地的结果，他们都成了新的地主阶级。

情况这么复杂，那么，整个说来，农民的土地问题解决了没有呢？没有解决。封建剥削还是存在，农民还是要向地主交租，还是受地主阶级的压迫，在某些地方甚至还有所加强。明太祖是红军出身，是反对地主阶级的，现在他自己成了全国最大的地主。因此，就发生了前面所提到的那种情况：明太祖建国之后，农民的反抗斗争就随之开始，一直到明朝灭亡。什么原因呢？因为阶级关系没有改变，土地问题没有解决。但是由于元末大地主阶级的土地分散的结果，使得在一定的历史时期内，某些地区的阶级斗争有所缓和。在这个基础上才有可能出现以后的郑和下西洋的事情。

　　上面所说的，牵涉到最近史学界讨论的一个问题，就是农民起义能不能建立农民政权的问题。这个问题有不少争论，涉及所谓皇权主义问题。中国的农民有没有皇权主义？有的人说有，有的人说没有。我们现在从朱元璋这个具体的人，以及从当时的具体历史事实来研究这个问题。我想，可以得出这样的结论：历史上任何农民战争最后必须要建立一种政权。政权有大有小，有的农民起义领袖自称为将军，因为他只知道将军是最大的；有的自称为"三老"；有的称王；有的称皇帝。他们能不能采取别的称号呢？能不能不利用这些当时实际存在的、为大家所熟悉的名称，而采取跟当时历史实际没有关系的名称呢？或者说农民有没有这种可能，就是他们在建立政权时，不采取他们所反对的政权形式，而另外创立一种跟原来的政权完全不同的政权形式呢？没有！他们只能称将军，称"三老"，称王，称帝，不可能称几百年、几千年之后的苏维埃共和国，不可能称总统或者主席。

　　因此，在谈到农民革命能不能建立政权的问题时，结论只能是：（1）它必然要建立政权。没有政权怎么办事？大大小小总要有一个机构；（2）它组织的政权跟当时现行的政权不可能完全相反，它只能运用它所熟悉的东西，而不能采取它所不知道的东西；（3）这个政权不可能是为农民服务的政权。因为它为了使自己能够长期存在下去，所能采取的办法只可能是封建国家压迫农民的办法，而不可能有其他办法。如果它要真正成为农民自己的政权，它就必须解决这样的问题：推翻地主阶级的统治，实行土地革命。但是这样的思想认识，在长期的封建社会里是不可能有的。任何国家的封建社会都没有发生过。它只能对个别地主进行报复，你这个地主欺侮过我，杀了我的人，我现在也把你杀掉，把你的房子烧掉，把你的东西抢来。这些都是可能做到的。但是要把整个地主作为一个阶级推翻，这在当时是不可能的。要知道，反封建这种口号的提出，还是近代的事情。而且就是在今天世界各国，除了我们已经完成了这个任务之外，还有很多地区没有解决这个问题。印度也算是一个共和国，但是它不反封建，印度的地主阶级照样存在。我们不能以19世纪、20世纪才出现的思想去要求封建社会的农民。而且从理论上来说，农民政权要建立起来，而且要巩固下去，它的收入从何而来？它的财政开支从何而来？那时没有现代化的大工业，国家财政开支只能取之于农民。除此之外，别无出路。所以，它只能采取封建国家对农民压迫的形式，而不可能有别的形式。因此，历史上所有的农民革命没有例外地在它取得政权之后，必然变质，他们从反对地主阶级开始，结果是自己又变成了地主阶级，新的地主阶级代替旧的地主阶级。这就是历史上农民革命不断起来的根本原因。

在土地比较分散的基础上，尤其是在这样一个空前的大国的情况下，朱元璋建立了一个高度中央集权的政权。关于政治机构问题，当时要完全改变明朝以前的政治机构，既不容许这样做，也没有必要这样做。元朝的中央政权机构有中书省（相当于我们现在的国务院），中书省的长官有左丞相、右丞相、平章、参知政事等官。中书省下面有管具体事情的各部。为了统治全国，元朝政府把中书省分出一部分到地方上，代表中央管理地方工作，叫行中书省，简称行省。行省的职权很大，民政、财政、军事一切都管。掌管监察的机关叫御史台，地方上有行御史台，简称行台。在这样的情况下，发生了权力分散的问题。所以后来元朝政府对地方的统治愈来愈弱。明朝初年（洪武元年到洪武十三年，1368—1380）继承了元朝的这个制度，中央还设有中书省，地方上设立行中书省。这就是上面所说的，农民革命不能创造出新的东西来，它只能模仿和继承已有的东西。

这种局面给朱元璋提出了一个问题，就是如何巩固和加强自己的统治问题。明初政权逐渐产生了很多矛盾。第一，明朝的政权是地主阶级的政权，但明初地主阶级分为旧地主和新兴地主两派。朱元璋起兵于淮河流域，而刘基等则是参加了红军的江浙地主。两个地主集团之间存在着矛盾。当时有一首诗说："城中高髻半淮人。"衣服穿得漂亮的、有钱的，多是两淮流域的人。两淮流域的新兴的地主阶级、官僚贵族，其中绝大多数不但拥有广大的庄园，而且还有大量的奴隶、家丁。有些将军还有假子。假子是朱元璋兴起的办法。他在起兵时把一些青年收作自己的儿子，像沐英、李文忠都是他的干儿子，也是他手下有名的将领。他往往在派一个将军出去作战时，同时派一个假子去监视。在这种作风的影响下，他下面的许多将军也有很多假子，他们拥有武装力量，有土地，有很多奴隶。这样，就形成许许多多小的军事力量。他们往往不遵守政府的规定，违法乱纪。明太祖要把这些劳动力放在国家的控制下，他们却要放在自己的庄园里。这是第二个矛盾，两淮流域新兴的地主集团和国家，即和朱元璋的统治之间的矛盾。这两个矛盾从1379年到1381年逐步展开。两淮流域地主集团的代表人物胡惟庸在这个斗争中被杀了。除了上面所说的两个矛盾之外，还有第三个，胡惟庸个人和朱元璋之间的矛盾，这是君权和相权之间的矛盾。皇帝应该管什么事，宰相应该管什么事，历史上没有明文规定过。在设置中书省的情况下，许多事情都由中书省掌握，中书省认为这件事情有必要请示皇帝就请示，认为没有必要请示的，就自己办了。胡惟庸这个人有野心，也很有才能，他在中书省多年，排斥了一些人，也提拔了一些人，造成他在中书省的强固地位。有许多事情他自己办了，明太祖根本不知道，以后明太祖发现了就很生气。这样，矛盾就发生了，而且日益尖锐。洪武十三年（1380），这三个方面的矛盾终于全面爆发。按照明朝的规定，军队指挥权掌握在皇帝手中。这样，明太祖在这个斗争中取得了胜利，他假借一个罪名把胡惟庸杀了，还牵连杀了不少人。

胡惟庸被杀以后，明太祖根本改变了元朝以来的中书省、行中书省制度，取消了中书省。而且立了个法令，规定以后子子孙孙都不设宰相这个官。谁来办事呢？把原来中书省下面的六个部（吏、户、礼、兵、刑、工）的地位提高，来管理全国的事情，直接对他负责。结果他自己代替了过去的宰相，相权和君权合而为一，大大加强了中央集权。在地方上则取消了行中书省，把原来行中书省的职权分开，即民政、司法、军事分别由三个机构管理：布政使司（主管官叫布政使）管民政、财政，按察使司（主管官叫按察使）管司法，都指挥使司（主管官叫都指挥使）管军事。这三司都直接对皇帝负责。这种把一切权力都揽在皇帝个人手中的高度集权的状况，是在明朝以前没有过的。所以，封建专制主义经过一千几百年的发展，到了朱元璋的时候，形成了一个历史上从来没有过的高度中央集权制的政治系统。这样的政治制度跟当时的土地形态基本上是相适应的。过去土地很集中，皇帝权力的支柱是大地主。现在土地分散了，朱元璋依靠谁呢？依靠粮长。他收粮时，不是采取各地方官收粮的办法，而是采取粮长制。即某一个地方，谁的土地最多、纳粮最多的，就让他当粮长。每年收粮万石的地区就派纳粮最多的地主四人当粮长，由粮长负责这个地区的租粮的收运。政治制度的这种改变，适应了土地比较分散的情况，也保证了朱元璋的经济收入。因此，他对粮长很重视，每年都把这些人召到南京去，亲自接见，和他们谈话。发现了其中某些有能力的人，就提拔他们。他的政权依靠什么呢？就依靠这些人。他的统治基础就在这里。所以，明朝初年相当长的一个时期内一些官职的任用是来自粮长。粮长之外，各地还有很多富户和耆民，朱元璋也经常把他们找来，发现有才能的，就任用他们为官。所以，他的政权是以中小地主作为支柱的。政治机构的这种发展变化，是和当时的土地形态、经济关系相适应的。

可是，在这样高度集权的情况下又发生了另一个新问题：皇帝到底是一个人，不是机器，什么事都要自己管，什么报告都得看，国家这么大，事情这么多，他怎么管得了呢？他只有每天看公文，变成文牍主义者。我曾给他做过统计，从洪武十七年（1384）9月14日到21日，八天内他收的文件有1666件，计3391件事情。他平均每天要看200份文件，处理400多件事情。这怎么可能长久搞下去呢？非变成官僚主义者不可。因此就发生了这样的矛盾：一方面他非看文件不可，怕别人欺骗他；另一方面，愈看愈烦，特别是那些空泛的万言书，更使他恼火。有一次，一个官员上了一份万言书，他看了好几千字，还没有看出什么问题，生了气，就把这个官员找来打了一顿屁股。打完之后又叫人继续念这个报告，念到最后五百字才提出一些问题，提出几条建议，而且还不错，这才知道打错了人。第二天，他向那个官员承认错误，他说：不过你的文章不该写这么长，最多写五百字就够了，为什么要写一万字呢？所以他就发起了一个反对文牍主义的运动，提出了一个写文章的格式，要求简单，讲什么事就写什么事，不要东扯西拉，从上古说到今天，没完没了。他希望通过这个办法使自己能够处理实际事务。结果还是不行。他一个人怎么能管那么多的事？以后他又另外想了个办法，找了一些有文才，能办事的五、六品官到内阁来做机要秘书，帮他做事。为了勉励这些人，就给他们一个称号，叫作大学士。上面加上官殿名称，如武英殿、文渊阁、东阁、文华殿等。这时，内阁还只是官殿的名称，不是政治机构的名称。因为这些人是在内廷里办事，所以就叫殿阁大学士。后来，明成祖的时候，把这个办法制度化了，国家大事都集中在内阁办。内阁大学士在这里办事愈久，政治权力就愈大，官位就愈高，有的做到六部的尚书。这样，内阁大学士虽然没有过去丞相的名称，但事实上等于宰相。入阁也就是拜相。内阁大学士中的第一名称为首辅，就是第一个辅助皇帝的人。这时，内阁便正式成为政治机构了。

这个改变，在历史上是个很大的改变。皇帝的权力高度集中，提高了六部的地位，以后又设立内阁。明朝一直继承着这个制度。清朝也实行这个制度。所以，在政治制度上清朝是继承了明朝的。

随着经济的发展变化，土地占有形态也发生了变化。明朝前期土地比较分散，经过几十年之后，土地又慢慢集中了。到了明朝中叶，土地集中的情况已经很严重。到了万历时，土地集中到这样的程度，在张居正的信件里有一份材料，说一个姓郝的地主拥有土地七万顷。明朝建国时的土地不过是八百五十万顷，现在这一家的土地就等于建国时全国土地的百分之一。从明武宗（就是《游龙戏凤》中的那个正德皇帝）之后，皇帝大搞皇庄，左占一块地，右占一块地。北京附近的皇庄就有很多。不但是皇帝搞庄园，就是贵族也搞庄园。嘉靖的时候，封皇子到各地去做亲王，有一个亲王就有二万顷土地。万历封福王到河南洛阳，准备给他四万顷土地。这些土地是从哪里来的呢？都是从老百姓手里夺来的。把原来的自耕农变成了亲王的佃户。土地集中愈来愈严重，农民的生活愈来愈困难。凡是有皇庄的地方，不但皇庄内部的佃农要受管理皇庄的太监的统治，甚至周围的老百姓也要受皇庄管事人员的压迫和各种超经济剥削。你要过桥就要交过桥税，要摆渡就要交摆渡税。京戏《打渔杀家》中有一个萧恩抗鱼税。明末有一个大地主钱谦益，做大官，文章写得很好，却是一个没有骨头的人，后来投降了清朝。他占有几个湖，要湖边的老百姓向他交税。老百姓气极了，就把他的房子烧了，他的一个收藏了很多古书的"绛云楼"也被烧掉。所以《打渔杀家》这样的事在历史上是有根据的。

由于土地形态的变化，一方面使原来的政治机构不能适应，结果造成明朝政治上停滞的状态。明朝后期有这么两个皇帝：一个是嘉靖皇帝（明世宗），一个是万历皇帝（明神宗）。这两朝有共同点：明世宗做了很多年皇帝，但是他经常在宫廷里，不跟大臣们见面。万历皇帝也是如此。闹得有一个时期，六部很多长官辞了职，没人管事。他也不管，使朝廷很多问题不能解决。另一方面，由于土地高度集中，也促使农民起义以更大的规模开展起来，最后形成以李自成、张献忠为首的全国规模的大起义。

二、明太祖为什么建都南京

明太祖之所以建都南京，主要是因为江苏、浙江、安徽这些地方比过去繁荣，是经济发达的地区，是粮食和棉花的产区。他建立了中央政权以后，有很多官员和军队，这些人吃什么呢？这就不能不依靠东南地区的粮食来养活。建都别的地方行不行？不行。以往的朝代建都洛阳、开封、西安，但这些地方交通不方便，粮食也供应不了。为了经济上的原因，他决定建都南京。可是这样发生了另外一个问题：军事上的问题怎么解决？元顺帝虽然跑掉了，但是他的军事实力并没有受到严重损失，他还保存着相当多的军队，并且时时刻刻在想办法反攻。因此，加强北边的防御，防止蒙古的反攻是非常必要的。不这样做，他的政权就不能巩固。但是建都在南京，对于在北方进行防御战争就比较困难了。当然，北边有一道万里长城，可是长城也要有人守才能发挥作用。因此，必须在北方驻重兵防守。可是把军队交给谁呢？交给将军行不行？不行，他不放心。如果他把十多万军队交给某个将军，一旦这个将军叛变，他就没有办法了。因此，他采取了分封政策，把自己的儿子封到沿边地区。第四个儿子燕王朱棣封在北京，其余的，宁王封在热河，晋王封在山西，秦王封在陕西，辽王封在辽东，代王封在大同，肃王封在甘肃。这些都叫作塞王。每一个王府都配有军队。亲王除了指挥自己的军队之外，在接到皇帝的命令以后，还可以指挥当地的军队。在有军事行动时，地方军队都要接受当地亲王的指挥。这样，就把每一个边防地区的军队都直接控制在中央的指挥之下了。

明太祖一方面建都南京，这样来解决粮食问题、服装问题；另一方面派自己的儿子到沿边地区去镇守，防止蒙古族南下；而且每年派亲信将领到北京来练兵，视察各个地方的军事情况，指挥军队，过一二年回去，然后又派人来，这样来巩固北方的边防。他自己认为这个办法是比较稳妥的。但是在他死后，情况发生了变化。他的大儿子早死了，孙子建文帝继位。当时他的第四个儿子燕王在北京，军事力量很强大，结果就发生了皇室内部的斗争。建文帝依靠的是一些知识分子，这些人认为亲王的军权太大，中央指挥不动，可能发生叛变，像汉朝时候的"七国之乱"一样。因此他们劝建文帝削藩，削减亲王的权力，把违法乱纪的亲王关起来或者杀掉。这样就引起了各个藩王的恐慌，最后燕王起兵打到南京。南京政权内部发生了变化，有的将军和亲王投降了燕王，建文帝自杀。（关于建文帝的问题，我们以后还可以讲讲）建文帝被推翻以后，燕王在南京做了皇帝，就是明成祖。可是北方的军事指挥权交给谁呢？为了解决这个问题，明成祖决定把都城迁到北京。

　　我们讲了明太祖建国的问题。围绕这个问题，对当前正在争论的一些问题提出了一些看法。现在就农民起义、农民战争到底能不能建立自己的政权的问题进一步提供一点意见。

　　农民战争、农民起义到底能不能建立政权呢？答复是肯定的。既然农民战争是要推翻旧的政权，它必然要建立一个新的政权。这个政权有大有小，有地区性，名称可以是多种多样的。但是，这个政权是不是农民自己的政权呢？是不是跟封建地主阶级的政权相对立的政权呢？从所有历史上的农民战争来看，不能得出这样的结论。农民战争在建立政权以前，它是要摧毁、冲击或者削弱旧的地主阶级的政权的；但是，等到它自己建立了政权之后，它不可能不根据旧的地主阶级政权的样子来办事，它不可能离开当时为人们所熟悉的、行之多年的一套政治机构。要知道，摧毁旧的国家机器这样的理论在《共产党宣言》里还没有提到，是在巴黎公社之后才总结出来的。无产阶级革命必须打碎旧的国家机器，建立新的国家机器，是只有在有了科学的共产主义理论，有了巴黎公社的经验之后才能得出的结论。既然是这样，中国历史上的农民战争怎么可能先知先觉，在还没有巴黎公社的经验的情况下，就能摧毁旧的国家政权，建立起农民自己的政权呢？这是不可能的。因此，在农民战争取得胜利之后，它所建立的政权必然变质。这也是一个历史规律，无论对谁都是一样的。汉高祖刘邦还不是变质了?! 朱元璋还不是变质了?! 明朝末年，李自成打到北京做了皇帝，他还不是变质了?! 李自成在进入北京以前，能取得广大农民支持的原因之一，就是过去明朝政府收租很重，人民负担很重，他现在不收租了，叫作"迎闯王，不纳粮"，以不纳粮为号召。可是能不能持久呢？老百姓都不交粮了，他的军队吃什么？他的政权的经济基础、财政基础放到哪里？他难道能够喝空气过日子？不行，维持不下去。因此，他进北京后没有待多久就失败了。即使当时清军不入关，他的政权也不能延续多长时间，也不能巩固。因为他没有生产作基础，没有经济基础。农民种地不纳粮了，对农民来说很好；可是那时候没有大工业，一旦农民不纳粮，不但他的军队没有吃的，连政府的经费也没有来源了。这样，那个政权是不能维持下去的。它要维持下去，也非采取明朝的办法不可，就是向农民收租。

上面讲的是第一个问题。

第二个问题，中国历史上的农民战争有没有皇权主义。有不少人说俄国的农民有皇权主义，中国的农民没有，好像中国的农民是另外一种农民。中国的农民没有皇权主义，那么他们有什么主义呢？任何一次农民战争，它要建立一个政权不可能不根据现存的政权来办事，它不能离开现实。农民起义的领袖们只能够把当时为他们所熟悉、所理解的政权形式作为自己的政权形式。可是有些人硬要把中国的农民战争区别于其他国家的农民战争。当然，这个国家和那个国家的农民战争是有很多不同之处的。但是，从皇权主义这一点来说，不能不是相同的。理由是它们都不能够离开现实政治。当时的农民除了他们所熟悉的政权形式之外，不可能创造出当时还不可能有的政权形式来。不只是农民战争如此，连旧时代的一些神话、传说也是如此。大家都熟悉的《西游记》，孙悟空大闹天官，天上的组织形式，玉皇大帝的那一套机构还不是反映了人间的机构。龙宫中龙王老爷的机构同样不能离开当时的现实，都是当时社会现实的反映。

第三个问题，对明太祖这个历史人物的评价问题。明太祖这个人到底是好人还是坏人？是应该肯定还是应该否定？当然应该肯定。因为他做了好事，他结束了长达二十年的战争混乱局面，统一了中国。统一这件事，在历史上是了不起的事情。而明太祖的统一中国，在历史上还有另外一种性质和意义。当时以北京和大同为中心，包括河北、山西及内蒙古一部分的这个地区，从唐末以来叫"燕云十六州"。从唐玄宗天宝末年，具体地说，从公元755年起，这个地区发生了"安史之乱"。以后虽然用很大的力量把这个战争结束了，但这个地区还是分裂了，少数民族化了。五代十国的时候，这个地区被一个卖国的奴才皇帝石敬瑭割让给了辽。从此，北京就成为辽的南京。在辽和北宋对立的时期，北宋从宋太祖起一直到宋神宗，曾经多少次想收复这个地方，几次出动军队，结果都失败了，没有能够统一。北宋末年，金灭掉辽，并继而推翻北宋政权，这样，便出现了金和南宋对峙的局面。后来元朝统一了。这时，不但是燕云十六州少数民族化，而且是整个国家都在蒙古族的统治之下。明太祖通过二十年的大规模的农民战争，把历史上长期没有解决的问题解决了，即把从公元755年起，一直到1368年长期在少数民族统治或者影响之下的北方广大地区统一了。过去多少世代没有能够完成的任务，到明太祖完成了，这是一个很大的历史功绩。所以，从那个时候起，北京一直是中国的政治中心。在这样的基础上，我们中华人民共和国才有条件建都北京。

其次，朱元璋统一中国之后，采取了许多鼓励生产的措施。因而，三十多年以后，人口慢慢增加了，开垦的土地面积也慢慢扩大了。到他晚年的时候，全国已开垦的土地有八百多万顷，合八亿多亩。今天我们的耕地是多少呢？大概是十六亿亩，也就是说，明太祖时期的耕地相当于我们现在的一半。人口增加了，耕地扩大了，生产发展了，人民生活也比过去好了，这应该说是他做了好事，在历史上起了进步作用。

还有一点，他建立了一个高度的封建中央集权的国家。这样一种政治制度，明清两代基本上没有什么改变。

因此，我们可以得出这样一个结论：明太祖在历史上是一个有地位的、了不起的人物，是应该肯定的。

　　反过来说，这个人是不是一切都好呢？不是的，他有很多缺点，做了不少坏事。不要说别的，我们就举这样一条：他订了一些制度，写成一本书叫《皇明祖训》。定制度是可以的，可是有一点，他不许他的后代改变。这个做法就有了问题，时代变了，情况不同了，可是老办法不许改变，用老办法适应新形势。这样，就影响到以后几百年的发展，把后代的手脚都捆住了。蒋介石有一句话，叫作"以不变应万变"。明太祖就是这样，以不变应万变。这是一种唯心主义的办法，很不合理。以后在政治上、经济上往往不能不改变，可是又不敢改变，原因何在？就是被这个东西捆住了。他定了这样的制度：把他的儿子封为亲王，封在那个地方以后，国家给这个亲王多少亩土地，每年给多少石粮食。这个制度定下来以后，过了一百多年，中央政府就不能负担了。像河南省征收来的粮食，全部给明太祖封在河南的子孙都不够，成为当时最大的一个负担。到了明朝末年，朱元璋的子孙有十几万人，这些人一不能做官，二不能种地，三不能搞手工业，四不许做生意，只能坐在家里吃饭，而且要吃好饭。这样，国家就养不起了。当然，他在其他方面的缺点还很多，我们今天不能做全面的评论。

　　现在我们讲第一部分的第二个问题。

◉ 明成祖迁都北京

上一次讲了明太祖定都南京。到了第三代明成祖（十三陵长陵埋的那个皇帝）时，把朝廷搬到北京来了。这件事情在历史上有什么意义？他当时为什么非迁都不可？

前面讲到，明太祖的军队打到北京以后，元顺帝跑掉了，元朝失去了在长城以内地区的统治权。尽管如此，元顺帝的军事力量、政治机构都还存在。因此，他经常派遣军队往南打，要收复失地。他认为这个地方是他的，他们已经统治了八九十年，而当时明朝的都城是在南京。为了抵抗蒙古的进攻，明太祖只好把他的许多儿子封在长城一线做塞王。可是现在情况变了，明成祖自己跑到南京去了；此外，原来封在热河的亲王叫宁王，宁王部下有大量蒙古骑兵。明成祖南下争夺帝位之前，先到热河，见到宁王就绑票，把宁王部下的蒙古骑兵都带过来了。他利用这些蒙古骑兵作为自己的军事主力，向南进攻取得了胜利。从此之后，他就不放宁王回热河，而把他封到江西去。这样一来，在长城以北原来可以抵抗蒙古军进攻的力量便没有了。原来他自己在北京，现在自己到了南京，因而就削弱了明太祖时代防御蒙古军进攻的力量，防御线有了缺口，顶不住了。因此，他不能不自己跑到北京来指挥军队，部署防御战。因为他自己经常在北京，当然政府里的许多官员也都跟来北京，北京慢慢变成了政治中心。于是他开始修建北京，扩建北京城，大体上是根据元朝的都城来改建的。元朝时北京南边的城墙在哪里呢？在现在的东西长安街。明朝就更往南了，东西长安街以南这个地区是明朝发展起来的。德胜门外五里的土城是元朝的北城，明朝往南缩了五里。明成祖营建北京是有个通盘安排的，他吸取了过去多少朝代的经验。所以街道很整齐，几条干线、支线把整个市区划成许多四四方方的小块。有比较完整的下水道系统，有许多中心建筑。从明成祖到北京以后，前后三十多年，重新把北京建成了。和这个时期的世界其他各国比较，北京是当时世界各国首都中建筑比较合理的、有规划的、最先进的城市。没有哪一个国家的首都比得上它。有人问：北京还有外城，外城是什么时候建筑的？外城的修建比较晚，是在公元1550年蒙古军包围北京的紧急情况下，为了保卫首都才修建的。但是因为这个工程太大，只修好了南边这一部分，其他部分就没有修了。至于现在的故宫、天坛那些主要建筑，也都是在那个时代打下的基础。应该说明，现在的故宫并不是原来的故宫，认为明成祖修的宫殿一直原封未动地保留到现在是错误的。故宫曾经经过多次的扩建和改修。过去三大殿经常起火，烧掉了再修。起火原因很简单，就是太监放火。宫廷里有许多黑暗的事情，太监偷东西，偷到不可开交的时候，事情包不住了，就放火一烧了事。烧掉了再修，反正是老百姓出钱。明清两代宫廷里经常闹火灾就是这个道理。故宫的整个建筑面积有十七万平方米左右，光修故宫就用了二十年的时间。我们人民大会堂的建筑面积是十七万四千多平方米，比整个故宫的有效面积还大。明朝修了二十年，我们只修了不到一年的时间，这个比较是很有意思的。由于从明成祖一直到明英宗连续地营建北京，政治中心就由南京转到北京来了，北京成为国都了。

以北京作为一个政治、军事的中心，就近指挥长城一线的军事防御，抵抗蒙古族的军事进攻，保证国家的统一，从这一点来说，明成祖迁都北京是正确的。如果他不采取这个措施的话，历史情况将会怎样，就很难说了。

即使明成祖迁都北京，并集中了大量的军队在这里，但在明朝历史上还是发生了两次严重的军事危机。一次是在公元1449年，一次是在1550年，中间只相隔一百零一年。

第一次危机叫"土木之役"。土木是什么意思呢？在今天官厅水库旁边的怀来县，有一个地方叫土木堡。当时蒙古有一个部族叫瓦剌，它的领袖叫也先。也先带兵来打明朝，他的军事力量很强大，从几方面进攻，一方进攻辽东，一方攻打山西大同。那时明朝的皇帝英宗是个年轻人，完全没有军事知识，他相信太监王振。王振也是完全没有军事知识的。王振劝他自己带兵去抵抗，他就糊里糊涂带了五十万大军往当时正被瓦剌部队包围的大同跑。还没有到那里，大同的镇守太监郭敬就派人来向皇帝报告，说那里情况很严重，不能去。于是就班师回朝。王振是河北蔚县人，他想要英宗带着五十万大军到他家乡去玩玩，显显自己的威风。刚出发，他又一想，五十万大军所过之处，庄稼不就全踩完了！对自己的利益有损害，又不愿去了。这样来回一折腾，走到土木堡那个地方，敌人就追上来了。当时正确的办法应该是进入怀来城内坚守。下面的将军也要求进城。王振不干，命令部队就地扎营。但是这个地方附近没有水源，不宜于坚守。结果五十万大军一下子被敌人全部包围了，造成了必败的形势。在这个高地上待了两天，五十万人没吃没喝。到第三天他让部队改变营地。部队一改变营地，敌人就趁机冲锋。结果全军覆没，皇帝被俘虏了，王振也死于乱军之中，造成了很严重的军事危机。这是历史上最不光彩、最丢人的一次战争。

这时候北京怎么办呢？没有皇帝，五十万大军全部被消灭了，北京只剩下一些老弱残兵。情况很紧张。许多官员纷纷准备逃难，家在南方的主张迁都南京，认为北京反正守不住了。在这种情况下，比较有见解的兵部侍郎（相当于现在的国防部副部长）于谦，反对迁都，他认为北京能够守住。如果迁都到南京去的话，北方没有一个政治中心，那么整个黄河以北的地区便都完了。他坚决主张抵抗，反对逃跑。他的主张得到了人民的支持，也得到了明英宗的兄弟郕王（不久即帝位，就是明景帝）的支持。于是就由于谦负责，组织北京的保卫战。于谦组织了军事力量，安排了防御工作，跟人民一起保卫北京；并且在政治上提出了一套办法，他告诉所有的军事将领说：我们现在已经有了皇帝，要坚守地方。这样，加强了全城军民保卫北京的决心。果然，也先把俘虏去的明英宗带到城外诱降，说：你们的皇帝回来了，赶快开门。他以为这样可以不战而取得北京城。但是守城的官兵们依照于谦的指示，坚决地回答说：我们有了新的皇帝了。各地方都是坚决抵抗，没有一个受骗的。结果英宗在也先手里成了废物，不能起欺骗作用了。由于依靠了人民群众，北京的保卫战取得了胜利。这时，各地的援军也不断前来。也先见占不到便宜，便只好退兵。这样，北京保卫住了，整个黄河以北的地区保卫住了。

明英宗在也先手里起不了作用，有人就替也先出主意：明朝的皇帝留在这里没有用，还要养他，不如把他送回去，在明朝中央政权内制造弟兄俩之间的矛盾。这样，也先就把明英宗送了回来。明英宗回来后不能再做皇帝，被关起来了。八年之后，明景帝生了病，政府里有一派反对明景帝和于谦的人，还有一些不得志的军人、政客，他们把景帝害死，把英宗放出来重新做了皇帝。英宗出来之后，就把于谦杀害了。

明景帝和于谦对于保卫北京立下了很大的功劳，对人民是有功的。景帝是个好皇帝，他的坟墓不在十三陵。七八年以前，我和郑振铎同志一起在颐和园后面把他的坟墓找到了，并重新修理了一下，作为一个公园。因为他是值得我们纪念的。

从以上说的情况可以看出，如果不是建都在北京，那么1449年也先军队的进攻是很难抵抗的。

过了101年，即1550年，蒙古的另外一个军事领袖俺答又率兵包围了北京。情况也非常严重。也是因为北京是一个首都，是一个政治和军事中心，经过艰苦的斗争，俺答也像也先一样，由于占不到便宜而退回去了。

北京在明朝历史上经受住了这样两次考验。由此可以说明明成祖迁都北京是必要的和正确的，无论从军事上和政治上来说，他都做对了。

但是，仅仅只把政治、军事中心建立在北京还是不够的。当时东边从辽东起，西边到嘉峪关止，敌人从任何地方都可以进来。当然，从山海关往西有一道万里长城。可是城墙是死的，没有人守还是不能起作用。所以，必须要在适当的军事要点布置强大的军事力量。因此，明朝政府在北方沿边一线设立了所谓"九边"。"九边"是逐步发展起来的。开始只建立了四个镇，即辽东、宣府、大同、延绥。跟着又增加了三个镇：宁夏、甘肃、蓟州。以后又加上太原、固原二镇。这九个军事要塞，在明朝合称"九边"，是专门对付蒙古族的。每一个军事中心都有很多军队，譬如明朝后期，光在蓟州这个地方就有十多万军队。

九边有大量的军队，北京也有大量的军队。这些军队吃什么呢？光依靠河北、山东、山西这几个地区的粮食是不够供应的，必须要从南边运粮食来。要运粮食，就要有一条运输线。当时没有公路、铁路，只能通过运河水运，把东南地区的粮食集中在南京，通过运河北上。一年要运三四百万石粮食来北京养活这些人。所以运河在当时是一条经济命脉。这种运输方法，当时叫作漕运。为了保护这条运输线的安全，明朝政府专门建立一个机构，派了十几万军队保护运河沿线。明朝是如此，清朝也是如此。

把军事、政治中心放在北京，北方的问题解决了。可是发生了另外一个问题：南方发生了事情怎么办？于是就把南京改为陪都。陪都也和首都一样，除了没有皇帝之外，其他各种组织机构，北京有一套，南京也有一套。北京有六部，南京也有六部。因为南京没有皇帝，便派一个皇帝亲信的人做守备。当时的大学叫国子监，国子监也有两个：一个叫"北监"，一个叫"南监"。北监在北京，就在孔庙的旁边。北监、南监都刻了很多书，叫北监本和南监本。当然，陪都和首都也有区别，首都的六部（六部的部长叫尚书，副部长叫侍郎）有实权，而陪都的六部没有实权。所有的事情都集中在首部办。南京的这些官清闲得很，没有什么事情可做。这些人大都是些政治上不得志的人，在北京站不住脚，有的年纪大了，做不了什么事，就要他到南京去做一个闲官，有饭吃，有地位，可是没有什么事情可做。我们研究这个时代的历史要了解这一点。那么，他在南方搞一套机构的目的是什么呢？第一，以南京为中心来保护运河交通线；第二，以南京为中心，加强对南方人民的统治。南方各个地区发生了人民的反抗斗争，就可以就近处理、镇压。

明成祖迁都北京，这不但是抵抗蒙古族南下的一个最重要的措施，同时也为北京附近地区生产的发展，文化水平的提高，都市的繁荣创造了有利的条件。有了这个基础，清朝入关后才能继续建都北京。我们在新中国成立之后，才有条件继续建都北京。这是一个历史发展的过程。我们国家建都北京，是经过了慎重、周密的考虑的。当时在讨论这个问题时，也有人提出不同的意见，他们认为北京是一个学术中心，首都最好建在别的地方，不要建在北京。北京一建都，就成为政治中心了。这些人认为政治是很不干净的东西，所以反对建都北京。甚至在我们建都北京之后，还有不同的论调。一些人认为旧北京城不能适应我们今天的政治要求，因此应该在复兴门外建一个新北京，把旧北京甩开。他们举了很多条理由。但是我们有一条：北京在1949年有一百几十万人口，你要把国家的中央机关放在复兴门外，孤孤单单地和人民脱离了，这在政治上是错误的。过去十几年以来，不断有这样的争论。现在事实证明：第一，今天建都北京是正确的；第二，在北京的旧基础上来扩建新北京也是正确的。中央机关——无产阶级的最高政权机关脱离人民行不行呢？当然不行，那是原则性的错误。当然还有其他方面的争论，今天不能多讲了。这是从明成祖迁都北京，顺便讲到我们今天的北京。

◎ "北虏"南倭问题

　　这里谈谈另外一个问题，就是如何对待明朝和蒙古族的关系问题。明朝和蒙古族的关系始终是敌对的。从1368年之后，一直到明朝灭亡，几百年间始终是敌对的关系。我们今天来研究过去的历史，应该实事求是地处理这个问题。在历史上是敌对的关系，你就不能说那个时候我们已经贯彻了民族政策，汉族和兄弟民族都是友好相处的。这是一方面。另一方面，今天我们国家是各民族团结的大家庭，实行民族团结的政策，各民族互相尊重，友好相处。在这样的情况下，我们怎么来看待历史上的民族关系？譬如明朝和蒙古族的关系，北宋和契丹的关系，清朝满族和汉族的关系，等等。对这些问题，有不少人感到难以处理。其实很简单，从今天学习历史的角度来说，从几千年各个民族发展的历史来说，我们应该把我们国家历史上的民族关系当作内部矛盾来处理。无论是蒙古族或者契丹，无论是西夏或者女真，都是这样。经过几年的研究，我们得出这样的看法，就是凡是今天在我们中华人民共和国的疆域之内的各民族，不论是哪一个民族，历史上的关系，都是我们自己内部的问题，不能当作敌我矛盾来处理，不能把它们当作外国。要是当作外国，那问题就严重了。我们不能继承解放以前那些历史书、教科书和某些论文中的带有民族偏见的错误观点。总之，我们今天的看法可以分为两个方面：一方面必须实事求是，历史是怎么样就怎么样写。明朝和蒙古族是打了几百年的仗，这个历史事实不能改，在当时是敌对关系，这一点不能隐讳，也不能歪曲。另一方面，凡是我国疆域以内的各民族，不管它在历史上是什么关系，今天我们看都是内部问题，内部矛盾。两个兄弟吵架，不能作为侵略和被侵略来处理。今天，蒙古族是我们五十几个兄弟民族里面的一个，我们今天来讲这段历史的时候，就不能像当时那样对蒙古族采取诬蔑、谩骂、攻击的语言。要互相尊重。明朝是骂蒙古族的，蒙古族也骂明朝，这是历史事实。但这是他们在骂，不是我们在骂，我们应该实事求是地记录。如果我们也用自己的话来骂就不对了。你有什么道理骂蒙古族？你根据什么事情骂？所以要正确处理历史上的民族关系。

　　至于区别战争的性质问题，是正义战争还是非正义战争的问题，我们不能把少数民族打汉族的战争不加区别地都说成是正义的，也不能把汉族为了自卫而进行的战争都说成是非正义的。应该就事论事，就战争发生的原因、经过、情况、是非来判断战争的性质。比如说，汉朝和匈奴的关系。匈奴来打汉朝，他抢人家的东西，屠杀人、畜；汉朝为了自卫，就应该还击，这当然是正义的。唐朝和突厥的关系也是一样。突厥经常来打，唐朝为了自卫进行还击，也是正义的。明朝和蒙古的关系。蒙古族要南下，明朝组织力量反抗，这同样也是正义的。但是，历史上汉族与少数民族之间的战争，也不是正义都在汉族的一边，这需要根据当时历史情况做出具体分析，不能一概而论。汉族经常欺侮一些小民族，打人家，这是非正义的。少数民族中的一些统治阶级为了自己的阶级利益，闹分裂，闹割据，打汉族，也同样是非正义的。所以要具体分析，不能笼统地对待。不是哪个民族大、哪个民族小的问题，也不是简单的谁打谁的问题，而是要根据战争的情况、双方人民的利益来判断战争的正义性与非正义性。

明朝和蒙古族的关系始终是敌对的关系，这个问题以后到清朝才解决。清朝打明朝经过了长期的战争，在这个战争中清朝采取联合蒙古族的政策，取得了蒙古族的支持。在入关之后，清朝对待蒙古族的政策是通过婚姻关系来保持满、蒙两个民族之间的和平，清朝皇帝总是把自己的女儿嫁给蒙古族的酋长。乾隆过生日时，来拜寿的一些蒙古族酋长都是他的女婿、孙女婿、曾孙女婿。所以，万里长城在清朝失去了意义。秦始皇修筑万里长城在历史上是起了作用的。早在战国时代，北方一些国家，像燕国、赵国为了抗拒外族的侵略，已经修筑了一些城墙。秦始皇统一六国之后，把这些国家所修的城墙联结起来加以扩展，就成为万里长城。我们现在看到的长城是经过许多朝代修建的，特别是青龙桥八达岭这一段不是秦始皇修的，而是明朝后期修的。我们在评论历史上某一件事情的好坏时，应该用辩证的方法。秦始皇修万里长城花了很大的力量，死了不少人，这是坏的一方面；可是另一方面，长城在漫长的历史过程中也的确起了作用。虽然它不能完全堵住北方各民族向南发动战争，但是，无论如何，它起了一部分作用，至少因为有了这样一个防御工事，使得长城以南众多的人口可以从事和平的生产。把长城的作用估计过高，认为有了这一条防线，北方的少数民族就进不来了，这是错误的。它们还是进来了，而且进来不止一次。但是，由于有了这个防御工事，使得北方一些少数民族的军事进攻受到阻碍，这种作用，直到明朝还是存在的。所以明朝还继续修缮长城。只有到了清朝，这样的作用才不再存在了。当然，清朝和蒙古族也有几次战争，不过跟明朝的情况比较起来就不同了。明朝和蒙古族始终是敌对的关系。清朝不是这样，清朝和蒙古族只是个别时候发生过战争。今天情况就更不同了，国家性质改变了，我们采取民族团结、民族区域自治的政策，内蒙古自治区是我们中华人民共和国的组成部分之一，现在长城只是作为一个历史文物而保留着。世界上有七大奇迹，长城是其中之一，是世界上最伟大、最古老的工程之一。

明朝和蒙古族的关系，是明朝历史上的一个特征，跟过去的情况不一样，跟以后的情况也不一样。此外，明朝和倭寇的关系，即所谓南倭问题，也是这个时代很突出的一个问题。明朝以前没有这样的情况，明朝以后也没有这样的情况。

研究明朝和倭寇的关系，光从中国的情况、中国的材料出发，还不可能得到全面的理解，还必须研究日本的历史。不研究日本的历史就很难理解当时为什么会有那么一些人专门从事抢劫，进行海盗活动，而且时间是如此之长，破坏是如此之严重。但是看看当时日本国内的情况，问题就很容易理解了。所以我们先讲讲日本的情况。

明朝的历史是从1368年开始的。而日本从1336年起，内部分裂为南朝、北朝。京都是北朝的政治中心，吉野是南朝的政治中心。这个分裂的局面，长达六十年之久。一直到1392年南朝站不住了，才投降了北朝。分裂期间，日本有两个天皇：京都有一个天皇，吉野有一个天皇。正当日本南北朝分裂的时候（1336—1392），明朝建立起来了。明朝建立初年，正是日本南北朝分裂的后期。

当时日本的政治形势怎么样呢？日本有天皇，可是那个天皇是虚的、无权的，是一个傀儡。不只是那个时候的天皇是傀儡，凡是明治维新以前的天皇都是傀儡，地位很高，可是政治上没有实际权力。掌握实权的是谁呢？是将军。当时的将军称为征夷大将军。将军有幕府，当时的幕府叫室町幕府，也叫足利幕府。那时日本处在封建社会，有很多封建领主。这些封建领主有很多庄园，占有很多土地，有自己的军事力量，他们不完全服从幕府的命令，各自在自己的势力范围内实行封建割据。足利幕府建立之后，由于它的经济基础很薄弱，不能完全控制他们。所以，在足利幕府时代，由于地方经济的发展，封建领主势力强大，在幕府控制下的中央财政发生了困难。怎么办呢？它就要求和明朝通商，做买卖。足利幕府的第三代叫足利义满，他派人到明朝来，要求和明朝通商。明朝政府当然欢迎，但是对日本的情况不了解，对国际形势缺乏知识，不知道日本国内已经有了天皇，糊里糊涂地就封足利义满为日本国王。足利义满希望通过和明朝通商来加强自己的经济地位，减少财政困难。但是，由于当时日本是处在一种分裂割据的状态，那些大封建领主并不听他的活。而在那些大封建领主下面有一批武士，由于得不到土地，生活困难，于是他们就到海上去抢劫，成为倭寇。这就是倭寇的来源。所以当时的情况是，一方面幕府和明朝有交往；另一方面幕府下面那些封建领主一批批地来破坏这种交往，到处抢劫。幕府不能控制那些诸侯、封建领主，最后发生了内战。从1467年到1573年这个时期，是日本历史上的"战国时期"。这个时期延续了一百多年，日本国内到处打来打去，战争频繁，人民不能正常地进行生产，因而土地荒废，粮食不够。这样，就使更多的人参加到倭寇的队伍中来。这就是日本在战国时代，也就是明朝中期（1467—1573）之后，倭寇侵略更加严重的原因。

从中国的情况来说，中国遭受倭寇的侵犯从明朝一开始就发生了。在明朝建国以前，倭寇已经侵略高丽。那时候，高丽王朝的政治很腐败，没有能力抵抗。接着倭寇南下骚扰我国沿海各地，从辽东半岛到山东半岛，到江苏、浙江、福建、广东，到处侵犯。洪武二年（1369）明朝政府派海军去抵抗倭寇。1384年之后又派了一个大将在山东、江苏、浙江沿海地区修了五十九个军事据点防御倭寇。1387年又在福建沿海地区修建了十六个军事据点。所以，从洪武时代起，倭寇就已在危害中国。在永乐时代，1419年倭寇大举进攻山东沿海地区。明朝军队狠狠地打了它一下，把这一股倭寇全部消灭了。倭寇的侵扰引起了明朝政府内部在政治上的争论。当时明朝政府专门设立了三个对外贸易机构，叫作"市舶司"。这三个市舶司设在广州、宁波和泉州。这些地方是当时的对外通商口岸，外国人可以到这里来做买卖。当倭寇侵略发生之后，有的人认为，倭寇之起是由于对外通商的缘故，因为你要做买卖，所以日本海盗就来了。最好的办法就是把市舶司封闭掉，对一切国家一概不做买卖。这种论调在明朝政府中占了优势，结果在公元1523年把三个市舶司撤销了。

撤销市舶司之后发生了另外一个问题。浙江、福建、广东等东南沿海地区，人口密度高，人多耕地少，不少人没有生产资料。这些人做什么呢？在通商的时候他们借一点资本出去做买卖，买一些外国货到中国来卖，把中国的土产卖出去。因此，这些人是依靠通商来维持生活的。这是一种情况。另外还有一种情况，就是东南沿海的一些大地主，他们看到对外通商的收入比在农业生产上进行剥削要多好几倍，因此从事对外贸易。他们自己搞了很多海船载运中国土产出国，同时把外国商品带回来卖。沿海大地主依靠通商发财，这在当时叫作"通番"。"通番"的历史已经很久了，宋朝后期就有许多大地主组织船队出海通商的事。宋代关于这一类事情的记载很多。元朝也有。民间有这样一个传说，说明朝有一个大富翁叫沈万三，他家里有一个聚宝盆，这个盆里可以出很多宝贝。这是传说，事实并不是这样。事实是他搞对外贸易发了财。有人说他富到这样的程度，明太祖修建南京城时，有一半是他出的钱；此外，每年还要他出很多钱，因为在明朝和元朝做斗争的时候，他曾经站在元朝这一边。所以后来明太祖干脆把他的家产全部没收了，把他充了军。有的说是充军到云南，也有的说是充军到东北。这个故事说明，当时是有这么一部分人是依靠通商和对外贸易来发财的。所以，当时东南沿海地区的情况是，一方面许多贫民依靠对外通商来维持生活，其中有一些穷苦的人长期停留在国外，这一批人就成为华侨。现在南洋各个地方都有华侨，大体上以广东、福建人为多；另一方面，沿海一些大地主依靠通商来发财。因此，当1523年，由于倭寇不断骚扰沿海，明朝政府封闭了市舶司，断绝了对外通商关系时，就发生了新的问题：一方面很多穷苦人失去了生活来源；另一方面，沿海大地主失去了发财机会。他们要求恢复通商。在这种情况下，某些地主集团便采取反抗手段。你禁止通商，他就秘密通商。他们自己组织船队出去，其中有一些照样发了财，有一些就遭到倭寇的抢劫；而另外一些则采取和倭寇合作的办法，他们也变成了倭寇。他们组织船队出去，能够做买卖就做买卖，不能做买卖就抢。因此，倭寇主要是日本海盗，但其中也有一部分是中国人。

　　除了倭寇之外，当时还有一种情况，即在16世纪初年（1513），葡萄牙人到东方来了。这些葡萄牙人一方面进行通商活动，另一方面也进行海盗活动。不但进行海盗活动，而且占据了我国福建沿海的一些岛屿。

　　1546年，也就是日本的"战国时代"，倭寇对沿海的侵略更加严重了，浙江宁波一带受到严重的损害。明朝政府派了一个官员总管浙江、福建两省的军事，防御倭寇。这个官员叫朱纨，他坚决执行禁海方针，任何人都不许出去。坚决用军事力量打击倭寇，打击葡萄牙海盗。把抓到的九十多个海盗头目——有日本人，有葡萄牙人，也有中国人——都杀掉了。这样一来引起政治上的一场轩然大波。因为被杀的这些人里面，有一些是沿海的大地主派出去的，把这些人杀了，就损害了沿海大地主阶级的利益。这些大地主集团在北京中央政权机构里的代言人（主要是一些福建人）大叫起来了，他们向皇帝控告朱纨，说他在消灭海盗时，错杀了良民和好百姓。这样就展开了政治斗争。在政府里和地方上形成两派：一派要求对外通商，一派反对通商。大体上沿海一些大地主坚决主张通商，而内地一些大地主反对。为什么内地的大地主反对呢？因为他们不但得不到通商的好处，而且海盗扰乱的时候，还要出钱，他们吃了亏。通商派和反通商派的斗争很激烈，代表闽、浙沿海大地主利益的许多官员都起来反对朱纨。朱纨也向皇帝上疏为自己辩护，并且很愤慨地说："去外国盗易，去中国盗难；去中国濒海之盗易，去中国衣冠之盗尤难。"这样，浙江、福建沿海的大地主集团更加恨他，对他的攻击更厉害了。结果明朝政府就把他负责的浙江、福建两省的军事指挥权撤销了，并且派了一个官员来查办这件事。最后朱纨在"纵天子不欲死我，闽浙人必杀我"的情况下自杀了。

朱纨失败了，倭寇问题没有解决。1552年之后，情况更加严重。在浙江沿海一带，倭寇长驱直入。一直到1563年的十一年中间，不但江苏、浙江、福建的许多城市、农村受到倭寇的烧杀、抢劫，倭寇甚至还打到南京城下，打到苏州、扬州一带。

这个时候，明朝的军事力量已经腐化了。明朝在地方的军事制度是卫所制，一个卫有5600人，一个千户所有1120人，一个百户所有120人。军队和老百姓分开，军户和民户分开。军人是世袭的，父亲死了以后，儿子接着当兵。明朝初年的军事力量是相当强大的，因为它有经济作基础，那时，明朝实行屯田政策，军队要参加生产。办法是国家拨一部分土地给军队，军队里抽一部分人，参加农业生产。自己生产粮食供应军队的需要，国家再补贴一部分。所以，尽管军队的数量很大，最多时达到二百多万人，可是国家的财政开支并不大。以后由于许多地主、官僚把屯田吞没了，把军队的钱贪污了，所以屯田的面积愈来愈小，粮食收入愈来愈少。同时，有些军官把士兵拉来替他搞私人劳动，在家里服役。此外，由于军队和老百姓是分开的，军户和民户是分开的，军人的服装、武器要自备；把河北人派到云南去，山东人派到浙江去，世世代代当兵，结果部队中逃亡的比例愈来愈大。从明朝初年一直发生军队减员的现象，以后愈来愈严重，往往一个单位的逃亡比例达到十分之七八，一百人当中只剩下二三十人。怎么办呢？明朝政府就采取这样的办法：张三如果逃跑了，就把他的弟弟、侄子抓去顶替。如果他家里没有人可以顶替，就抓他的邻居去代替。但是这些被抓去顶替的人又逃跑了。所以军队数量愈来愈少，质量愈来愈低。军官也腐化了。

从明太祖到明成祖，在沿海建立了许多军事据点，组织了海军，建造了一些战船。到这时这些战船因为用的时间太久了，破破烂烂，不能再用了。按照规定，船过一定时期要修一次。可是由于修船的钱也被军官贪污了，没办法修，所以战船愈来愈少。

由于上面这几方面的原因，明朝的军事力量腐化了，军队不能打仗了。在1552年之后，往往是数量不多的倭寇登陆之后，一抢就是几十个城市，抢了就跑。各地方尽管有很多军队，但是不能抵抗。人民遭受到深重的灾难。特别应该指出的是，倭寇所侵犯的这些地区都是粮食产区，是最富庶的地方。像江苏（包括长江三角洲）、浙江及福建沿海地区，都是最富庶的地区，经济最发达的地区。这些地方长期遭到抢劫直到什么时候呢？一直到1564年才改变这种局面。这时，出现了戚继光、俞大猷等有名的军事将领。戚继光看到原来的军队不能作战了，就自己练兵。他了解浙江义乌县的农民很勇敢，便招募了义乌县的农民三千人，成立了一支新军，进行严格的军事训练。他根据东南地区的地形，组织了一个新的阵法，叫作"鸳鸯阵法"。这个阵法的主要特点是各个兵种互相配合，长武器和短武器结合使用。更重要的是他有严格的军事纪律，对兵士进行严格的军事训练。经过两三年之后，他的这支军队便成了最有战斗力的军队。当倭寇侵入浙江的时候，在台州地区，戚继光的军队九战九胜，把浙江地区的倭寇消灭光了。以后把福建地区的倭寇也消灭了。他和俞大猷及其他地区的军事将领经过十年左右的努力，彻底解决了倭寇问题。

可是，在倭寇问题解决之后，又发生了新的问题。这时日本国内的情况发生了变化，原来的幕府被推翻了，新的军阀起来了。这就是丰臣秀吉。丰臣秀吉用军事力量统一了国内。不过这是表面上的统一，实际上国内各地还是一些封建领主在统治着。这些封建领主拥有强大的军事力量，他不能完全控制。为了把尚未完全控制的封建领主（大名）的目标转向国外，并消耗他们的实力，以稳固自己的统治，于是丰臣秀吉就发动一次侵朝战争，派军队去打朝鲜。他写信给朝鲜国王，说他要去打明朝，要朝鲜让路，让他通过朝鲜进入我国东北。他的军事野心非常狂妄，准备征服整个中国；然后把他的天皇带到中国来，以宁波为中心，建立一个庞大的帝国。步骤是：第一步占领朝鲜；第二步占领中国；第三步以中国为中心，向南洋群岛扩张。面临着这样的形势，明朝政府怎么办？有两种主张：一种认为日本打朝鲜与中国无关；另一些人看到了唇亡齿寒的关系，认为朝鲜是我们友好的邻国，丰臣秀吉占领朝鲜以后就会向中国进攻，因此援助朝鲜也就是保卫自己。经过一番争论，后一种意见占了优势，明朝派了军队出去援助朝鲜。这时候，朝鲜已经很混乱，大部分地区被日本军队占领，国王逃跑。明朝政府动员全国的力量来帮助朝鲜，前后打了七年（1592—1598）。由于中国人民的援助，朝鲜军队的奋勇抗战，特别是朝鲜海军名将李舜臣使用一种叫"龟船"的战舰，发挥了很大的作用，最后把日本侵略军打败了。1598年，丰臣秀吉病死。日本侵略朝鲜的军队跑掉了，战争结束了。

所以，我们和朝鲜的历史关系很深远，在甲午战争前三百年，中国就出兵援助过朝鲜，共同反抗外来的侵略。在中华人民共和国建立之后，我们的经济还没有恢复，美帝国主义就越过"三八线"，向朝鲜民主主义人民共和国进攻。情况很严重。我们又进行了抗美援朝运动，派出了志愿军支援了朝鲜人民。

这一段历史使我们得到这样的认识：日本军国主义者不是这个时代才有，而是有其长远的历史原因。它总是要侵略别人的，从倭寇起，以后不断地向外侵略，1598年侵略朝鲜，甲午战争时期占领我国东北，1937年以后占领了我国大部分地方。我们进行了抗日战争才取得了胜利。要了解和熟悉日本的情况，必须要了解和熟悉我们自己的历史情况，这样才能对我们很接近的国家有正确的看法。当然，说日本的军国主义有长远的历史原因，绝对不等于说日本人民都是侵略者。如果得出这样的结论，那就是错误的。但是日本的统治者，不管是过去的封建主，或者是近代的军国主义者，都是侵略成性的。中国与日本是一衣带水的邻邦，两国之间有着悠久的历史文化联系。但是在近代的半个多世纪中，由于日本军国主义的侵略，给中日两国人民带来了灾难。现在中日两国人民，都要从惨痛的历史中吸取有益的经验教训，使惨痛的历史永不重演，建立和巩固两国人民的友好关系。

明朝的历史情况与过去不同，与倭寇的斗争，与蒙古贵族的斗争贯穿着这个时代。明朝以前没有这样的情况，明朝以后也没有这样的情况，这是明朝历史的特征。要抓住这个特征才能够了解明朝人民的负担为什么那么重。因为北边有蒙古问题，沿海有倭寇问题，就要有军队打仗。军队要吃饭、要花钱，这些负担都落在人民身上。所以明朝的农民受着无比深重的苦难。在这样的情况下，从明朝开国一直到灭亡，都不断发生农民战争。农民战争次数之多，规模之大，时间之久，分布地区之广，在历史上没有任何一个时期可以和明朝相比。

◉ 东林党之争

东林党之争是明朝末年历史上的一个特征。

首先应该明确这样一个问题，历史上所谓党与我们今天所说的党是两回事，不能把历史上所说的党和今天的政党混同起来。历史上所说的党并没有什么组织形式，参加哪个党是没有任何形式的，既不要交党费，也没有组织生活，更没有党章和党纲。然而在历史上又确实叫作党。历史上所谓党是指的什么呢？是指政治见解大体相同的一些人的集团，也就是统治阶级内部某些人无形的组合。明朝的东林党，它的情况大致是这样：在江苏无锡有个书院叫东林书院，这是一所学校。当时有两个政府官员，叫顾宪成和顾允成，两兄弟在北京做官的时候，由于他们的政治见解与当时的当权人物相抵触，便辞官不做，回家后在东林书院讲学。他们很有学问，在地方上声望很高，为人也正派。这样，和他们意气相投的人跟他们的来往便越来越多了。不但在地方上，就是在北京，有一些官员跟他们的来往也比较多。他们以讲学为名，发表一些议论朝政的意见。这样，从万历二十二年（1594）开始，一直到明朝被推翻，前后五十年间，在明朝政治上形成了一批所谓东林党人，和另外一批反对东林党的非东林党人。非东林党人后来形成齐（山东）、楚（湖北）、浙（浙江）三派，与东林党争论不休。这五十年中间，在几件大事情上都有争论。你主张这样，他反对；他主张那样，你反对。举例来说，党争中最早的一个问题，就是所谓"京察"问题。"京察"这两个字大家都认识，但是不好懂。这是古代历史上的一种制度，就是政府的官员经过一定的时期要考核，相当于现在的考勤考绩。主持考勤考绩的是吏部尚书、吏部侍郎（相当于现在的内务部长、副部长），他们主管文官的登记、资格审查、成绩考核及任免、升降、转调、俸给、奖恤等事。当时考取进士以后，有一部分进士就安排做科道官。科就是六科给事中，道就是十三道御史。六科就是按照六部来分的。道是按照行政区划来设置的。当时全国有十三个布政使司，设了十三道御史，譬如浙江道有浙江道御史。科道官都是监察官，当时叫作"言官"。他们本身没有什么工作，只是监察别人的工作，提出赞成的或者反对的意见。他们的任务就是说话，所以叫"言官"。每次"京察"，吏部提出某些人称职，某些人不称职。1594年举行"京察"的时候，就发生了争论，这一部分人说这些人好，那一部分人说不好。凡是东林党人说好的，非东林党人一定说不好。争论中掺和了封建社会的乡里（同乡）关系。譬如齐、楚、浙就是乡里关系。不管这件事情正确不正确，只要是和我同乡的人，都是对的。还有一种同门的关系。所谓同门就是指同一个老师出身的。不管事情本身怎么样，只要跟我是同学，就都是对的。至于对亲戚、朋友则更不用说了。就在这样的封建关系组合之下，从1594年"京察"开始，一直争吵了五十年。

继"京察"问题之后，接着发生了"国本之争"。所谓"国本"就是国家的根本。我们今天说国家的根本就是人民，没有人民就没有国家。当时并没有这样的概念。那时候所谓"国本"是指皇帝的继承人问题。万历做了多年皇帝，按照过去的惯例，他应该立一个皇太子，以便他死后有一个法定的继承人。可是他不喜欢他的大儿子，他所喜欢的是他的小老婆（郑贵妃）生的儿子福王（以后封在河南洛阳），所以他就迟迟不立太子。有些大臣就叫起来了，他们认为国家的根本很重要，也就是说第二代的皇帝很重要，应该早立太子。凡是提议立太子的，万历就不高兴，他说：我还活着，你们忙什么！这样，有人主张早立太子，有人反对立太子，争吵起来了，这就叫"国本之争"。

跟着又发生了一个案子叫"梃击案"。有一天早晨，突然有一个人跑到宫里来见人就打，一直打到万历的大儿子那里去了。当然，这个人马上被逮住了。可是这里发生了一个问题，是谁叫他到宫里来打万历的大儿子的？当时有人怀疑是郑贵妃指使的。这是宫廷问题，却成了当时政治上的一个大问题，引起了争吵，东林党与非东林党大吵特吵。

万历做了四十八年皇帝，死了。他的大儿子继位不到一个月又死了。怎么死的呢？搞不清楚。据说他在病的时候，有一个医生给他红丸药吃，吃了以后就死了。这样就发生了一个问题，这个皇帝是不是被毒死的？是谁把他毒死的？因此又发生了所谓"红丸案"。各个集团之间又争吵起来了。

正在争吵的时候，发生了另外一个问题：就是这个只做了个把月的皇帝死了以后，他的儿子继位，还没成年。这个短命皇帝有个妃子李选侍，她住在正宫里不肯搬出来。她有政治野心：想趁这个小孩做皇帝的机会把持朝政。这样，又发生了争论，有一些人出来骂她：你这个妃子怎么能霸着正宫？逼着她搬出去了。这个案件叫"移宫案"。京戏里有一出戏叫《二进宫》，就是反映这件事的，不过把时代改变了，把孙子的事情改成了祖父的事情。

"梃击""红丸""移宫"是当时三大案件，成为当时争论最激烈的事件。在这样的情况下，政治上出现了什么现象呢？每一件事情出来，这批人这样主张，那批人那样主张，争论不休，整天给皇帝写报告。到底谁对谁不对？从现在来看，东林党与非东林党之争，一般地说，道理在东林党方面。东林党的道理多，非东林党的道理少。但是，东林党是不是完全对呢？在某些问题上也不完全对。这样争来争去，争不出个是非来，结果只有争论，缺乏行动，许多政治上该办的事没人去管了。后来造成这种现象：某些正派的官员提出他的主张，这个主张一提出来，马上就有一批人来攻击他，他就不能办事，只好请求辞职。皇帝不知道这个人对不对，不做处理，把事情压下来。这个官既不能办事，辞职也辞不成，怎么办？干脆自己回家。他回家以后政府也不管，结果这个官就空着没人做。到万历后期政治纪律松懈到这样的地步：哪个官受了攻击就把官丢了回家，以致六部的很多部长都没人做了。万历皇帝到晚年根本不接见臣下，差不多一二十年不跟大臣见面，把自己关在宫廷里，什么事情也不管。大臣们有什么事情要跟他商量也见不着。政治腐化，纪律松懈，很多重要的问题得不到解决，却专搞无原则的纠纷。大是大非没人管了，成天纠缠在一些枝节问题上面。

这种无休止的争吵影响到一些重大的政治事件的发展。譬如日本侵略朝鲜，中国到底应不应该援助朝鲜，在这个问题上发生了争论。后来还是派兵去支援了朝鲜，第一个时期打了胜仗，收复了平壤。后来又派兵去，由于麻痹大意，打了败仗。打了败仗以后，政府里又发生争论了，主和派觉得和日本打仗没有必要，支援朝鲜意义不大，不如放弃军事办法，转而采取政治办法来解决问题。他们主张把丰臣秀吉封为日本国王，并答应和他做买卖。历史上封王叫作朝，做买卖叫作贡，所谓朝贡，说得通俗一点，就是你带些物资来卖给我，我给你一些物资作交换。在这种情况下，明朝政府只好一面按照主战派的主张，继续派兵援助朝鲜；一面派人暗中往来日本进行和议。后来明军与朝鲜军大败日本侵略军，日本愿和了。明朝政府便按照主和派撤兵议和的主张，允许议和。并派人到日本去办外交，封丰臣秀吉为国王。但日本国内本来已经有天皇，因此丰臣秀吉不接受王位，而且提出了很强硬的条件。结果外交失败了。日军重新侵略朝鲜。明朝政府只好再次出兵，最后打败了日军。由于追究外交失败的责任，又引起了争论。

这种影响在"封疆案"的问题上表现得更加明显。万历死后，东林党在政府做官的人越来越多了。这时北京有一个"首善书院"（在北京宣武门内），在这里讲学的也是东林党人。这些人在政治上提出意见时，非东林党人就起来攻击，要封闭这个书院。东林党人当然反对封闭。这样吵了二三十年。这个争论最后演变成什么局面呢？当时万历皇帝的孙子熹宗（年号天启，是崇祯皇帝的哥哥）很年轻，不懂事，光贪玩。他宠信太监魏忠贤，军事、政治各个方面都是太监当家。一些地主阶级的知识分子由于在魏忠贤门下奔走而当了官。凡是属于魏忠贤这一派的，历史上称为"阉党"。阉党里面没有什么正派人。东林党是反对阉党的。因此，党争发展到这个时候，就变成了地主阶级的知识分子与宦官的斗争。这个斗争影响到东北的军事形势。在万历以前，东北的建州族已经壮大起来了，不断进攻辽东，占领了许多城市。到天启时代，明朝防御建州的军事将领熊廷弼提出一系列的军事上和政治上的主张，他认为跟建州进行军事斗争时，明朝军队不能退回到山海关以内，而应该在山海关以东建立军事据点。当时前方的另一个军事将领叫王化贞，他不同意这个意见，他认为只能依靠山海关来据守。熊廷弼虽然是统帅，地位比王化贞高，但是没有军事实权。而王化贞得到了魏忠贤的支持。这样，熊廷弼的正确意见因为得不到支持而不能贯彻，结果打了败仗，王化贞跑回来了，熊廷弼也跑回来了，山海关以东的很多地方都丢了。北京震动，面临着很严重的军事危机。在这种情况下又发生了有关"封疆案"的争论。当时追究这次失败的责任，到底是熊廷弼的责任，还是王化贞的责任？从当时的具体军事形势来看，熊廷弼是正确的，但他没有军队来支持。王化贞有十几万军队，坚持错误的主张，因此王化贞应该负责。但是因为熊廷弼得罪了很多人，结果把这个责任推到他身上，把他杀了。很显然，这样的争论和处理大大地影响了前方的军事形势。

"封疆案"以后，跟着就是魏忠贤对东林党人的屠杀。因为一些在朝的东林党人认为魏忠贤这样胡搞不行，就向皇帝写信控告他的罪恶。当时有杨涟等人列举了他的二十四条罪状。这些东林党人的行为得到了其他官员的支持。这样，东林党和阉党就面对面地斗争起来。由于魏忠贤军权在握，又指挥了特务，而东林党人缺乏这两样武器，结果大批的东林党人被杀。当时被杀的有杨涟、左光斗、周顺昌、黄尊素、缪昌期等。其中周顺昌在苏州很有声望，当特务逮捕他的时候，苏州的老百姓起来保护他。最后这次人民的斗争还是失败了，人民吃了苦头，周顺昌被带到北京杀害了。

熹宗死了以后，明朝最后的一个皇帝——崇祯皇帝比他哥哥清楚一点，他把魏忠贤这伙人收拾了，把一些阉党分子都杀了（魏忠贤是自己上吊死的）。但是这场斗争是不是停止了呢？没有停止，东林党人跟魏忠贤的余孽在崇祯十七年（1644）的时候还在继续斗争。崇祯五年（1632）一些东林党人的后代跟与东林党有关系的地方上的知识分子组织了一个团体，叫作"复社"，以后又有"几社"，有大批青年知识分子参加。表面上他们是以文会友，写文章、写诗，是学术研究组织，实际上有政治内容。大家可能看过《桃花扇》这出戏，这出戏里的侯朝宗、陈贞慧、吴应箕、冒辟疆四公子都是复社里面的人。当时李自成已经占领了北京，崇祯上吊死了。这个消息传到了南方，没有皇帝怎么办？这时一些阉党人物就想拥小福王（由崧）来做皇帝。原来万历把最喜欢的那个儿子福王（常洵）封在河南洛阳，这是老福王。这个人很坏，在他封到洛阳时，万历给他四万顷土地，河南的土地不够，还把邻省的土地也给他。老百姓都恨透了。李自成进入洛阳以后，把老福王杀掉了。小福王由崧（这也不是个好东西）逃到南京。当时在南京掌握军事实权的是过去和魏忠贤有关系的阉党人物马士英，替他出主意的也是一个阉党分子，叫阮大铖，他们把小福王抓到手中，把他捧出来做皇帝。可是政府里面另外一批比较正派的人，像史可法、高弘图、姜日广等主张立潞王（常淓）做皇帝。这个人比较明白清楚。但马士英他们先走了一步，硬把福王捧出来做了皇帝。这样，在南京小朝廷里又发生了东林党与非东林党之争。因为马士英和阮大铖是当权的，史可法被排挤出去，去镇守扬州。在清军南下的时候，史可法坚决抵抗，在扬州牺牲了。马士英和阮大铖在南京搞得不像样，清军一步步逼近南京。这时候小福王在做什么呢？在跟阮大铖排戏。也就在这个时候，上面说的四公子就起来反对阮大铖，他们出布告，揭露阮大铖过去是魏忠贤的干儿子，名誉很不好，做了很多坏事，不能让他在政府里当权，号召大家起来反对他。南京国子监的学生也支持他们的主张，这样就形成一个学生运动。侯朝宗这些人虽然得到广大知识分子的支持，但是他们根本没有实力。而马士英、阮大铖有军事力量。结果有的人被逮捕了，有的人跑掉了。不久之后，清军占领南京，小福王的政权也就被消灭了。

　　党争从1594年开始，一直到1645年，始终没有停止过。无论是在政治问题上，还是在军事问题上，都争论不休。这种争论是什么性质的呢？这是地主阶级内部的矛盾。开始是东林党和齐、楚、浙三党之争，后来演变为东林党与阉党之争。由于东林党的主张在某些方面是有利于当时的生产的发展的，因此他们得到了人民的支持。但是反过来说，所有的东林党人都反对农民起义。这是他们的阶级本质决定的。譬如史可法这个历史人物，从他最后这段历史来说是应该肯定的。那时候，清军南下包围扬州，他的军事力量很薄弱，也得不到南京的支持，孤军据守扬州。但他宁肯牺牲不肯投降。这是有民族气节的人，也就是毛主席所说的有骨气。我们中国人是有骨气的，史可法就是这种有骨气的代表人物。但是他以前的历史就不好追究了。他以前干什么呢？镇压农民起义。在阶级斗争极为尖锐的时候，这些人的阶级立场是极为清楚的，反对农民起义，镇压农民起义。即使在他抗拒清军南下的时候，还要反对农民起义。有没有同情农民起义呢？没有。不可能要求统治者来同情被统治者的反抗。

对于这样一段党争的历史，要具体分析，具体研究。党争跟明朝的政治制度有关系。明太祖在洪武十三年（1380）取消了宰相，取消了中书省，搞了几个机要秘书到内廷来办事情。到明成祖时搞了个内阁，这是个政府机构。内阁的权力越来越大，代替了过去的宰相，虽然没有宰相之名，但是有宰相之实。至于给皇帝个人办事的有秘书，就是在宫廷里面设立一个机构，叫作"司礼监"。这是一个内廷机构，不是政府机构。司礼监有一个秉笔太监，皇帝要看什么政府报告，让秉笔太监先看；皇帝要下什么书面指示，也让秉笔太监起稿。皇帝年纪大一些、知识多一些的，还能辨别是非，是不是同意，他自己有主见。可是一些年轻的皇帝就搞不清楚，结果司礼监的秉笔太监就操纵政治，掌握了政权。因为用人和行政的权力都给了司礼监，结果形成了明朝后期的太监独裁。在明朝历史上有很多坏太监，像明英宗时代的王振，明武宗时代的刘瑾，天启时代的魏忠贤等。太监当家的结果，就造成了政府与内廷之争，也就是统治阶级内部地主阶级知识分子与太监争夺政权的斗争。明朝后期五十年的东林党之争就是在这样的背景之下进行的。

随着太监权力的扩大，不但中央被他们控制了，地方也被他们控制了。洪武十三年以后，地方上设有三司（都指挥使司、布政使司、按察使司）。三司是各自独立的，都受皇帝的直接指挥。到了永乐时代，当一个地区发生了军事行动，像农民起义或其他的群众斗争爆发的时候，这三个司往往意见不统一，各管各的。结果只好由中央政府派官员去管理这个地方的事。这个官叫巡抚。巡抚是政府官员，常常是由国防部副部长，即兵部侍郎担任。巡抚出去巡视各个地方，事情完了就回来。可是由于到处发生农民战争和民族与民族之间的战争，这个官去了以后就回不来了，逐渐变成一个地方的常驻官了。因为巡抚是中央派去的，所以他的地位在三司之上。过去三司使是地方上最大的官，现在三司使上面又加了一个巡抚。但这能不能解决问题呢？还是不能解决问题。为什么呢？因为巡抚只能指挥这一个地区的军事行动，比如浙江的巡抚就只能管浙江这一个地方。

可是遇到军事行动牵涉到几个省的时候，这个巡抚就不能管了。于是又派比巡抚更高的官，即派国防部长——兵部尚书出去做总督。总督管几个省或一个大省。有了总督之后，巡抚就变成第二等官了，三司的地位则更低了。可是到了明朝后期，总督也管不了事。为什么呢？因为战争扩大了，农民战争和辽东的战争往往牵涉到五六个省。五六个省就往往有五六个总督，谁也管不了谁。结果只好派大学士出去做督师，总督也归他管。这是一方面。另一方面，明朝为了镇压各地人民的反抗，就派军官到各地去镇守，叫作总兵官，也就是总指挥。统治者对总兵官不放心，怕他搞鬼，因此总是派一个太监去监督，叫作监军。哪个地方有总兵官，哪个地方就有监军。监军可以直接向皇帝写报告，因为他是皇帝直接派出去的。因此，不但总兵官要听他的话，就是像巡抚这一类的地方官也要听他的话。这样，就形成了中央和地方都是太监当家的局面，明朝的政治变成太监的政治了。此外，明朝的皇帝贪图享受，为了满足自己生活上的欲望，哪个地方收税多就派一个太监去，哪个地方有矿藏也派一个太监去，叫作"税使""矿使"。全国的主要矿区，东北起辽东，西南到云南，以及武汉、苏州等大城市都有税使、矿使搜刮民脂民膏。这些太监很不讲道理，他们的任务就是弄钱。他们根本不懂得什么矿，更不懂得怎么开采，却要开矿。只要听说这个地方有金矿就要开，而且规定要在这里开三百两、五百两。如果开不出来怎么办？就要这个地方的老百姓来赔。老百姓要反抗，他就说你的房子下面有矿，把房子拆了开矿。收税也很厉害。苏州有很多机户，纺织工人数量很大。他们要加税，每一张织机要加多少钱。老百姓交不起就请愿。请愿也不行。结果就起来反抗，把太监打死，形成市民暴动。苏州市民暴动出了一个英雄人物，叫作葛贤。这个人后来被杀了。因为明朝政府要屠杀参加暴动的市民，他挺身出来顶住了。不仅在苏州，在武汉、辽宁、云南各个地方都发生了市民暴动。有的地方把太监赶跑了，有的地方把太监下面的人逮住杀了。市民暴动是明朝后期历史的一个特征。人民的生活日益困难，不但农民活不下去，城市工商业者也活不下去了，他们便起来反对暴政。

因此，当时一些比较有见解的政治家，就在政治上提出了一些主张。譬如大家知道的海瑞就是这样。他提出了什么主张呢？他做苏州巡抚，管理江苏全省和安徽一部分。这个地区的土地情况怎样呢？前面说到明朝初年土地比较分散，阶级斗争比较缓和。可是一百多年以后，情况改变了，土地全部集中在大地主、大官僚的手中，而且越来越集中。就在海瑞所管辖的地区松江府，出了一个宰相叫徐阶，他就是一个大地主，家里有二十万亩土地。土地都被大地主占有，农民没有土地，只能逃亡。土地过分集中的结果，使农民活不下去，阶级矛盾越来越尖锐。海瑞看出了毛病，他想缓和这种情况。当然，他不能也不知道采取革命的手段。他采取什么办法呢？他认为要解决人民的生活问题，要使人民不去搞武装斗争反对政府，就必须使这些穷人有土地可种。土地从哪里来呢？土地都在大地主手里，而大地主所以取得这些土地，主要的手段是非法的强占。因此他提出这样一个政治措施：要求他管辖地区内的大地主阶级，凡是强占的土地一律退还给老百姓，使老百姓多多少少有一些土地可以耕种，能够活下去。这样来缓和阶级矛盾。他坚决主张这种做法。这一来，大地主阶级就联合起来反对他，结果这个苏州巡抚只做了半年多就被大地主阶级赶跑了。海瑞的办法能不能解决当时的土地问题？当然不可能。把大地主阶级强占的一部分土地归还给老百姓能不能稍微缓和一下阶级矛盾呢？可以缓和一下。可是办不到，因为地主阶级不肯放弃他们已经到手的东西。海瑞是非失败不可的。类似海瑞这样的政治家当时还有没有呢？有的。他们也感到了阶级矛盾和阶级斗争的严重性，认为这个政权维持不下去。但是能不能提出一个解决的办法呢？谁也没有办法。不但统治阶级，就连农民起义的领袖也提不出解决的办法来。

　　阶级矛盾日益尖锐的结果，最后形成了明末的农民大起义。崇祯时代，各地方的农民都起来斗争，最后形成两支强大的军事力量，一支以李自成为首，一支以张献忠为首。他们有没有明确地提出解决阶级矛盾的办法呢？也没有。李自成后期曾经提出"迎闯王，不纳粮"的口号争取广大农民的支持，结果他的队伍一下子就发展到一百多万，农民、小手工业者、城市贫民都跟着他走。但是不纳粮也不能解决问题。现在有一个材料，就是山东有一个县，李自成曾经统治过那个地方，当时有人主张分田给百姓。分了没有呢？没有分。他提不出明确的办法，不但提不出消灭地主阶级的根本方针，甚至连孙中山那样的"平均地权"的办法也提不出。所以消灭封建剥削，消灭地主阶级这个根本问题，在古代历史上的任何时期都不能解决。不但地主阶级知识分子、官僚提不出解决办法，就是反对封建地主阶级的农民起义领袖也提不出解决的办法，这个问题只有在我们这个时代才能解决。我们研究过去的农民革命、农民起义时，不能把我们今天的思想意识强加于古人。我们这个时代能办到的事，不能希望古人也能办到。否则就是非历史主义的观点。目前史学界在有些问题上存在一些偏向，总希望把农民起义的领袖说得好一些，说得完满一些，不知不觉地把自己所理解的东西加在古人身上。这是不科学的，非马克思主义的观点。我们只能根据历史事实来理解、来解释、来研究和总结历史，而不可以采取别的办法。

　　附带讲一个小问题。前面提到巡按御史，到底巡按御史是个什么官？我们经常看京戏，很多京戏里都有这么一个官。所谓八府巡按，威风得很。他是干什么的呢？我们前面讲过御史，就是十三道御史，是按照行政区划设置的。每一道御史的职务就是监察他这个地区的官吏和政务。同时，中央有一个机构叫都察院。都察院的官吏叫左右都御史，左右都御史下面是左右副都御史，左右副都御史下面是左右佥都御史，再下面就是御史和巡按御史。巡按御史是由都察院派出去检查地方工作的。凡是地方官有违法失职的，他们有权提出意见来。他们还可以监察司法工作，有的案子判得不正确，他们可以提出意见。老百姓申冤的，地方官那里不能解决问题，可以到巡按御史这里来告。这就是戏上八府巡按的来源。御史的官位大不大呢？不大，只是七品官。当时县官也是七品官。知识分子考上进士以后，有一批人就分配做御史。御史管的事情很少，可是在地方上有很高的职权。为什么呢？因为他代表中央，代表都察院，是皇帝的耳目之官。建立这样一种制度的目的是什么呢？目的是想通过巡按御史的监察工作，来缓和当时人民和政府之间的矛盾，解决一些问题。贪官污吏，提出来把他罢免；冤枉的案子帮助平反。于是老百姓对这样的官员寄予很大的希望，希望他们能帮助自己申冤。这种愿望，在当时的一些文学作品中得到了反映。虽然这些人在实际政治生活中并没有解决什么问题，但是一些文学家、艺术家在一定程度上反映了人民的要求，创作了许多这类题材的作品，特别是明清两代有很多剧本是反映这个思想的。这些作品大体上有这样一些共同的内容：一类是描写老百姓受了冤枉，被大地主、大官僚陷害，被关起来或者判处了死刑，最后一个巡按给他翻了案。或者是描写皇庄的庄头作威作福，不但庄田范围以内的佃农，就是庄田附近的老百姓也受他们的欺侮。姑娘被抢走了，家里面的东西被抢走了，后来遇上侠客打抱不平，或者清官出来把问题解决了。在明朝后期和清朝前期，有不少的小说、剧本是描写这些恶霸、庄头的残暴行为的。这是一类。另一类作品反映了当时知识分子的出路问题。当时的知识分子无非是通过考试中秀才、中举人、中进士。中了进士干什么呢？当巡按御史。因此有很多作品是这样的题材：一位公子遇难，在后花园里遇到一位小姐。小姐赠送他多少银子。以后上北京考上了进士，当上了八府巡按。最后夫妻团圆。这个时期的文学作品大体上有这几方面的题材，反映了这个时期的政治生活、阶级斗争的一些问题。

◉ 建州女真问题

现在讲第一部分的最后一个问题，建州女真问题。建州女真的历史和明朝一样长。在明朝初期和中期的时候，建州女真是服从明朝的。从明朝初年起一直到努尔哈赤的时候都是这样，努尔哈赤曾经被明朝封为"龙虎将军"。但是清军入关以后，清朝皇帝忌讳这段历史，他们不愿意让人们知道他们的祖先和明朝有关系。因此，清朝写的一些历史书把这几百年间建州女真和明朝的关系整个取消了，把这段历史的真实情况隐瞒起来，说他们的祖先从来就是独立的，跟明朝没有关系。凡是记载他们的祖先与明朝的关系的历史书，他们都想办法搜来毁掉。《四库全书总目提要》里有一部分禁毁书目，大体上有两类：一类是书里面有某些文章对清朝表示不满的，另一类就是牵涉到清朝的祖先的。这也是一种地方民族主义思想在作怪。因此这一段历史很长时间被埋没了，最近二三十年才有人进行研究。

现在讲讲建州女真这个部族的发展变化。建州在过去叫女真，金

朝就是女真族建立的。建州女真就是金的后代。为什么叫建州呢？因为
他们居住的地区长白山一带就叫建州。后来努尔哈赤统治了东北，建立
了政权，国号仍称为"后金"。到了他儿子的时候才改国号为"清"。
建州女真在明朝初年的时候，还没有进入农业社会，还不知道种地，生
产很落后，文化当然也很落后。那时他们靠什么生活呢？靠打猎、采人
参过活。把兽皮、人参一些奇特的物产跟汉人、朝鲜人交换他们所需要
的布匹、铁锅一类的东西。所以建州人的经济生活跟汉人、朝鲜人分不
开。后来由于人口的增加，对粮食的生产感到很迫切了。但是他们自己
不会种，怎么办呢？找汉人、朝鲜人替他们种。于是通过战争把汉人、
朝鲜人俘虏过去做他们的奴隶。有大量的汉文和朝鲜资料说明建州族的
农业生产是农奴生产。建州贵族自己是不参加农业劳动的。农奴也不是
他们本族人，而是俘虏来的汉人和朝鲜人。

　　他们通过以物换物的方法从汉人那里取得铁器。到了15世纪后期，
他们俘虏了一些汉人铁匠，自己开始开矿、炼铁。有了铁器，生产水平
提高了。到了努尔哈赤的时候，通过战争把原来的许多小部族统一起
来，定居在辽阳以南一个叫赫图阿拉的地方。努尔哈赤一方面统一了东
北的许多部族，另一方面他又用很大的力量来接受汉人的文化。在他左
右有一批汉族的知识分子。他和过去的封建帝王一样，注意研究历史，
接受历史上的经验教训，来制定他的政策方针和军事斗争方针。

　　上面简单地谈了一下建州女真的社会发展过程。现在我们来讲讲建
州女真跟明朝的关系。在明朝初期，建州女真分为三种：分布在现在的
松花江一带的叫海西女真。因为松花江原来的名字叫海西江。分布在长
白山一带的叫建州女真。因为这些人主要居住在现在的依兰县。这个地
方在历史上曾建立过一个国家，叫作"渤海国"。渤海国人把依兰县称
为建州，因此住在这个地方的女真人称为建州女真。住在东方沿海一带
的叫"野人女真"。"野人女真"的文化最落后。海西和建州又称为熟
女真。"野人女真"又称为生女真。"野人女真"经常活动在忽剌温江

一带，因此野人女真又称为忽剌温女真，也叫"扈伦"。从历史发展来看，熟女真是金的后代，生女真可能是另外一个种族。这三种女真分布的地区大致是这样：东边靠海，西边和蒙古接近，南边是朝鲜，北边是奴儿干（现在的库页岛）。在明朝建国以后，西边就是明朝，南边是朝鲜，北边是蒙古。

在明朝几百年间，东北建州族的历史也就是跟蒙古、朝鲜、明朝三方面发生关系的历史。明朝初期，有一部分建州族住在朝鲜境内，他们和朝鲜的关系很深，有一些酋长还由朝鲜政府封他们的官。同时，这些酋长又和明朝发生关系，明朝也给他们封官号。明朝对这三种女真采取什么政策呢？采取分而治之的政策。所谓分而治之就是不让它们团结成为一个力量，老是保持若干个小的单位。所以从明太祖建国以后起，直到明成祖的几十年间，明朝经常派人到东北地区去，跟三种女真的各个地区的酋长联系，封他们的官，建立了一百多个卫所，用这些酋长充当卫所的指挥使。这样做对这些女真族的上层分子有没有好处呢？有好处，他们接受了明朝的官位以后，就得到了一种权力。明朝政府给他们一种许可证，当时叫作"勘合"。有了这种"勘合"就可以在每年一定的时候到明朝边界来做买卖。没有这个东西就不行。对那些大头头，明朝政府就封他们为都督。历史上最早的建州族领袖有这么几个人，一个叫猛哥帖木儿（这是蒙古名字，当时受蒙古的影响），另一个叫阿哈出。这两个人是首先跟明朝来往，受明朝政府封官的。猛哥帖木儿后来成为明朝所建立的建州左卫的酋长，阿哈出是建州卫的指挥使。根据朝鲜的历史记载，阿哈出和明成祖有过亲戚关系（这点在汉文的记载中没有）。永乐时代，明朝又派了大批官员到东北库页岛地区建立了一个机构，叫"奴儿干都司"。至此，明朝前前后后在东北地区建立了一百八十四个卫所。这些卫所建立以后，明朝政府有什么军事行动，譬如跟蒙古打仗，这些建州酋长就派兵参加明朝的军队。这样，他们慢慢由原住的地方往西移，越来越靠近辽东（就是现在的辽东半岛）。他们一方面跟明朝的关系很好，另一方面也经常发生矛盾。矛盾表现在两个方面：一方面是前面所说的，他们为取得农业和手工业生产的劳动力，就俘虏汉人，这样就引起了冲突；另一个就是通商，物资上的交换得不到满足的时候，也发展成为军事冲突。同样，建州和朝鲜的关系也是如此，有和平时期，也有战争时期。

经过几十年以后，原来的一百八十四个单位发生了变化，有的小单位并到大单位里去了，单位的数目减少了，但是军事力量却强大起来。在这种情况下，建州族某些酋长有时就依靠朝鲜来抗拒明朝，有时又依靠明朝来抗拒朝鲜。结果，明朝政府便跟朝鲜政府商量，在1438年，两方面的军队合起来打建州，杀了一些建州领袖。建州因为遭受到这次损失，在原来的地方待不下去了，于是就搬到浑河流域，在赫图阿拉的地方住下来。原来左右卫是分开的，到了这里以后，两个卫所合在一起了。这样，它的力量反而比过去更强大了。到了万历时代，右卫酋长王杲和他的儿子阿台跟明朝发生了冲突。当时明朝在东北的军事总指挥叫李成梁。他是朝鲜族人，是一个很有名的军事将领。他把王杲、阿台包围起来。右卫被包围了，而左卫酋长觉昌安和他的儿子塔克世是依靠明朝的，他们给李成梁当向导。结果明朝的军队大举向右卫进攻，把王杲、阿台杀死了，同时把觉昌安、塔克世也杀死了。塔克世的儿子是谁呢？就是努尔哈赤。所以努尔哈赤以后起兵反对明朝时提出了七大恨，其中有一条就是明朝把他的父亲和祖父杀害了。

努尔哈赤在他父亲和祖父死时还很年轻，当时部族里剩下的人很少了，明朝后期的历史记载说李成梁把他收养下来，所以他从小就接受了汉族文化。长大以后，他就把自己部族的力量组织起来。他采取依靠明朝的方针，把建州族俘虏的汉人奴隶送回给明朝。这样便取得了明朝政府的信任。1587年，他以自己的军事力量把附近地区的部族吞并了。1589年被明朝封为都督，力量得到了发展。这个时候，建州部族里面另外两支强大的军事力量发生冲突和残杀，努尔哈赤就利用这次冲突来发展自己的实力。日本侵略朝鲜的时候，他表示愿意帮助明朝打日本。结果明朝和朝鲜都拒绝了他。1595年，明朝政府封努尔哈赤为龙虎将军，他成了东北地区军事实力最强大的领袖。

　　正当努尔哈赤的力量越来越强大的时候，明朝政府内部发生了许多问题。1589年，播州土司起兵反抗明朝，打了十几年的仗。1592年在现在的宁夏地区，少数民族的反抗又引起了战争。同一年丰臣秀吉侵入朝鲜，接连打了七年仗。在这样的情况下，明朝自己的问题很多，就顾不上努尔哈赤了。努尔哈赤利用这个机会更加积极地发展自己的力量，统一各个部族。他统一的方法有两个：一个办法是用军事力量征服；另一个办法是通婚，通过婚姻关系把许多部族组织起来。到了1615年，东北辽东半岛以东的大部分地区已经被努尔哈赤所统一了。军事力量壮大以后，他建立了自己的军事制度。1600年，他规定三百人组成一个牛录（大箭的意思）。1615年又进一步把五个牛录组成为一个甲喇，五个甲喇组成为一个固山。他一共有四个固山。每一个固山有一面旗，分为红、黄、蓝、白四个旗，共有三万兵力。后来军事力量更加强了，俘虏的人更多了，于是又增加了四个旗，就是镶红旗、镶黄旗、镶蓝旗、镶白旗。一共为八个旗。后来征服了蒙古族，组成为蒙古八旗。再后来又把俘虏的汉人组成为汉军八旗。他的军事组织跟生产组织是统一的，每一个牛录（三百人）要出十人、四头牛来种地，每家要生产一些工艺品。1659年开始开金矿、银矿，并建立了冶铁手工业。这一年他创造了文字，用蒙古文字和建州语创造了一种新的文字。这种文字后来就成为老满文。加上标点就变成新满文。1616年（万历四十四年），努尔哈赤自称为皇帝，国号"后金"，年号"天命"，他认为他的一切都是上天的指示。他这个家族自己搞了一个姓，叫"爱新觉罗"。爱新觉罗是什么意思呢？在建州话里，爱新是金，觉罗是族，就是金族。用这个来团结组织东北女真族的力量。从他的国号和姓就说明他是继承金的。两年以后，他出兵攻打明朝。以上讲的就是努尔哈赤以前东北建州的具体情况。这些情况说明什么呢?

1.建州这个部族并不是像清朝的史书上所记载的那样,是从努尔哈赤才开始的。而是从明朝初年起,建州族就在东北地区活动。

2.建州族和明朝、蒙古、朝鲜三方面都有关系。可以明显地看出,猛哥帖木儿就是蒙古名字。汉、蒙古、朝鲜的文化对它都有影响。它接受了这几方面的东西提高了自己。

3.明朝对东北女真族的政策是分而治之,但这个政策后来失败了。女真各部要求团结,从生活和文化的提高来说,从加强军事力量来说,都需要团结在一起。尽管中间遭到一些挫折,但是并不能阻止三种女真的团结。努尔哈赤一生的活动主要是为了实现这个愿望,他统一了东北许多部族。统一是好事还是坏事呢?应该说是好事情,不是坏事。努尔哈赤统一东北的各个部族,在民族发展的历史上是有贡献的。

4.东北建州部族社会发展的过程是:初期过着游牧生活,不善于耕种。后来俘虏汉人、朝鲜人去耕种,有了农业生产;同时也懂得了使用铁器、生产铁器,初步提高了自己的生活水平和生产水平。努尔哈赤取得了沈阳、辽阳以后,封建化的过程加快了,在很大的程度上接受了汉人的文化和生产方式。但是必须了解,建州族在其发展过程中是有自身的特点的。上面所说的八旗,表面上是军事组织,实际上是社会组织和生产组织,这三者是统一的。八旗军队在出去打仗的时候,明确规定俘虏到的人口和物资应该拿出一部分交给公家,剩下的才归自己。在努尔哈赤时代,八旗的头子还都有很大的权力,许多事情都要经过他们共同商量,取得他们的同意后才能做出决定。这种情况一直到努尔哈赤的儿子清太宗的时候才改变,才提高了皇帝的地位,而把八旗首领的地位降低了。

最后讲讲"满洲"这个名字的来源问题。这个名字到底是从什么地方来的?现在还没有完全解决。根据明朝的历史记载,在清太宗以前从来没有出现过"满洲"这个名字。一直到清太宗时才称"满洲"。后来又称为"满族"。在外国的地图上把中国的东北叫满洲，后来我们自己也跟着外国人这样叫。现在可能的解释是：建州族信仰佛教。佛教里有一个佛叫作"文殊"。满族人把文殊念作"满住"。1438年明朝跟朝鲜合起来打建州，很多建州人被杀，其中有一个领袖就叫李满住（女真族里有不少人叫满住，用宗教上的名词作为自己的名字）。可能"满洲"就是从"满住"演变而来的。从"文殊"演变为"满住"，又从"满住"演变为"满洲"。这是一个试探性的解释，还不能说是科学的结论。其他方面的材料还没有。因此，究竟为什么叫"满洲"，现在还不能下最后的结论。

　　以上我们介绍了建州的一些情况。我们对待汉族和满族的关系，也应该像对待汉族和蒙古族的关系一样。在明朝，汉族和满族之间是打过仗，但是更多的时候是不打仗的。清太宗改国号为清，到清世祖顺治（1644）入关，正式建立了清朝。清朝统治中国二百多年，它是中国历史上最后的一个王朝。清朝末年一些革命党人进行反满斗争，出了不少的书，宣传清朝的黑暗统治，宣传反满。这在那个时期是必要的。可是经过几十年，到了现在我们如果还是这样来对待满族就不应该了。我们是多民族的国家，各个民族一律平等。一方面要承认清朝进行过多次非正义的战争，有过黑暗统治；另一方面也要承认清朝统治的二百多年并不都是黑暗时代，其中有一个时期的历史是很辉煌的。譬如像康熙、乾隆时代就是清朝的全盛时代，这个时代不但巩固了国家的统一，而且有所发展。我们中国今天的疆域是什么时候形成的？是康熙、乾隆时代奠定的。我们继承了他们的遗产。所以毛主席说："今天的中国是历史的中国的一个发展……我们不应当割断历史。"我们对清朝的历史必须要有足够的估价，对康熙、乾隆巩固国家的统一、发展国家的统一也要有足够的估价。应该给它以应有的尊重。不但对历史应该给予应有的尊重，今天在民族关系上也应该注意这点。新中国成立以后，中央曾经发出过这样的指示，就是"满清"两个字不要连用。清朝就是清朝，满族就是满族。要把清朝统治者和广大的满族人民区别开，并不是所有的满族人都是清朝的统治者。满族人民在清朝统治下同样是受剥削、受压迫的。至于清朝统治者，他们做过坏事，但是在有些事情上也做过好事，而且做了很大的好事。应该从历史事实出发，好就是好，不好就是不好。

明代历史的几个问题

现在讲第二部分，这一部分包括两个问题：郑和下西洋的问题，资本主义萌芽问题。

● 郑和（三宝太监）下西洋

首先说明西洋是指什么地方。明朝时候把现在的南洋地区统称为东洋和西洋。西洋指的是现在的印度支那半岛、马来半岛、印度尼西亚、婆罗洲等地区；东洋指的菲律宾、日本等地区。在元朝以前已经有了东、西洋之分，为什么有这样的分法呢？因为当时在海上航行要靠针路（指南针），针路分东洋指针和西洋指针，因此在地理名词上就有"东洋"和"西洋"。郑和下西洋指的是什么地方呢？主要是指现在的南洋群岛。

中国人到南洋去的历史很早，并不是从郑和开始的。远在公元以前，秦朝的政治力量已经达到现在的越南地区。到了汉武帝的时候，现在的南洋群岛许多地区已经同汉朝有很多往来。这种往来分两类：一类是官方的，即政府派遣的商船队；一类是民间的商人。可是像郑和这样由国家派遣的船队，一次出去几万人、几十条大船（这些船是当时世界上最大的船，也就是当时世界上最大的海军），不但到了现在南洋群岛的主要国家，而且一直到了非洲。其规模之大，人数之多，范围之广，那是历史上前所未有的，就是明朝以后也没有。这样大规模的航海，在当时世界历史上也没有过。郑和下西洋比哥伦布发现新大陆早87年，比第亚士发现好望角早83年，比达·伽马发现新航路早93年，比麦哲伦到达菲律宾早116年。比世界上所有著名的航海家的航海活动都早。可以说郑和是历史上最早的最伟大的最有成绩的航海家。

　　问题是为什么在15世纪的前期中国能派出这样大规模的航海舰队，而不是别的时候？这个问题历史记载上有一种说法，说郑和下西洋仅仅是为了寻找建文帝的下落。这种说法是不正确的。上次我们讲到，明成祖从北京打到南京，夺取了他的侄子建文帝的帝位。建文帝是明太祖的孙子，他做了皇帝以后，听信了齐泰、黄子澄等人的意见，要把他的一些叔叔——明太祖封的亲王的力量消灭掉，以加强中央集权。他解除了一些亲王的军事权力，有的被关起来，有的被废为庶人。于是燕王便起兵反抗，打了几年，最后打到南京。历史记载说燕王军队打到南京后，"宫中火起，帝不知所终"。"帝不知所终"这句话是经过了认真研究的，因为当时宫里起了火，把宫里的人都烧死了，烧死的尸首分不清到底是谁。于是就发生了一个建文帝到底死了没有的疑案。假如没有死，他跑出去了的话，那么，他就有可能重新组织军队来推翻明成祖的统治。从当时全国的形势来看是存在这个问题的。因为建文帝是继承他祖父明太祖的，全国各个地方都服从他的指挥。明成祖虽然在军事上取得了胜利，但是并没有把建文帝的整个军事力量摧毁，他的军事力量只是在今天从北京到南京的铁路沿线上，其他地方还是建文帝原来的势力。因此明成祖就得考虑建文帝到底还在不在。如果是逃出去了，又逃到了什么地方？他得想办法把建文帝逮住。于是他派了礼部尚书（相当于现在的内务部长）胡濙，名义上是到全国各地去找神仙（当时传说有一个神仙叫张三丰），实际上是去寻找建文帝。前后找了二三十年。《明史·胡濙传》说胡濙每次找了回来都向明成祖报告。最后一次向皇帝报告时，成祖正在军中，胡濙讲的什么别人都听不到，只见他讲了以后明成祖很高兴。历史家们认为，最后这一次报告，可能是说建文帝已经死了。另外，明成祖又怕建文帝不在国内，跑到国外去了。所以他在派郑和下西洋的时候，要郑和在国外也留心这件事。这是可能的，但这不是郑和下西洋的主要目的。郑和下西洋主要是由于经济上的原因。

　　这里插一个问题，讲讲明成祖和建文帝之间的斗争说明什么问题。明成祖以后的各代对建文帝的下落一事也非常重视。万历皇帝就曾经同他的老师谈起这个问题，问建文帝到底到哪里去了，为什么经过一百多年还搞不清楚。当时出现了很多有关建文帝的书，这些书讲建文帝是怎么逃出南京的，经过些什么地方，逃到了什么地方。有的书说他到了云南，当了和尚；跟他一起逃走的那些人也都当了和尚。诸如此类的传说越来越多。此外，记载建文帝事迹的书也越来越多。这说明什么问题呢？说明一个政治问题。建文帝在位期间，改变了他祖父明太祖的一些做法。他认为明太祖所定下来的一些制度，现在经过了几十年，应该改变。当时建文帝周围的一些人都是些儒生，缺乏实际斗争经验，他们自己出的一些办法也并不高明。尽管如此，建文帝的这种举动还是得到了不少人的支持。但是明成祖起兵反对他。在明成祖看来，明太祖所规定的一切制度都是尽善尽美的。他不容许建文帝改变祖先的东西。因此，明成祖和建文帝之间的斗争就是保持还是改变明太祖所定的旧制度的斗争。在这个斗争中建文帝失败了。明成祖做了皇帝以后，把建文帝改变了的一些东西又全部恢复过来。一直到明朝灭亡，二百多年都没有变动。

　　在这种情况下，有不少的知识分子对明成祖的政治感到不满，不满意他的统治。他们通过什么方式来表达这种不满呢？公开反对不行，于是通过对建文帝的怀念来表达。他们肯定建文帝，赞扬建文帝，实际上就是反对明成祖。因此，关于建文帝的传说就越来越多了。现在我们到四川、云南这些地方旅行，到处可以发现所谓建文帝的遗址。这里有一个庙说是建文帝住过的，那里有一个寺院，里头有几棵树，说是建文帝栽的。有没有这样的事情呢？没有。明末清初有个文人叫钱谦益（这个人政治上很糟糕）写了文章专门研究这个问题。当时许多书上都说：当南京被燕兵包围时，城门打不开，建文帝便剃了头发，跟着几个随从的人从下水道的水门跑出去了。钱谦益说这靠不住，南京下水道的水门根本不能通出城去。他当时做南京礼部尚书，官殿里的情况是很熟悉的。此外，还有很多不合事实的传说，他都逐条驳斥了。最后他做了这样的解释：假如建文帝真的跑出去了，当时明成祖所统治的地区只是从北京到南京的交通线附近，只要建文帝一号召，全国各地都会响应他，他还可以继续进行斗争。但结果没有这样。这就可以得出一个结论：建文帝是死在官里了。但当时不能肯定，万一他跑了怎么办？所以就派人去找。我认为这样解释比较说得通。

　　现在我们继续讲郑和下西洋的问题。如果说郑和下西洋的主要目的是为了找建文帝，那是不合事实的，但也不能说完全没有这方面的动机。因为当时的怀疑不能解决，通过他出去访问，让他注意这个问题是可能的。那么，郑和下西洋的主要目的到底是什么呢？这就是上次所说的，是国内经济发展的必然结果。经过1348年到1368年二十年的战争，经济上受到了很大的破坏。但是经过洪武时期采取的恢复生产、发展生产的措施以后，人口增加了，耕地面积扩大了，粮食、棉花、油料的产量都提高了，人民的生活有了改善，政府的财政税收比以前多了。随之而来，对国外物资的需要也增加了。这种对国外物资需要的增加主要在两个方面。一方面是人民日常生活所需要的物资，主要是香料、染料。香料主要是用在饮食方面作调料，就是把菜做得更好一些，或者使某种菜能收藏得更久。像胡椒就是人民所需要的东西。胡椒从哪里来呢？是从印度来的，一直到现在还是如此。还有其他许多香料也大多是从南洋各岛来的。在南洋有个香料岛，专门出产香料。另一种是染料，为什么对染料的需要这样迫切呢？明朝以前，我们的祖先常用的染料都是草木染料，譬如蓝色是草蓝；或者是矿物染料。这样的染料一方面价钱贵，另一方面又容易褪色。进口染料就可以解决这些问题。朝鲜族喜欢穿白衣服，我们国内有些人也喜欢穿白衣服，为什么？原因很简单，因为买不起染料。封建社会里，皇帝穿黄衣服，最高级的官穿红衣服，再下一级的官穿紫衣服、穿蓝衣服，最下等的穿绿衣服。为什么用衣服的颜色来区别呢？也很简单，染料贵。老百姓买不起染料，只好穿白衣服。所以古人说"白衣""白丁"，指的是平民。这些封建礼节都是由物质基础决定的。因此就有向国外去寻找染料的要求。这是一类，是人民的日常生活所需要的。另外一类是毫无意义的消费品，主要是珠宝。这是专门供贵族社会特别是宫廷里享受的。有一种宝石叫"猫儿眼"，还有一种叫"祖母绿"，过去谁也不知道是什么样子，只知道是宝石。最近我们在万历皇帝的定陵里发现了这两种东西。这些东西都是从外国买来的。除了珠宝以外，还有一些珍禽异兽。当时的人把一种兽叫作麒麟，实际上就是动物园里的长颈鹿。与对外物资需要增加的同时，由于国内经济的发展，一些可供出口的物资，如绸缎、瓷器（主要是江西瓷，其他地区也有一些）、铁器（主要生产工具）的产量也增加了。

　　除了经济上的条件以外，还有一个很重要的条件，就是当时中国对外的航海通商已有悠久的历史。从秦朝开始，经过唐朝、南宋到元朝，在这个漫长的时期内，政府的商船队、私人的商船队不断出去。有些私人商船队发了财。到了明朝，由于长期的积累，已经具备了丰富的航海知识和有经验的航海人员。有了这些条件，就出现了从明成祖永乐三年（1405）到他的孙子明宣宗宣德八年（1433）近三十年之间以郑和为首的七次下西洋的事迹。

郑和出去坐的船叫作"宝船"，政府专门设立了制造宝船的机构。这种船有多大呢？大船长四十丈，宽十八丈；中船长三十七丈，宽十五丈。当时在全世界再没有比这更大的船了。一条船可以载多少人呢？根据第一次派出的人数来计算，平均每条船可以坐四百五十人。每次出去多少人呢？有人数最多的军队，此外还有水手、翻译、会计、修船工人、医生等，平均每次出去二万七八千人。这样的规模是了不起的，后来的哥伦布、麦哲伦航海每次不过三四只船，百把人，是不能和这相比的。谁来带领这么多人的航海队呢？明朝政府选择了郑和。因为郑和很勇敢，很有能力。同时，当时南洋的许多国家都是信仰回教的，而郑和也是个回教徒（但他同时也信仰佛教），他的祖父和父亲都曾经朝拜过麦加。回教徒一生最大的愿望就是到麦加去磕一个头，凡是去过麦加的人就称为哈只。选派这样的回教徒到信仰回教的地方去就可以减少隔阂，好办事。在郑和带去的翻译里面也有一些人是回教徒，这些人后来写了一些书，把当时访问的一些国家的情况记载下来了。这些书有的流传到现在。有人问：郑和是云南人，他怎么成了明成祖部下的大官呢？这很简单，洪武十四年（1381）的时候，明太祖派兵打云南，把元朝在云南的残余势力打败了，取得了云南。在战争中俘虏了一些人，郑和就是在这次战争中被俘虏的。他当时还是一个小孩，后来让他做太监，分给了明成祖。他跟明成祖出去打仗时，表现很勇敢，取得了明成祖的信任。因此明成祖让他担负了到南洋各国去访问的任务。

他们第一次出去坐了六十二艘大船，带了很多军队。这里发生了这样的问题：他们既然是到外国去通商，去访问，为什么要带这么多军队？这是因为当时从中国去南洋群岛的航线上有海盗，这些海盗不但抢劫中国商船，而且别的国家到我们这里来做买卖的商船也抢。郑和用强大的军事力量把海盗消灭了，这样就保证了航路的畅通。另外，为了防止外国来侵犯他们，也需要带足够的军事力量。郑和到锡兰的时候，锡兰国王看到中国商船队的物资很多，他就抢劫这些物资。结果郑和把他打败了，并把他俘虏到北京。后来明朝政府又把他放回去，告诉他，只要你今后不再当强盗就行了。可见为了航行的安全，郑和带军队去是必要的。郑和率领的军事力量虽然很强大，用现在的话来说，他带去了好几个师的军队，而当时南洋没有一个地区有这样强大的军事力量。但是郑和的军队只是用于防卫的。他所进行的是和平通商。尽管当时有这样的力量，这样的可能，但是没有占领别人的一寸土地。后来，比郑和晚一百年的西方人到东方来就不同了。他们一手拿商品，一手拿宝剑，把所到的地方都变成他们的殖民地。如葡萄牙人到了南洋以后就占领了南洋的一些岛屿。当然，在我们的历史上个别的时候也有占领别人的土地的事情。但总的来说，我们国家不是好侵略的国家，我们国家没有占领别国的领土，这和西方资本主义国家有本质的不同。根据当时保留下来的记载，可以看出郑和和南洋各国所进行的贸易是平等的，而不是强加于人的。交易双方公平议价，有些书上记载得很具体，说双方把手伸到袖子里摸手指头议价。现在我们国内有些地方还用这种办法。郑和所到的地区都有中国的侨民，有开矿的，有做工的，有做买卖的，各方面的人都有。有的地方甚至是以华侨为中心，华侨在经济上占主导地位。因此郑和每到一个地方都受到欢迎。

郑和每到一个国家，除了把自己带去的大量商品卖给他们外，也从这些国家带一些商品到中国来。从第一次出去以后，他就选择了南洋群岛的一个岛屿作为根据地，贮积很多货物，以此地为中心，分派商船到各地贸易，等各分遣船队都回到此地后，再一同回国。在前后不到三十年的时期中，印度洋沿岸地区他都走到了，最远到达了红海口的亚丁和非洲的木骨都束。木骨都束是索马里的首都，现在叫作摩加迪沙。前年摩加迪沙的市长访问北京的时候，我们对他讲：我们的国家五六百年前就有人访问过你们。他听了很高兴。

通过郑和七次下西洋，中国和南洋的航路畅通了，对外贸易大大地发展了，出国的华侨也就更多了。通过这几十年的对外接触，中国跟南洋这些地区的关系越来越深，来往也越来越多。由于华侨的活动，以及中国的先进的生产工具传入这些国家，这样，南洋地区的生产也越来越进步。所以，郑和下西洋的历史事实说明，我们这个国家有这样一个很好的传统：就是不去侵略人家。正因为这样，直到现在，尽管时间过去了五六百年，但是郑和到过的国家，很多地方都有纪念他的历史遗址。因为郑和叫三宝太监，所以很多地方都用三宝来命名。像郑和下西洋这样的事以往历史上是没有的，明朝以后也没有，这是明朝历史上一件很突出的事情。

　　现在要问：郑和第七次下西洋以后，为什么不去第八次呢？这里有客观的原因，也有主观的原因。客观原因是八十多年以后，欧洲人到东方来进行殖民活动，阻碍了中国和南洋诸国的往来。主观的原因有这几方面：第一，政治上的原因。明成祖死了以后，他的儿子做皇帝。这个短命皇帝很快又死了，再传给下一代，这就是宣宗。宣宗做皇帝时还是个八九岁的小孩，不懂事。于是宫廷里便由他的祖母当权，政府则由三杨（杨士奇、杨荣、杨溥）掌握。三杨在朝廷里当了二三十年的机要秘书。三个老头加上一个老太太掌握国家大权。这些人和明成祖不一样。明成祖有远大的眼光。他们却认为他多事，你派这么多人出去干什么？家里又不是没吃的、没喝的。不过明成祖在世时他们不敢反对，明成祖一死，他们当了家，就不准派人出去了。第二，组织这样的商队需要一个能代替郑和的人，因为郑和这时已经六十多岁，不能再出去了。第三，经济上的原因。从外国进口的物资都是消费物资，不能进行再生产。无论是香料还是染料，都是消费品，珠宝就更不用说了，更是毫无意义的东西。以我们的有用的丝绸、铁器、瓷器来换取珠宝，这样做划不来。虽然能解决沿海一些人的生活问题，但是好处不大，国家开支太多。所以，为了节约国家的财政开支，后来就不派遣商队出国了。正当明朝停止派船出国的时候，欧洲人占领了南洋的香料岛，葡萄牙人占领了我们的澳门。他们是用欺骗手段占领澳门的。开头他们向明朝的地方官说：他们的商船经常到这个地方来，遇到风浪把货物打湿了，要租个地方晒晒货物。最初还给租钱，后来就不给了，慢慢地侵占了这个地方，一直到现在还占领着（澳门已于1999年回归——编者注）。

从欧洲人到东方来占领殖民地以后，中国的形势就改变了。经过清朝几百年，特别是鸦片战争以后，许多帝国主义国家从几个方面包围中国：印度被英国占领了；缅甸被英国占领了；越南被法国占领了；菲律宾先被西班牙占领，后又被美国占领了；东方的日本走上了资本主义道路，向外进行侵略扩张活动。所以近百年的中国，四面被资本主义国家和帝国主义国家所包围，再加上清朝政府的日益腐败，就使中国逐步变成了半殖民地半封建的国家，进入了半封建半殖民地的社会。

● 资本主义萌芽问题

　　关于资本主义萌芽问题，现在学术界还在争论，有许多不同的意见。有的人认为资本主义萌芽很早，有的人认为很晚。所提供的史料的时间性都很不肯定，从8世纪到16、17世纪都有。特别是关于《红楼梦》的社会背景的讨论展开以后更是如此。是在什么情况下产生了《红楼梦》这部作品呢？它的社会基础是什么？《红楼梦》中的贾宝玉反对科举、尊重妇女的思想是从哪里来的？他骂念书人，骂那些举人、秀才都是禄蠹，说女孩子是水做的，男人是泥做的，这样的思想认识是在什么情况下发生的？对于这一系列的问题提出了各种不同的看法，各有各的论据。而且关于"萌芽"这个词的意义也有不同的理解。比如种树，种子种下去以后，慢慢地露出了头，这叫萌芽；又如泡豆芽菜，把豆子放在水里，长出一点东西，这也叫萌芽。既然只是萌芽，它就不是已经成熟了的东西，还只是那么一点点。假如是整棵的菜，那就不是萌芽；至于开了花、结了果的东西就更不是萌芽了。所以要把这些情况区别开。可是现在某些讨论中存在这样的问题：将萌芽看成是已经开花结果的东西。这实际上就不是资本主义萌芽，而是资本主义的成熟阶段了，还有人认为中国资本主义早已经成熟了，中国社会早已经进入了资本主义社会。这样一来就发生了一系列的大问题：中国既然早已进入资本主义社会，那么，怎么解释1840年以后中国进入了半殖民地半封建的社会？一百年来我们反对封建主义、反对帝国主义的问题怎么解释？

关于这个问题，我自己有些看法，也不一定成熟，提出来大家讨论。我想，要说明某个时期有某个事物萌芽，必须要有一个界限。这个界限是什么呢？就是要具体地指出一些事实，这些事实是以往的时期所不可能发生和没有发生过的，只有到了这个时候才能发生的。没有这个界限就会把历史一般化了。试问：这个时期发生过，一百年以前发生过，五百年以前也发生过，这怎么能说明问题？而且这些新发生的东西不应该是个别的。仅仅只在某个时期、某个地区出现的个别的东西能不能说明问题呢？不能说明问题。因为我们的国家这样大，经济发展不平衡，有先进的，有落后的，沿海和内地不同，平原和山区也不同。不要说别的地方，就说北京吧，全市面积有一万七千平方公里，市内和郊区就不同，因此，个别时期所发生的个别的事情也会有所不同。所以作为一个事物的萌芽，必须是这个东西过去没有发生过，现在发生了，而且不是个别的。只有这样看才比较科学。现在我们根据这个精神来看资本主义萌芽问题。我想把问题局限在14世纪到16世纪所发生的主要事件上面，特别是16世纪中叶这个明朝人自己已感觉到发生巨大变化的时期，着重提出那些在这时期以前所没有发生，或虽已发生而很不显著，这个时期以后成为比较普遍、比较显著的一些问题。

第一，关于手工工场。在明朝初年的时候，有一个人叫徐一夔，他写了一本书叫《始丰稿》。这本书里面有一篇文章叫《织工对》。这篇文章讲到元末明初，在浙江杭州地方有许多手工业纺织工场。这些纺织工场的经营方式是怎样的呢？有若干间房子和若干部织机，工人都是

雇工，他们不占有生产工具。生产工具是谁的呢？是工场老板的。老板
出房子、出机器、出原料，工人出劳动力。工人在劳动以后可以取得若
干计日工资，工资随着工人的技术熟练程度不同而有高有低，其中有一
些技术水平比较高的，可以得到比一般工人加倍的工资，假如这家工场
不能满足他的要求，别的工场可以拿更高的工资把他请去，劳动强度很
高，工人弄得面黄肌瘦。这是元末明初（14世纪）的情况，当时这样的
工场在杭州不止一个。但是能不能说在14世纪时就已经普遍地有了资本
主义萌芽呢？因为只有这一个地区的资料，我看不能。但是从这里可以
看出，在14世纪中期，个别地区已经有了这样相当大的手工工场，老板
通过这样的生产手段来剥削雇佣工人的历史事实。这说明当时已经有一
部分农村劳动力转化为城市雇佣劳动者。这种情况在14世纪以前是没
有的。

　　第二，新的商业城市兴起。在讨论中有不少文章笼统地提到明朝有
南京、北京、苏州等三十三个新的商业城市，来说明这个时期商业的发
展。有三十三个商业城市是不错的，但是时间有问题。因为并不是整个
明朝都是这样的情况。事实上，这些城市之成为商业城市是在明成祖以
后。当明成祖建都北京以后，为了解决粮食的运输问题，把运河挖深、
加宽了。这样，通过水运不仅保证了粮食的运输，其他商品的运输也畅
通了，因而促进了南北物资的交流。这样，到了宣宗时期（15世纪中
期），沿运河一带的许多城市开始繁荣起来。这时候，由于农业、手工
业的发展，国内市场扩大了。这是一方面。另一方面，当时为了保证货
物的流通，沿长江、运河及布政使司所在地建立了三十三个钞关。明朝
用的货币叫宝钞（纸币）。关于纸币的情况这里不能详细说了，只说明
一条，明朝的纸币很不合理，它不兑现，开头拿一张钞票还能换到一些
物资，后来就不行了。政府只发钞票，越发越多，超过了实际物资的几
百倍。在这种情况下，钞票就贬值了。明朝政府为了提高钞票的信用，
采取收回钞票的政策。怎样收回呢？其中一个办法就是增加税额。因此

就在各个商业城市设立了一个机构，叫作"钞关"。一共设立了三十三个钞关。钞关干什么呢？就是向往来的货物收税。纳税时就用钞票交纳。钞关设在商业城市，有三十三个钞关就有三十三个商业城市，这是不错的。但有些人就根据这个数字说整个明朝只有三十三个商业城市，这就不确切了。因为设立钞关是明宣宗时候的事情，宣宗以前没有。而就商业城市来说，在明成祖的时候就不止三十三个，后来又有所增加。因此，不标明确切的时间，以一个时期的情况来概括整个明朝，是不符合当时存在的客观事实的。随着商业城市的增加，商人、手工业工人也增加了，这就形成了一个市民阶层（这个阶层主要是指手工业者、中小商人）。这些人为了保卫他们自己的利益，建立了很多行会，有事情共同商量，采取一致的行动。在这种情况下就发生了明朝末年的市民暴动。这里应该指出：所谓"市民"这个概念不能乱用。有些人把当时的进士、举人、秀才等官僚都算作市民，这就模糊了阶级界限。这些人都是当时的统治者，不是被统治者。把市民阶层扩大化，混淆统治者与被统治者之间的界限，这是不对的。

第三，倭寇、葡萄牙海盗和沿海通商问题。明朝中叶，以朱纨为中心的一派人反对对外通商，对海盗采取镇压的政策，因而引起沿海地主阶级的反对，形成一个政治上的斗争。在这个斗争中，朱纨最后失败了。这种性质的斗争在以往的历史上是从来没有过的。汉朝、唐朝、宋朝、元朝都有过对外通商，有时还很繁盛，大量的中国人到海外去经商；不但如此，国内有不少地方还住有许多外国商人。在唐朝的时候，广州就有数量众多的番商。其中主要是阿拉伯人，他们住的地方叫番坊。其他如扬州、长安等地方也住了不少的外国商人，对外通商也很频繁。但是像明朝那样，代表通商利益的官僚地主在政治上形成一种力量，和内地一些反对通商的地主进行斗争，这种斗争并影响到政府的政策，这种情况却是以往的历史上所没有的。为什么明朝会出现这种新的情况呢？因为明朝国内、国外的市场日益扩大，商业资本日益发展，商人地主在政府里有了自己的代言人。商人地主在政治上有了地位，这在历史上是个新问题。关于这个问题，近年来也有人持不同的意见。北京大学有个学生写了一篇文章，说朱纨镇压海盗是爱国的行为。朱纨是个爱国者，这观点是没有问题的。朱纨确实是爱国者，可是不能拿这个来否认当时在政治上存在着不同的意见。当时已经出现了代表沿海通商地主利益的政治活动家，这和朱纨是否爱国是两回事。我们并没有说朱纨不爱国。这点不必争论。问题在于这个时期出现了两种不同的意见，一种意见主张通商，一种意见反对通商，这是历史事实，是过去所没有的。

　　第四，内地的某些官僚地主也参加商业活动和经营手工工场。这方面的例子很多，大家所熟悉的《游龙戏凤》中的正德皇帝（明武宗），他就开了许多皇店。这是16世纪初期的事情。嘉靖时有个贵族叫郭勋（《三国演义》最早的刻本是他搞的），在北京开了许多店铺。另外有个外戚叫周瑛，在河西务开店肆做买卖。现在这个地方已经很萧条了。可是在明朝的时候，由于南方的粮食、物资运到北方来都要经过这里，因此是个很繁华的地方。这样的例子举不胜举。在地方上，明朝四品以上的官到处经商。四品有多大呢？知府就是四品。知县是七品。原来明朝有一条规定，禁止四品以上的官员做买卖。但是行不通。事实上官做得越大，买卖也做得越多越大。特别是像苏州这样的地方，很多退休官员开各种各样的铺子，有的发了大财，成了百万富翁。官员经商过去也有，但是在明初还多半是武官，到了明朝中叶这种情况就改变了，不但武官经商，文官也经商；不但小官经商，大官也经商；不但经商，而且还经营手工工场。华亭人徐阶做宰相时，"家中多蓄织妇，岁计所织，与市为贾"。这种现象也是过去没有过的。过去的官僚认为做买卖有失身份，社会上看不起。士、农、工、商，商放在最后。孟子就骂商人是"垄断"，认为他们不劳动，出卖别人生产的东西从中取利，是不道德的事情，有身份的人不干这种事。汉朝以来，各个历史时期都曾不同程度地实行过重农抑商的政策。当时社会上一般是看不起商人的，当然也有个别地区有个别例外的情况。但是到16世纪以后，这种看法就改变了，不只武官，就连皇帝、贵族、官僚都抢着做买卖，商人的社会地位也提高了。

第五，当时的人对这个时期社会情况变化的总结。16世纪中期社会经济情况发生的变化，明朝人看得很清楚，有不少人就各方面变化的情况做出了总结。

首先，从社会风俗方面来说。明朝人认为嘉靖以前和嘉靖以后是两个显著不同的时代。有不少著书的人指出了正德、嘉靖以后社会风俗的变化。在嘉靖以前，妇女的服装很朴素；嘉靖以后变了，很华丽，讲究漂亮了。宴会请客，原来一般是四碗菜一碗汤，后来变成六碗、八碗，以至十二碗、十六碗菜。山东《郓城县志》记载在嘉靖以前老百姓很朴素、很老实，嘉靖以后变了，讲排场了，普通老百姓穿衣服向官僚看齐，向知识分子看齐。穷人饭都吃不上，找人家借点钱也要讲排场。总之，从吃饭、娱乐到家庭用具都不像过去了。这个时候，看到一些老实、朴素的人，大家认为不好，耻笑他。《博平县志》讲嘉靖以后过去好的风气没有了，过去乡村里没有酒店，也没有游民，嘉靖中期以后变了，到处都有酒店，二流子很多。当时有一种风气，一个人有名，有字，还要起别号。嘉靖皇帝就有很多别号。不但知识分子起别号，就连乞丐也有别号。

其次，在文化娱乐方面。嘉靖以前唱的歌曲主要是北曲，嘉靖以后南曲流行了，而且唱的歌词主要是讲男女恋爱的。嘉靖以前不大讲究园亭建筑，嘉靖以后，到处修假山、建花园，光南京就有园亭一百多所，苏州有好几十所，北方就更多了，清华园这些地方都是过去的园亭。明朝前期有一条规定，官员禁止嫖娼妓，嘉靖以后，这个纪律不生效了，文人捧妓女成为风气，为她们写诗、写文章，甚至选妓女为状元、榜眼、探花。戏剧方面，过去只有男戏，嘉靖以后就有女戏了。很多做过大官的人写剧本，像《牡丹亭》的作者汤显祖就是一个官。元曲的作者没有一个是高级官员，都是一些下层社会的人，有的在衙门里当一个小办事员，有的做医生；可是明朝戏曲的作者，大部分都是举人、进士，有些还是高级官员。明朝后期盛行赌博，官吏、士人以不会赌博、打纸牌为耻。

再次，从政治方面来看。《明史·循吏传序》提到嘉靖以前一百多年，一方面休养生息，发展生产；另一方面政治上比较清明，好官比较多。譬如大家知道的《十五贯》里面有个况钟，连做十几年的苏州知府，是个好官。另外一个周忱也是个好官，他做苏州巡抚二十一年，在《十五贯》里被刻画坏了，这是不对的。此外，像于谦连做河南、山西巡抚十九年。嘉靖以前，有好些巡抚连任几年甚至十几年的，这是明朝后期所没有的情况。明朝后期好官就少了。做官讲资格，一讲资格就坏事了，只要活得长就可以做大官；相反，真正能给老百姓做点事情的人就到处碰壁。像海瑞就是这样，到处遭到大地主阶级的反对，办不了好事情。明朝后期有个知识分子陈帮彦对吏治的这种变化做了总结，他说：在嘉靖以前，做官的人还讲个名节，做官回到家里，人家问他赚多少钱，他要生气；嘉靖以后发生了根本性的变化，做官等于做买卖，计较做这个官赚钱多还是赚钱少，在这个地方做官赚钱多，另外换一个赚钱少的地方就不愿意去。到富庶的地方去做官，亲友设宴庆贺；如果到穷地方去，大家就叹息。做官和发财连起来了，念书是为了做官，做官是为了发财。当时升官是凭什么呢？一个是凭资格，一个是凭贿赂。当时叫“送礼”。地方官三年期满要进京，朝廷要考核他的成绩。这时就是他“送礼”的时候了。送了礼就可以升官。所谓送上黄米、白米若干担，即指黄金、白银若干两。后来改为送书若干册，书的后面附上金子、银子，叫作“书帕”。所以明朝后期的地方官上任以后先刻书。但是他们又没有什么学问，于是粗制滥造，乱抄一气。

以上这些情况说明，由于整个社会经济的变化，即农业、手工业生产的发展，商业的繁荣，影响到了社会各方面。一些大地主把一部分从土地剥削所得的财产投资于手工业和商业，这样，过去被社会上所歧视的商人的地位就提高了。国家的高级官员有不少人变成了商人。经商成为社会风气。商人赚了钱就奢侈浪费，造成社会上的虚假繁荣现象。封建秩序、封建礼法开始受到冲击，从而在文学艺术方面也出现了反映这种社会生活的作品。

第六，货币经济的发展。在明朝以前，白银已经部分使用，但是还不普遍，还没有作为正式的货币。元朝使用钞票。明朝初年用铜钱，由于老百姓已经有了用钞票的习惯，反而不习惯用铜钱，只好仍然用钞票。但是由于明朝对钞票管理不善，无限制地发行，又不兑现，因而引起通货膨胀，钞价贬值，由一贯钞值银一两贬至只值一两个钱，钞票的经济意义逐渐没有了。钞票不能用，铜钱的重量又太大，短途进行交易还可以，像从南到北的远距离交易，带大量的铜钱就不行，几万、几十万铜钱很重，不方便。在这种情况下白银就日渐流通于市场。白银有它的优点：它的质量不会变，既能分割，化整为零，又能把一些分散的银子铸成一锭，化零为整；白银价值比较高，一两白银可以抵一千钱。因此社会上对白银的需要越来越迫切。

上次讲过，明朝建都北京，粮食主要要从南方运来。四五百万石粮食的运费要由农民负担，运费超过粮食价格的几倍，农民负担很重。所以到明英宗时，逐渐改变了这种办法。有些地方税收开始改折"金花银"，像这个地区应该送四石粮食，现在不要你交粮食了，改交一两银子。政府用一两银子同样可以买到四石粮食。由于国内市场的扩大和税收折银的结果，银子的需要量就大大增加了，原有的银子不够市场上的需要。因此在万历时期就出现了采银的高潮。政府征发许多人，到处开银矿，苛征暴敛，引起国内人民的反对。

通过对外贸易的出超，大量的白银输入了。西班牙人从墨西哥运白银到吕宋，由吕宋转运中国，以换取中国的丝织品和瓷器。到后期，墨西哥的银圆也大量流入中国。这样，国内白银数量逐渐增加。所以到万历初年，赋役制度大改变，把原来的田赋制度改为"一条鞭法"，使赋役合一。从此大部分地区的赋税和徭役改折银两。

由于手工业和商业的发展，商品流通的客观需要，远距离的大量的交易需要共同的货币做媒介，因而白银普遍地应用起来了。这种情况也是以往历史上所没有发生过的。

第七，文学作品上的反映。唐朝、宋朝也有传奇小说，里面的主角是些什么人？主要是官僚、士大夫、文人等。写市井人物的作品很少。到明代中叶以后出现了以市井人物为主人公的作品。例如《白蛇传》的故事。在《西湖三塔记》中的三怪是：乌鸡、水獭、白蛇，男主角是将门之后——奚宣赞（岳飞部下的将官奚统制之子）。而《洛阳三怪记》的三怪是：赤斑蛇、白猫精、白鸡精，男主角却是开金银铺的老板潘松了。流传到现在的《白蛇传》只剩下二怪：白蛇和青蛇，男主角则是开生药铺的许仙。故事的主角从将门之后的奚宣赞转变为生药铺的许仙，这一变化是值得我们注意的。

又如《金瓶梅》，是万历二十二年（1594）以后的作品，写嘉靖、万历年间的事。主角西门庆也是开生药铺的。与西门庆来往的篾片、清客都是官僚地主的后人，原来的地位比西门庆高，后来没落了，成为西门庆的门客。以这样一些人物为中心的小说，在过去是没有的。

此外，在"三言""二拍"中，如《卖油郎独占花魁》《倒运汉巧遇洞庭红》等，主角是卖油小贩和偶然发财的穷汉，这也都是当时的社会现实在文艺作品中的具体反映。

第八，明朝后期有了一些替商人说话的政治家。譬如徐光启，他是上海人，是最早接受西洋科学，介绍和传播西洋科学，如物理学、化学、天文学的一个人。他家里原来是地主，后来兼营商业。他本人中了进士，做过宰相。在他的思想中，反映了保护商人特权的要求，他提出了维护商人利益的具体建议。当时国家财政困难，西北有许多荒地，他就主张政府允许各地的地主阶级招募农民来开垦荒地。开垦荒地多的，除了粮食给他外，还可以允许这个地主家里的子弟有多少人考秀才、多少人上学，给他以政治保证。从他这种主张来看，他是当时从地主转为商人的这一集团在政治上的代表人物。

总的来说，上面所讲的这些问题是明朝以前没有发生过的，或者虽然发生过，但并不显著。当时的人也认识到了嘉靖前和嘉靖后所发生的这种巨大变化。当然，他们还不能理解这叫作资本主义萌芽。从我们今天来看，这个变化是旧的东西改变了，新的东西露出了头。这些例子都可以作为资本主义萌芽来看。但是这些萌芽并没有成长，以后又遭到了压力，因此到鸦片战争以前中国还不能进入资本主义社会。资本主义还处在萌芽状态。

这方面的材料直到现在还是不够完备的，还没有进行认真的研究。上面谈的只是个人的看法，不一定对，更不一定成熟，只供同志们参考。

第二编

明代政治
军事与社会 //

明朝
大历史

　　本编收录了吴晗明史研究的最重要的文章，讲述了明朝的建国与明教的关系，明代兵制的变化与明代的覆灭，明代的恐怖政治和朱元璋的统治策略等发人深省的重大问题。

◉ 明教与大明帝国

一、吴元年与明之国号

我国历史上之朝代称号，或从初起之地名，或因所封之爵邑，或追溯其所自始，要皆各有其独特之意义，清赵翼曾畅论之：

> 三代以下建国号者，多以国邑旧名：王莽建号曰新，亦以初封新都侯故也。公孙述建号成家，亦以据成都起事也。宾人李雄建号大成，盖亦袭述旧称也。金太祖始取义于金之坚固，遂不以国邑而以金为号（按《金志》太祖以国产金，且有金水源，故称大金）。然犹未用文义也。金末宣抚蒲鲜万奴据辽东，僭称天王，国号大真，始有以文义而为号者。元太祖本无国号，但称蒙古，如辽

之称契丹也。世祖至元八年（1271）因刘秉忠奏，始建国号曰大元，取"大哉乾元"之意，国号取文义自此始。其诏有曰："诞膺景命，必有美名，唐之为言荡也，虞之为言乐也……世降以还，事殊非古；称秦称汉者，着从初起之地名，曰隋曰唐者，即因所封之爵邑，是皆徇百姓见闻之狃习，要一时经制之权宜。今特建国号曰大元，取《易经》乾元之义"云。命世之君，创制显庸，必有以新一代之耳目，而不肯因袭前代，此其一端也。（《廿二史札记·卷二九·元建国始用文义》）

唯明太祖以至正二十七年（1367）称吴元年，次年即帝位，始定国号曰大明，纪元洪武。吴非国号，亦非年号。至大明则既非初起之地名，亦非所封之爵邑，亦非如后唐后汉之追溯其所自始，如以其文义"光明"言，亦无所归属。《明实录》《明史》诸书记太祖即位诏书，仅著"定有天下之号曰大明"一语，明清两代学人著述，亦从未涉及"吴元年"及"大明"一名词之意义者。[①]

　　按太祖起自红军，奉宋帝小明王韩林儿正朔。宋龙凤七年（元至正二十一年，1361）封吴国公[②]，十年进爵为吴王（《国初群雄事略》引《龙凤事迹》）。军中文移布告均称"皇帝圣旨吴王令旨"（《国初群雄事略》）。十二年弑宋帝，宋亡。是所谓吴元年者，如以为吴王受封之吴，则当为吴四年，如以为国号，则先此张士诚已据吴称吴王，且太祖时方遣将伐吴，不应踵袭敌国之称号。如以为纪元之称，则有史以来，从未有一字之年号！又其时天完、吴、夏、汉诸国，国号纪元，皆粲然备具。太祖后起，且承宋后，为红军正统，不应既无国号，又无纪元，仅称无所指属之吴元年也。太祖幕中多儒生，不应瞢忽至此！颇疑太祖于杀韩林儿后，仍称宋国，仍奉龙凤十三年正朔。其称吴元年者，开国后讳其起于红军，更讳言臣于小明王，曾奉其正朔。遂于宋明之际，追改龙凤十三年为吴元年，以示其非承宋而起也。推度当时情事，

应是如此。然明初史迹经《太祖实录》之三修，已湮没不可详，姑系臆
说于此。

至"大明"之国号，则私见以为出于韩氏父子之"明王"，明王出
于《大小明王出世经》。《大小明王出世经》为明教经典，明之国号实
出于明教。明教自唐代输入，至南宋而益盛，穷流溯源，因并及之。明
教又与出自佛教之弥勒佛传说及白莲社合，文中牵连述及，仅凭史书。
至二教经典则以滇中无从得书，参合比较，请俟异日。所述明教唐宋二
代史迹，大部分多从沙畹（E.Chavannes）《摩尼教流行中国考》（冯
承钧译，商务印书馆版）、王国维先生《摩尼教流行中国考》（《海宁
王静安先生遗书·卷一一》）、陈垣先生《摩尼教入中国考》（北京
大学《国学季刊》一卷二号）、牟润孙先生《宋代摩尼教》（辅仁大学
《辅仁学志》七卷一、二期）诸文引用，他山之助，谨申谢意。

二、明教

明教即摩尼教（Manichaeism），波斯人摩尼（Mani，216—277）
所创。我国史籍中有称之为牟尼者，摩尼之异译也。有称之为末摩尼
者，古波斯文（Pahlavi）mar mani之译文，华言摩尼主也。有称之为末
尼者，末摩尼之省文也（沙畹《摩尼教流行中国考》页八一九）。其教
杂糅袄教、基督教、佛教而成，主要经典有《二宗三际经》，二宗者明
与暗也，明暗斗争，时有轩轾，明终克暗，至安乐处。法国巴黎图书馆
藏《摩尼教残经·出家仪第六·初辩二宗》：

求出家者，须知明暗各宗，性情悬隔，若不辨识，何以修为？

三际者，过去未来现在也。同上《次明三际》：

一、初际，二、中际，三、后际。

初际者未有天地，但殊明暗，明性智慧，暗性愚痴，诸所动静，无不相背。

中际者，暗既侵明，恣情驰逐，明来入暗，委质推移，大患厌离于形体，火宅愿求于出离，劳身救性，圣教固然，即妄为真，孰闻听命？事须辨识，求解脱缘。

后际者，教化事毕，真妄归根，明既归于大明，暗亦归于积暗，二宗各复，两者交归。

初际明暗相背，中际明暗混糅，后际明暗划分。明为善，为理；暗则为恶，为欲。其神为明使，亦称明尊，即摩尼也。有净风善母二光明使。又以净气、妙风、妙明、妙水、妙火为五明使。北平图书馆藏《摩尼教残经》：

若有明使，出兴于世，教化众生，令脱诸苦。

又云：

其惠明使亦复如是，既入故城，坏惠敌已，当即分判明暗二力，不令杂乱。

又云：

《应轮经》云：若电邮勿（Denavari，玄奘《西域记》译作提那跋）等身具善法，光明父子及净法风，皆于身中每常游止。其明父者即是明界无上明尊，其明子者即是日月光明，净法风者即是惠明。

经述"明"以种种方法困"暗"，"暗"后以种种方法囚"明"。"明""暗"交争，一起一伏，最后明使为植十二明王宝树：

> 惠明相者，第一大王，二者智慧，三者常胜，四者欢喜，五者勤修，六者平等，七者信心，八者忍辱，九者直意，十者功德，十一者齐心一等，十二者内外俱明。如是十二光明大时，若入"相""心""念""思""意"等五种国土，一一孽遅，无量光明，各各现果，亦复无量，其果即于清静徒众而具显现。

此明教徒之十二美德也。每一树又有五记验，如第一大王树有五记验，一者不乐久住一处，二者不悭，三者贞洁，四者近智慧，五者常乐清静徒众。每一记验又各有定义，如不悭："所至之处，若得衬施，不私隐用，皆纳大众。"合十二树六十记验，教徒具备六十种美德，乃入光明极乐世界。明使讲经已，结云：

> 如是等名为十二明王宝树，我从常乐光明世界，为汝等故，持至于此。欲以此树栽于汝等清静众中，汝等上相善慧男女，当须各自于清净心中栽植此树，令更增长，犹如上好无砂卤地，种一收万，如是辗转，至无量数。汝等今者欲成就无上大明清净果者，皆当庄严如宝树，令得具足。何以故？汝等善子，依此树果，得离四难，及诸有身，出离生死，究竟常胜，至安乐处。

又有《大小明王出世经》等经，释志磐《佛祖统纪》引《释门正统》：

> 准国朝（宋）法令，诸以《二宗经》及非《藏经》所载不根

经文传习惑众者，以左道论罪。二宗者谓男女不嫁娶，互持不语，病不服药，死则裸葬等。不根经文者，谓《佛佛吐恋师》《佛说啼哭》《大小明王出世经》《开元括地变文》《齐天论》《五来子曲》之类。

《日光偈》《月光偈》等偈，《宋会要·刑法门二·上》：

> 明教之人所念经文，及绘画佛像，号曰《讫思经》《证明经》《太子下生经》《父母经》《图经》《文缘经》，《七时偈》《日光偈》《月光偈》《平文》《策汉赞》《策证明赞》，《广大忏》《妙水佛帧》《先意佛帧》《夷数佛帧》《善恶帧》《太子帧》《四天王帧》。已上等经佛号，即于道释经藏并无明文该载，皆是妄诞妖怪之言，多引尔时明尊之事，与道释经文不同。至于字音又难辨认，委是狂妄之人，伪造言辞，诳愚惑众，上僭天王太子之号。

其教仪节为经典所规定者为斋食。巴黎藏《摩尼教残经·寺宇仪第五》：

> 私室厨库，每日斋食，俨然待施。若无施者，乞丐以充。唯使听人，勿蓄奴婢及六畜等非法之具。

且日食一餐，日晚乃食（李肇《唐国史补》，《新唐书·卷二一七·上》）。北平图书馆藏《摩尼教残经》：

> 日一受食，不以为难。

不饮乳酪（李肇《唐国史补》，《新唐书·卷二一七·上》）。死则裸葬。巴黎藏《残经》：

> □宿死尸，若有覆藏，还同破戒。

其僧侣有拂多诞，古波斯语Fur-sta-dan之译音也，华言"知教义者"。有慕阇，亦古波斯语Mozak之译音，华言"师"也。（沙畹《摩尼教流行中国考》）

三、明教与回鹘

明教经典之输入我国，始于唐武后延载元年（694）。志磐《佛祖统纪·卷三九》：

> 延载元年，"波斯国人拂多诞（西海大秦国人）持《二宗》伪经来朝。未四十年而遭禁断。"

杜佑《通典·卷四〇》：

> 开元二十年（732）七月敕：末摩尼法本是邪见，妄称佛教，诳惑黎元，宜严加禁断。以其西胡等既是乡法，当身自行，不须科断者。

至代宗宝应元年（762）回鹘入唐，击史朝义于洛阳，次年携居留洛阳之摩尼师归国，明教遂入回鹘，为其朝野所信奉。据《九姓回鹘爱登里啰泊没密施合毗伽可汗圣神文武碑》（李文田《和林金石录》，

《灵鹣阁丛书》本）：

> 师将睿思等四僧入国，阐指二祀，洞彻三际。况法师妙达明门，精研七部，才高海岳，辩若悬河，故能开政教于回鹘。（第八行）

> 今悔前非，愿归正教。奉旨宣示，此法微妙，难可受持，再三恳□，往者无识，谓鬼为佛，今已误真，不可复事。特望□□，□□□□，既有志诚，任即持受。应有刻画魔形，悉令焚爇，祈神拜鬼，并□□（第九行）

> □受明教，薰血异俗，化为茹饭之乡，宰杀邦家，变为劝善之国。故□□之在人，上行下效，法王闻受正教，深赞处□□□□□德领诸僧尼入国阐扬，□后慕阐徒众，东西循环，往来教化。（第十行）

碑立于宪宗元和九年（814），已有明教、明门之称。尤可注意者为明教徒不奉像设，不事鬼神，斋食禁杀三事。

明教入回鹘后，其徒清修苦行，回鹘可汗或与议国事（李肇《唐国史补·下》，《唐书·回鹘传》，《资治通鉴·卷二三七》）。以回鹘可汗之护持，遂要求唐室为其建寺：

> 回鹘可汗王令明教僧进法入唐。大历三年（768）六月二十九日敕赐回鹘摩尼为之置寺，赐额为大云光明。六年正月敕赐荆、洪、越等州，各置大云光明寺一所。（胡三省《通鉴注》引《唐会要·卷一九》）

北则两都、太原，南则荆、扬、洪、越等州，当时重镇，无不有明教徒之祠宇（《佛祖统纪·卷四一》，赞宁《僧史略·下》，《旧唐书·卷一四》),《册府元龟·卷九九九》)。其徒白衣白冠(《佛祖统纪·卷四一》),日晚乃食,饮水而不茹荤,不饮乳酪(李肇《唐国史补·下》)。其徒有解天文者(《册府元龟·卷九九七》),有擅求雨之术者(《唐会要·卷四九》),有善作法劾鬼者(徐铉《稽神录》)。

明教在唐之得势,以有回鹘护法故,唐室羁縻回鹘,遂不得不优待明教。至开成会昌间(840—843)回鹘为黠戛斯(Kirghiz)所残破。会昌二年(842)遂敕权停江淮诸摩尼寺,只令于两都及太原信向处行教(李德裕《会昌一品集·卷五·赐回鹘可汗书》)。时回鹘复屡入寇掠,三年遂诏讨回鹘,大破之。李德裕《讨回鹘制》:

> 其回鹘既已破灭,义在剪除,宜令诸道兵马,并同进讨……其回鹘及摩尼等庄宅钱物,并委功德使与御史台京兆府各差精强干事官点检收录……摩尼等僧委中书门下即时条疏闻奏。

明教至此,遂全遭禁断。《新唐书·卷二一七·下》:

> 诏回鹘营功德使(摩尼),在二京者悉冠带之。有司收摩尼书若象,烧于道,产赀入之官。

明教徒则被屠杀,日本僧圆仁记:

> 会昌三年四月中旬敕,下令杀天下摩尼师,剃发令着袈裟作沙门形而杀之。(《入唐求法巡礼行记·卷三》)

宋僧赞宁亦记:

会昌三年，敕天下摩尼寺并废入官。京城女摩尼十二人皆死。及在此国回纥诸摩尼等配流诸道，死者大半。（《僧史略·下》）

四、明教之传播上

自唐会昌禁黜后，明教遂成为秘密结社，攀附佛道，以图幸存。教旨既晦，名谓亦更。至梁末帝贞明时遂有上乘宗之起事。其教不食荤茹，宵聚昼散：

贞明六年（920）"冬十月，陈州妖贼母乙、董乙伏诛。陈州里俗之人喜习左道，依浮屠氏之教，自立一宗，号曰上乘。不食荤茹，诱化庸民，揉杂淫秽，宵聚昼散。州县因循，遂致滋蔓……群贼乃立母乙为天子，其余豪首，各有署置。至是发禁军及数郡兵合势追击。贼溃，生擒母乙等首领八十余人，械送阙下，并斩于都市。"（《旧五代史·梁书·末帝纪》）

据《佛祖统纪》，上乘宗盖即明教。志磐记：

梁贞明六年，陈州末尼聚众反，立母乙为天子。朝廷发兵擒母乙斩之。其徒以不茹荤饮酒，夜聚淫秽，画魔王踞坐，佛为洗足，方佛是大乘，我法乃上之乘。

按南北朝隋唐间三阶教流播颇广，其教有上上乘、上乘之说，开元二十年与明教同时遭禁。母乙之反自称上乘宗，而志磐则以为是明教，则当唐末五代时，明教已与三阶教混合矣。③此所记陈州末尼所奉为魔王，又素食。魔王盖即摩尼，以明教有明王出世之说，而摩尼又称明使也。明教不事神鬼，其所供奉摩尼夷数（耶稣）诸画像，均为波斯或犹太族，深目高鼻。其教又为历来政府及佛徒所深嫉，佛徒每斥异己者为魔，易摩为魔，斥为魔王，为魔教，合其斋食而呼之，则为吃菜事魔。

陈州起事失败后不久，至后唐、石晋时明教又潜兴布教，赞宁《僧史略·下》：

> 梁贞明六年，陈州末尼党类立母乙为天子，累讨未平，及贞明中诛斩方尽。后唐石晋时复潜兴，推一人为主，百事禀从。或画一魔王踞坐，佛为其洗足，盖影佛教所谓相似道也。

复南播而至闽，徐铉《稽神录》曾记明教徒在闽活动之情形：

> 清源都将杨某为本郡防遏营副将。有人见一鹅负纸钱入其第，俄化为双髻白发老翁，变怪遂作。二女惊病，召巫立坛治之；鬼亦立坛作法，愈甚于巫；巫惧而去。后有善作魔法者，名曰明教，请为持经一宿，鬼乃唾骂而去。

清源即泉州。据明人何乔远所记，以明教入闽者为呼禄法师：

> 会昌中汰僧，明教在汰中。有呼禄法师者，来入福唐，授侣三山，游方泉郡，卒葬郡北山下。（《闽书·卷七·方域志》）

至宋真宗大中祥符间（1008—1016）敕编《道藏》，明教徒闽富人林世长遂赂主者，以《二宗三际经》编入（《佛祖统纪》引洪迈《夷坚志》）。张君房《云笈七签》序：

> 臣于时尽得所降道书……及朝廷续降到福建等州道书明使《摩

尼经》等，与道士商校异同，铨次成藏，都四千五百六十五卷，题曰《大宋天官宝藏》。天禧三年（1019）春写进之。

自此闽南遂成明教最重要之教区，洪迈《夷坚志》：

> 吃菜事魔，三山尤炽。为首者紫帽宽衫。妇人黑冠、白服，称为明教会。所事佛衣白，引经中所谓白佛，言世尊，取《金刚经》一佛二佛三四五佛，以为第五佛。又名末摩尼，采《化胡经》乘自然光明道气，飞入西那玉界苏邻国中，降诞王官为太子，出家称末摩尼，以自表证。其经名《二宗三际》，二宗者明与暗也，三际者过去未来现在也。大中祥符兴《道藏》，富人林世长略主者，使编入藏，安于亳州明道官……其修持者，正午一食，裸尸以葬，以七时作礼，盖黄巾之遗习也。（《佛祖统纪》引）

陆游记其习尚，谓烧必乳香，食必红蕈，士人宗子，亦从之游云：

> 闽中有习左道者，调之明教。亦有《明教经》甚多，刻板摹印，妄取《道藏》中校定官衔赘其后。烧必乳香，食必红蕈，故二物皆翔贵。至有士人宗子辈众中自言，今日赴明教会。予尝诘之："此魔也，奈何与之游？"则对曰："不然。男女无别者为魔，男女不亲授者为明教。明教遇妇人所作食则不食。"然尝得所谓明教经观之，诞谩无可取，直俚俗习妖妄者所为耳。又或指名族士大夫家曰，此亦明教也。不知信否？（《老学庵笔记》）

复由闽入浙，据《宋会要》所记，北宋末年，温州一地，即有明教斋堂四十余处：

　　政和四年（1114）十一月四日，"臣僚言：'温州等处狂悖之人，自称明教，号为行者。今来明教行者各于所居乡村，建立屋宇，号为斋堂。如温州共有四十余处，并是私建无名额堂。每年正月内取历中密日，聚集侍者、听者、姑婆、斋姊等人建设道场，鼓扇愚民男女，夜聚晓散。'奉御笔，仰所在官司根究指实，将斋堂等一切拆毁。所犯为首之人依条施行外，严立赏格，许人陈告。今后更有似此去处，州县官并行停废，以违御笔论。廉访使者失觉察，监司失按劾与同罪。"（《宋会要稿·刑法二·上》页七九）

　　其长老名行者，徒众则有侍者、听者、姑婆、斋姊等。恪遵明教规律，于密日［日曜日，康居语（Sogdian）Mir之译音］持斋（沙畹《摩尼教流行中国考》页一六）。至南宋初期，已遍播于淮南、两浙、江东、江西、福建东南一带，因地异名。孝宗乾道二年（1166）陆游《条对状》云：

　　自古盗贼之兴，若止因水旱饥馑，迫于寒饿，啸聚攻劫，则措置有方，便可抚定，必不能大为朝廷之忧。唯是妖幻邪人，平时诳惑良民，结连素定，待时而发，则其为害，未易可测。伏缘此色人处处皆有，淮南谓之二桧子，两浙谓之牟尼教，江东谓之四果，江西谓之金刚禅，福建谓之明教、揭谛斋之类。名号不一，明教尤甚。至有秀才吏人军兵亦相传习，其神号曰明使，又有肉佛、骨佛、血佛等号，白衣乌帽，所在成社。伪经妖像，至于刻板流布。假借政和中道官程若清等为校勘，福州知州黄裳为监雕，以祭祖考为引鬼，永绝血食。以溺为法水，用以沐浴。其他妖滥，未易概举。烧乳香则乳香为之贵，食菌蕈则菌蕈为之贵。更相结习，有同胶漆。万一窃发，可为寒心。汉之张角，晋之孙恩，近岁之方腊，皆是类也。伏乞朝廷戒敕监司守臣，常切觉察，有犯于有司者，必正典刑，毋得以习不根经教之文，例行阔略。仍多张晓示，见今传习者，限一月听赍经像衣帽，赴官自首，与原其罪。限满重立赏，许人告捕。其经文印版令州县根寻，日下焚毁。仍立法，凡为人图画妖像，及传写刊印明教等妖妄经文者，并从徒一年论罪。庶可阴消异时窃发之患。（《渭南文集·卷五》）

二襘子即二祀或二宗也。金刚禅则以明教徒亦诵待《金刚经》名，揭谛斋则以明教徒斋食之故。唯四果为佛教之白云宗，非明教。白云宗、白莲社与明教至宋后期及元代，已混杂不清，据陆游所言，则在南宋初期，已开始合流矣。

五、明教之传播中

明教传播既遍东南，为避免政府之禁令，每与其他秘密会社合，而因地异名，不可究诘。政府则统谓之为左道、妖贼、妖教，或举其特点为吃菜事魔，为吃菜。当时明教之组织、习尚、教规、仪式，屡见于反对明教之政府人士记载中。如结党、火葬，廖刚《乞禁妖教札子》：

今之吃菜事魔，传习妖教……臣访闻两浙江东西此风方炽，创自一人，其从至于千百为群，阴结死党。犯罪则人出千钱或五百行赇。死则人执柴烧变，不用棺椁衣衾，无复丧葬祭祀之事，一切务灭人道。（《高峰先生文集·卷二》）

斋食、清修，方勺记：

凡魔拜必北向……原其平时不饮酒食肉，甘枯槁，趋静默，若

有志于为善者。然男女无别，不事耕织，衣食无所得，则务攘夺以挺乱。（《泊宅编·卷五》）

不事神佛祖先，不会宾客，裸葬，诵《金刚经》，拜日月，旦望烧香，庄季裕记：

> 事魔食菜，法禁甚严。有犯者家人虽不知情，亦流于远方，以财产半给于告人，余皆没官。而近时事者益众。云自福建流至温州，遂及二浙……闻其法断荤酒，不事神佛祖先，不会宾客。死则裸葬。方敛尽饰衣冠，其徒使二人坐于尸旁，其一问来时有冠否？则答曰无，遂去其冠。逐一去之，以至于尽。乃云来时何有？曰有胞衣，则以布囊盛尸焉。云事之后致富。小人无识，不知绝酒肉燕祭厚葬，自能积财焉。又始投其党有甚贫者，众率财以助，积微以至于小康矣。凡出入经过虽不识，党人皆馆谷焉。人物用之无间，谓为一家，故有无碍被之说，以是诱惑其众。其魁谓之魔王，佐者谓之魔翁魔母，各诱化人。旦望人出四十九钱于魔翁处烧香，翁母则聚所得缗钱，以时纳于魔王，岁获不赀云。亦诵《金刚经》，取以色见我为邪道，故不事神佛，但拜日月，以为真佛。其说经如是法平等无有高下，则以无字连上句，大抵多如此解释……而又谓人生为苦，若杀之是救其苦也，谓之度人，度多者则可以成佛。故结集既众，乘乱而起，甘嗜杀人，最为大患。尤憎忌释氏，盖以戒杀与之为戾耳。（《鸡肋编·中》）

由此知明教徒信奉其教规律至严，历唐宋二代数百年仍无改其教旨也。所记馆谷党人，用恤贫难，与明教戒悭之旨合。朔望出钱烧香，有类于今日党社之社费。魔王为摩尼化身，魔翁魔母则又明教之明父善母也。至所云度人之说，则显与明教戒杀之旨忤。前所引《九姓回鹘可汗》碑："薰血异俗，化为茹饭之乡，宰杀邦家，变为劝善之国。"可证也。按北魏时有大乘教，主杀人，杀一人者为一住菩萨，杀十人者为十住菩萨，《资治通鉴·卷一四八》：

> 延昌四年（515）六月，"魏冀州沙门法庆惑众以妖幻，与渤海人李归伯作乱，推法庆为主。法庆以归伯为十住菩萨平魔军司定汉王。自号大乘。（《魏书》法庆以杀一人者为一住菩萨，杀十人者为十住菩萨。）又合狂药，令人服之，父子兄弟不复相识，唯以杀害为事……所在毁寺舍，斩僧尼，烧经像，云新佛出世，除去众魔。"

则秘密宗教中原有度人一派邪教，庄季裕为宋绍兴时人，身经方腊、余五婆之起事，或者尔时教禁方严，教外人不明底蕴，误信官方指摘之文告，遂笔之于书也。至明教徒之组织及背景，则绍兴四年（1134）五月，起居舍人王居正曾备述之，居正奏：

> 伏见两浙州县有吃菜事魔之俗。方腊以前，法禁尚宽，而事魔之俗犹未至于甚炽。方腊之后，法禁愈严，而事魔之俗愈不可胜禁……臣闻事魔者，每乡每村有一二桀黠，谓之魔头，尽录其乡村姓氏名字，相与诅盟为魔之党。凡事魔者不肉食。而一家有事，同党之人皆出力以相赈恤。盖不肉食则费省，费省故易足。同党则相亲，相亲故亲恤而事易济。臣以为此先王导其民使相亲相友相助之意。而甘淡薄，务节俭，有古淳朴之风。今民之师帅，既不能以是为政，乃为魔头者窃取以蛊惑其党，使皆归德于其魔，于是从而附益之以邪僻害教之说。民愚无知，谓吾从魔之言，事魔之道而食易足，事易济也，故以魔头之说为皆可信而争趋归之。此所以法禁愈严而愈不可胜禁。（李心传《建炎以来系年要录·卷七六》）

　　明教互助合作之精神，淳朴节俭之生活，虽其抨击者亦赞叹言之。然在朝廷行之则为王道，在民间倡之则为叛逆。究之法禁愈严而明教之传播愈广，朝廷既不能以是为政，而又深嫉仁政之出于民间，惧移鼎祚。于是从而压制之，强民之就苛政。不听则以兵力剿平之，血流漂杵而明教之传播如故。此读史论今者之不能不深致慨也。佛徒嫉明教最甚，然于其戒律之恪守，则亦叹美无贬词。《释门正统·斥伪志·序》：

　　　　原其滥觞，亦别无他法，但以不茹荤酒为尚。其渠魁者鼓动流俗，以香为信，规其利养，昼寝夜兴，无所不至。阴相交结，称善友。一旦郡邑少隙，则狠者凭愚以作乱，自取诛戮，方腊、吕昂之辈啸聚者是也。其说亦称不立文字，尝曰：天下禅人但传卢行者十二部假禅，若吾徒者即是真禅耳。乃云菩提子，达摩，心地种，透灵台，即其语也。人或质之，则曰不容声也。果容声则吾父母妻子兄弟先得矣。或有问焉，终何所归？则曰不升天，不入地，不成佛，不涉余途，直过之也。以此自陷，亦以陷人。此所谓事魔妖教也。如此魔教愚民皆乐为之。其徒以不杀不饮不荤辛为至严，沙门有行为不谨，反遭其讥，出家守法，可不自勉。（《佛祖统纪·卷三九》引）

　　则在南宋后期，明教且合于禅宗，自以为真禅矣。上文引《摩尼教残经》有明使种十二明王宝树之说，与菩提子达摩栽之禅宗传说极近似，宋儒多引禅宗以讲学，明教则遂与之合矣。

六、明教之传播下

明教在北宋末南宋前期，流行于淮南、两浙、江东、江西、福建诸地，深入农村。农民入其教者，一因素食节用而食足；一因结党互助而事济，向之受官吏地主压迫剥削者，均得借入教而得荫庇。信仰既深，蟠结愈固，在平时安居乐业，固皆良民，一旦政府诛求过甚，揭竿而起，立成劲旅，成为农民暴动农民革命之核心力量。

宋代明教徒所领导之暴动，恰与其传教地域合，前仆后起，历久勿衰。其著者如北宋徽宋宣和二年（1120）方腊、吕师囊起于睦州、台州（方勺《泊宅编》，《宋史·童贯》传《附方腊传》）。南宋高宗建炎四年（1130）王念经（宗石）起于信州（《建炎以来系年要录·卷三二—三六》）。绍兴三年（1133）余五婆起事于衢州（同上卷六三，庄季裕《鸡肋编·中》）。十年东阳县"魔贼"起事（《建炎以来系年要录·卷一三八》）。十四年俞一起事于泾县（同上卷一五一），二十年信州贵溪"魔贼"起事（同上卷一七六）。理宗绍定六年（1233）陈三枪、张魔王据松梓山，出没江西、广东，跨三路数州六十寨。（《宋史·卷四一九·陈韡传》）

方腊之起事，以红巾为识，《泊宅编》记：

> 腊自号圣公，改元永乐。置偏裨将，以巾色饰为别，自红巾而上凡六等。无甲胄，唯以鬼神诡秘事相扇讪。

余五婆之起事，其徒亦衣赭服，《鸡肋编·中》：

> （绍兴）三年，偶邑人以私怨告众事魔，有白马洞缪罗者杀保正，怒其乞取。其弟四六辄衣赭服，传宣喧动，乃遣官兵往捕，一方被害。

明教徒以明使为白佛，故其徒白衣白冠。至宋南渡前后，又有尚红色紫色之新风气。洪迈所记三山明教徒为首者紫帽宽衫，及方腊余五婆之红巾赭服是也。此种变化，或与祆教佛教有关，以明教原系杂糅祆教佛教而成，祆教之火神色尚红，而佛教净土宗之阿弥陀佛又属红色之故也。白莲社奉阿弥陀佛，明教与白莲社之混合或早在北宋已开其端，故明教徒党又以红色为其举事之标识也（沙畹《摩尼教流行中国考》页七三）。方腊之起事，其徒又佩明镜，楼钥《跋先大父（异）徽猷阁直学士诰》，记其祖楼异守处州日，方腊徒党以舟师进犯情形：

> 少随侍处州。闻其来处也，止以数舟载百余人，绛帛帕首，带镜于上，日光照耀，自龙泉山间，乱鸣钲鼓，顺流而下。（《攻愧集·卷七三》）

各地起义行动虽均被政府军所镇压，然明教之流行固自若也。且其势力更进而渗入军伍。李心传记：

> 绍兴十五年（1145）二月庚辰，上曰："闻军士亦有吃菜者，此曹多素食，则俸给有余，恐骄怠之心易生，可谕诸统兵官严行禁饬。"（《建炎以来系年要录·卷一五三》）

军士吃菜，事至寻常，何至劳皇帝注意？因素食而俸给有余，正应奖励之不暇，何至严行禁饬？盖此吃菜实加入明教之别名，而又不欲显言其为明教，惧失军心，故隐约言之耳。越十一年而有朝绅吃菜之狱，则朝野士大夫亦有皈依明教者矣。李心传又记：

> 绍兴二十三年（1153）十月庚申，大府寺丞兼权刑部员外郎史

祺孙令吏部差监临江军新涂县酒税。时武臣孙士道等习幻怪之术，
而朝士或与之游。祺孙至执弟子礼。大理正石邦哲、谢邦彦皆从
之。侍御史魏师逊奏祺孙伤俗败教。上曰："士大夫学先王之道，
乃从妄人习妖怪之术，以欺愚惑众，若不罢斥，无以戒后人。"
乃有是命。时士道已系狱，于是邦哲、邦彦皆坐免官。（同上卷
一六五）

此记朝官史祺孙、石邦哲、谢邦彦从孙士道执弟子礼，习妖怪之
术，伤俗败教。曰妄人，曰妖术，究不知其何教何术，记录不明。越三
年邦哲、邦彦再被论罢，始知前后二贬，皆与明教有关，案中诸人皆明
教徒也：

绍兴二十六年四月己卯，左朝请郎两浙西路提点刑狱公事谢
邦彦、大理寺丞石邦哲、右通直郎提举两浙西路常平茶盐公事司马
倬，并罢。先是平江土居右朝散郎曹云召邦彦倬于其家，与之蔬
食。侍御史汤鹏举论云平江大侩，以卖卜为业，交结士大夫，遂得
一官。邦彦、邦哲顷与妖人交游，论列放罢，因钟世明荐于魏良
臣，复得起用，尚不知自新。倬与王会、曹云为死党。今又赴云吃
菜之会，闻坐间设出山佛相，邦衰为师，云为弟子，事实怪诞，臣
安得不论。乃并罢之，仍移云郴州居住。（同上卷一七三）

至宁宗时，沈继祖弹朱熹，亦加以吃菜事魔之罪，叶绍翁记：

庆元三年（1197）春二月癸丑，省札："臣窃见朝奉大夫
秘阁修撰提举鸿庆官朱熹……剽张载程颐之余论，寓以吃菜事魔
之妖术，以簧鼓后进，收召四方无行义之徒，以益其党伍，相与
飧粗食淡，衣褒带博……潜形匿影，如鬼如魅。"（《四朝见

闻·丁集》）

朱熹居山中，食唯脱粟饭（《宋史·卷三九四·胡纮传》），其刻苦节约类明教徒。其所言理欲二元论又与明教之二宗说，明与暗，善与恶之斗争近。故当时抨击道学者，持以为中伤之柄。道学遭禁，朝廷欲驱斥儒者，则指为道学。明教久已遭禁，时人欲中伤异己，亦指为吃菜或事魔。林栗论熹，太常博士叶适独上《封事》辩之曰：

> 近忽创为道学之目，郑丙唱之，陈贾和之，居要路者密相付授，见士大夫有稍务洁修，粗能操守，辄以道学之名归之，殆如吃菜事魔影迹犯败之类。（《宋史·卷三九四·林栗传》）

由此可知庆元党禁正密时，明教所处之地位，以及明教与道学之关系。当时政府对明教之禁令极严，《宋会要·刑法门》记《绍兴敕》：

> 吃菜事魔，或夜聚晓散，传习妖教者绞；从者配三千里；妇人千里编管。托幻变术者减一等，皆配千里；妇人五百里编管。情涉不顺者绞。以上不以赦降原减。情重者奏裁。非传习妖教，流三千里。许人捕至死。财产备赏，有余没官。其本非徒侣而被诳诱，不曾传授他人者减二等。

明教徒因再改名称，或与他教合，以逃避法律制裁。温、台等处或名白衣礼佛会及假天兵号迎神会，千百成群，夜聚晓散（《宋会要稿·刑法二·上》页一一一）。宁宗开禧三年（1207）李谦任台州守，著戒事魔诗十首，刻石传布，以劝郡人（《嘉定赤城志·卷三七·风土门》）。至嘉定二年（1209）江、浙、闽等地有所谓"道民""白衣道者""女道"，看经念佛，烧香燃灯，私置庵寮，混杂男女，亦明教也（《宋会要稿·刑法二·下》页一二〇、一三二、一三六）。降至元代，亦被禁斥，《元史·刑法志》：

> 诸以白衣善友为名，聚众结社者，禁之。

然福建泉州府晋江县有祀摩尼佛之草庵，元代所建也，至万历时犹存。（何乔远《闽书·卷七·方域志》）

七、弥勒佛、白莲社与明教

秘密宗教之传播，因受统治阶级压迫故，最易与其他秘密会社结合，如江河之赴海，汇为一体。明教在会昌禁断后，已合于佛，已混于道，又与出自佛教之大乘教、三阶教合。至北宋末又与出自佛教净土宗之白莲社合，与出自佛教净土宗之弥勒佛教合。（或更前，今未能定。）至元末遂有红军之全面起义。

弥勒教与白莲社，其源均出于佛教净土宗。我国净土之教大别有二：一弥勒净土，奉弥勒佛；二阿弥陀净土，奉阿弥陀佛。弥勒（Maitna-ya）受记于释迦，留住为世间决疑。佛教徒又相传"弥勒菩萨应三十劫当成无上正真等觉"（《增一阿含·第四十二品·八难品·八大人念经》）。佛薄伽梵（Buddha Bhagavat）灭度后八百年、胜军王都有阿罗汉名难提蜜多罗（Nandimitra）在涅槃前预言：人寿七万岁时，十六阿罗汉既护法藏毕，造窣堵波（Stupa）赞叹已，至窣堵波金地之中，入般涅槃，释迦牟尼正法遂灭：

> 次后弥勒如来应正等觉出现世间时，瞻部洲（Jambudirpa）
> 广博严净，无诸荆棘，溪谷堆阜，平正润泽，金沙覆地，处处皆有

清池茂林，名华瑞草，及众宝聚，更相辉映，甚可爱乐。人皆慈心，修行十善，以修善故，寿命长远，丰乐安稳。士女殷稠，城邑邻次，鸡飞相及。所营农稼，一营七获，自然成实，不须耘耨。（《大阿罗汉难提蜜多罗所说法注记》）

瞻部洲佛教徒以之指中国。南北朝初叶时已流传佛教已入末法时代之说，三阶教徒尤持此说甚力（汤用彤《汉魏两晋南北朝佛教史》页八一七《三阶教之发生》）。佛涅槃后，世界立入苦境，一切恶趣，次第显现。至弥勒现世后，则立成极乐世界，广博严净，丰乐安稳。此与明教之二宗说，明暗斗争，善恶斗争之说比，恰相吻合，则二教之混合，实非偶然也。弥勒经典之移译盛于两晋，礼拜信仰，无间僧俗。南北朝时佛教造像最多者为弥勒及阿弥陀佛。晋释道安（112—185）与其徒八人于弥勒前立誓，往生兜率（慧皎《高僧传·道安传》）。至梁傅大士自称为弥勒降生，济度群生。梁武帝迎之入都，上殿讲论，侍以殊礼（道宣《续高僧传·感通门》）。至隋炀帝时遂有自称弥勒佛，入宫为乱者，《隋书·炀帝纪》：

大业六年（610）春正月癸亥朔旦，有盗数十人，皆素冠练衣，焚香持华，自称弥勒佛，入自建国门，监门者皆稽首。既而夺卫士仗，将为乱，齐王暕遇而斩之。于是都下大索，与相连坐者千余家。

《隋书·五行志》：

大业“九年，帝在高阳。唐县人宋子贤善为幻术，每夜楼上有光明，能变作佛形，自称弥勒出世。又悬大镜于堂上，纸素上画为蛇为兽及人形。有人来礼谒者，辄侧其镜，遣观来生形象。或映

　　见纸上蛇形，子贤辄告云：'此罪业也，当更礼念。'又令礼谒，乃转人形示之。远近感信，日数百千人。遂潜谋作乱，将为无遮佛会，因举兵，欲袭击乘舆。事泄，鹰扬郎将以兵捕之，夜至其所，达其所居，但见火坑，兵不敢进。郎将曰：'此地素无坑，此妖妄耳。及进，无复火矣。'遂擒斩之，并坐其党与千余家。其后复有桑门向海明于扶风自称弥勒佛出世，潜谋逆乱，人有归心者辄获吉梦。由是人皆惑之，三辅之士翕然称为大圣，因举兵反，众至数万，官军击破之。"（《隋书·卷二三》）

　　奉弥勒佛者皆素冠练衣，知弥勒佛亦当衣白。先是隋初已有白衣天子之谣，温大雅《大唐创业起居注·卷一》：

　　开皇（581—600）初，太原童谣云："法律存，道德在，白旗天子出东海。"亦云白衣天子。故隋主恒服白衣，每向江都，拟于东海。

　　或即奉弥勒佛者所造作宣传，为后来举事准备，故越二十余年而有建国门之事也。至唐玄宗开元三年（715）十一月十七日遂下敕禁断，敕云：

　　比有白衣长发，假托弥勒下生，因为妖讹，广集徒侣，释解禅观，妄说灾祥。或别作小经，诈云佛说。或辄畜弟子，号为和尚。多不婚娶，眩惑闾阎，触类实繁，蠹政为甚。（《唐大诏令集·卷一一三》）

　　事在明教遭禁之前十七年。由上引数事知弥勒和尚白冠练衣，与明教徒之白衣白冠同，亦焚香，亦说灾祥，亦有小经，亦集徒侣，与后起之明教盖无不相类。至唐末河西一带"白衣为主"之谣又甚盛，敦煌本《手决》备记其事。后来张承奉自号为金山白衣天子，即欲应此谶也。④至北宋仁宗庆历七年（1047）贝州（今河北清河）宣毅军小校王则又倡弥勒出世，杀官吏据城起事，《宋史》记：

> 恩（贝州）冀俗妖幻，相与习《五龙》《滴泪》等经，及图谶诸书，言释迦佛衰，弥勒佛当持世。初则去涿，母与之诀别，刺福字于其背以为记。妖人因妄传字隐起，争信事之……迺以七年冬至叛……僭号东平郡王……建国曰安阳，榜所居门曰中京，居室厩库，皆立名号。改年曰得圣，以十二月为正月……旗帜号令，率以佛为称。（《卷二九二·明镐传》，李攸《宋朝事实·卷一六》）

《五龙经》《滴泪经》即唐开元敕所云小经。小经者对佛教弥勒净土经典言，或即明教之《五末子曲》《佛说啼哭经》，或宋法令所指不根经文。《五末子曲》《佛说啼哭经》原属弥勒小经，以二教合流，故遂指为明教经典也。

白莲社源出于佛教之阿弥陀净土宗，其历史可远溯至东晋庐山慧远之莲社，其所崇礼者为阿弥陀佛，主念佛修行，其最后之归宿为西方净土。慧远尊信弥陀，于晋安帝元兴元年（402）与同志百二十三人于阿弥陀像前，建斋立誓，期生净土（《高僧传·慧远传》）。云生无量寿国，宝幢为之前导，金莲为之受质（《宋戒珠净土往生传序》）。或云弥陀佛国以莲花九品次第接人（宋道诚《释氏要览·卷一》）。阿弥陀佛色红，明教初起已含有祆教教义，祆教大神色尚红。弥陀净土宗为隋唐以来之显教，则明教遭禁后，混入显教以托庇，亦意中事也。宋宁宗开禧时李谦所著《戒事魔诗十首》，其一云：

> 金针引透白莲池，此语欺人亦自欺。何似田桑家五亩，鸡豚犬

豕勿违时。(《嘉定赤城志·卷三七》)

西方净土白莲池为白莲教徒所憧憬之往生地，诗劝民勿信明教而涉及白莲池，则明教之久已合于白莲社可知。《佛祖统纪》于卷末述事魔邪党摩尼、白莲、白云三派下，注引《释门正统》：

> 良渚曰："此三者皆假名佛教以诳愚俗，犹五行之有冷气也。今摩尼尚扇于三山，而白莲、白云处处有习之者。大抵不事荤酒故易于裕足，而不杀物命，故近于为善。愚民无知，皆乐趋之，故其党不劝而自盛。甚至第宅姬女，为魔女所诱，入其众中，以修忏念弥佛为名，而实通奸秽，有识士夫，宜加禁止。"

由此知三派佛教徒并斥为事魔邪党。不事荤酒，不杀物命，修忏念佛，均托于佛教，则三派之混合已久可知。至元代对宗教采放任政策，白莲社亦得公开传教。元成宗时（1295—1307）并曾特降旨许其受政府保护。其教徒并建有寺院，有报恩堂、清应堂、复一堂诸祠宇，以都掌教为首领（《元典章·卷三三·礼部六·白莲教》）。武宗至大元年（1308）五月丙子，下诏禁白莲社，毁其祠宇，以其人还隶民籍（《元史·卷二二·武宗纪》）。英宗至治二年（1322）又下诏禁白莲佛事（《元史·卷二八·英宗纪》）。自此白莲社遂成秘密团体，不能公开活动。

八、弥勒降生，明王出世

白莲社遭禁后十七年，民间又流行"弥勒降生"之传说，《元史》记：

泰定二年（1325）六月，"息州民赵丑厮、郭菩萨妖言弥勒佛当有天下，有司以闻。命宗正府刑部枢密院御史台及河南行省官杂鞫之。"（《卷二九·泰定帝纪》）

后赵丑厮、郭菩萨均被杀（《新元史·卷一九·泰定帝纪》）。息州今河南息县。十二年后棒胡又以弥勒为号召，起事于信阳。《元史》记：

至元三年（1337）二月，"棒胡反于汝宁信阳州。棒胡本陈州人，名闰儿，以烧香惑众，妄造妖言，作乱，破归德府鹿邑，焚陈州，屯营于杏冈。命河南行省左丞庆童领兵讨之……己丑汝宁献所获棒胡弥勒佛小旗、伪宣敕并紫金印、量天尺。"（《卷三九·顺帝纪》）

信阳今河南信阳。棒胡为陈州人，盖即后梁贞明时明教徒母乙、董乙之乡里。二次起事前后相距四百余年，在同一地区，此中亦不无线索可寻也。同年朱光卿等起事于广东，自拜其徒为定光佛：

正月癸卯，广州增城县民朱光卿反，其党石昆山、钟大明率众从之，伪称大金国，改元赤符。命指挥狗札里江西行省左丞沙的讨之……四月……己亥惠州归善县民聂秀卿、谭景山等造军器，拜戴甲为定光佛，与朱光卿相结为乱。命江西行省左丞沙的捕之。（同上）

次年四月袁州（今江西宜春）民周子旺起义。据《明太祖实录·卷八》：

　　庚子（至正二十年，1360）闰五月"戊午……初袁州慈化寺僧彭莹玉以妖术惑众，其徒周子旺因聚众欲作乱。事觉，元江西行省发兵捕诛子旺等。莹玉走至淮西匿民家，捕不获。既而麻城人邹普胜复以其术鼓妖言，谓弥勒佛下生，当为世主，遂起兵为乱。以（徐）寿辉相貌异众，乃推以为主，举红巾为号。"

　　彭莹玉为袁州僧，赣、饶、信一带盖南宋初明教徒屡次发难之根据地也。莹玉为西系红军之组织者及领导者，初命周子旺举事失败，亡命十数年，卒得邹普胜、徐寿辉等为徒侣，拥之起事。时人记蕲黄红军，多属之彭和尚，如叶子奇云：

　　至正壬辰癸巳（1352—1353）间，浙江潮不波，其时彭和尚以妖术为乱，陷饶、信、杭、徽等州。未几克复，又为张九四（士诚）所据。浙西不复再为元有。（《草木子·卷三·克谨篇》）

明陆深《平胡录》亦云：

　　先是浏阳人彭和尚名翼，号妖彭，能为偈颂，劝人念弥勒佛号，遇夜燃火炬名香，念偈礼拜。愚民信之，其徒遂众。

　　彭翼即彭莹玉。莹玉所推举领袖徐寿辉以至正十一年（1351）称帝于蕲水，建天完国。至正二十年（1360）为其下陈友谅所杀。友谅因寿辉之基业建汉国。寿辉之别将明玉珍先率兵入蜀，闻天完亡，不肯臣友谅，遂于至正二十三年（1363）称帝于成都，建国号夏，下令尽去释老二教，止奉弥勒（黄标《平夏录》）。汉夏后均为东系红军朱元璋所灭。

与彭莹玉同时活动于河南北一带者为白莲教首领韩山童。山童败死，其子林儿称小明王，建国号宋，建元龙凤。林儿立十二年为其下朱元璋所杀。元璋因小明王之基业，削平群雄，建大明帝国。《元史·卷四二·顺帝纪》：

初栾城人韩山童祖父以白莲会烧香惑众，谪徙广平永平县。至山童倡言天下大乱，弥勒佛下生，河南及江淮愚民皆翕然信之。（刘）福通与杜遵道、罗文素、盛文郁、王显忠、韩咬儿复鼓妖言，谓山童实宋徽宗八世孙，当为中国主。福通等杀白马黑牛誓告天地，欲同起兵为乱。事觉，县官捕之急，福通遂反，山童就擒。其妻杨氏其子韩林儿逃之武安。

"时天下承平已久，法度宽纵，贫富不均，多乐从乱，不旬日众殆数万人"（《草木子·卷三·克谨篇》）。时顺帝至正十一年（1351）五月也。起事时以红巾为号，故号红军。以烧香礼弥勒佛，又号香军（权衡《庚申外史》）。林儿父子又倡"明王出世"之说，明代官书如《元史》及《明实录》多讳言之，清人修《明史》亦不之及。唯明代私家著述有涉及者，如高岱《鸿猷录》：

山童自其祖父以白莲会烧香惑众，至山童倡言：天下当大乱，弥勒佛下生，明王出世。河南江淮之人翕然信之。（《卷七·宋事始末》）

何乔远《名山藏》：

小明王韩林儿者，徐人群盗韩山童子。自其祖父为白莲会惑众，众多从之。元末山童倡言：天下乱，弥勒佛下生，明王出。江

　　淮之人骚然皆动。黄河南徙，元用贾鲁凿求禹故道。山童阴作石人一眼，当道埋之，镌其背曰石人一眼，天下四反。河下掘得相惊诧。于是颍人刘福通与其党杜遵道、盛文郁、罗文素等告众曰：山童，宋徽宗八世孙也，当帝天下。我刘光世后，合辅之。聚众三千人于白鹿庄，杀黑牛白马，誓告天地，约起兵，兵用红巾为志。（《卷四三·天因记》）

　　以"弥勒降生"与"明王出世"并举，明其即以弥勒当明王。山童唱明王出世之说，事败死，其子继称小明王，则山童生时之必以明王或大明王自称可决也。此为韩氏父子及其徒众胥属明教徒，或至少羼入明教成分之确证。韩氏父子自号大小明王出世，另一系统据蜀之明玉珍初不姓明，亦改姓为明以实之。朱元璋承大小明王之后，因亦建国曰大明。至明人修《元史》以韩氏父子为白莲教世家，而不及其"明王出世"之说。试证以元末明初人之记载，如徐勉《保越录》、权衡《庚申外史》、叶士奇《草木子》、刘辰《国初事迹》诸书，记韩氏父子及其教徒事（包括明太祖在内）均称为红军，为红巾，为红寇，为香军。言其特征，则烧香，诵偈，奉弥勒。无一言其为白莲教者。则知《元史》所记，盖明初史官之饰辞，欲为明太祖讳，为明之国号讳，盖彰彰明甚矣。

　　韩山童起事后，同年（至正十一年，1351）八月萧县李二及老彭、赵君用亦起义，陷徐州。李二号芝麻李，亦以烧香聚众起事。（《元史·卷四二·顺帝纪》）时彭莹玉一系已起事于蕲黄，亦以红巾为号。与韩林儿一系成东西呼应之局面，皆称红军。除此二大系之红军外，时又有南锁红军、北锁红军，权衡《庚申外史》云：

　　至正十一年五月，颍川红军起，号为香军，盖以烧香礼弥勒佛得名也。其始出赵州栾城韩学究家。已而河东襄陕之民翕然从之。故荆汉许汝山东丰沛，以及两淮红军皆起应之。起颍上者推杜遵道为首，陷朱皋，据仓粟，从者数十万，陷汝宁光息信阳；起蕲黄者，宗彭莹玉和尚，推徐真逸（寿辉）为首，陷德安沔阳武昌江陵江西诸郡；起湘汉者，推布三王孟海马号南锁红军，奄有均房襄阳荆门归峡；起丰沛者，推芝麻李为首，亦奄有徐州近县，及宿州五河虹县丰沛灵璧，西并安丰濠泗。

九、明太祖与红军

明太祖曾为僧，为明教徒，为红军小卒，超擢以至为大将，封公封王，终至于杀其所尝臣事之宋主，代之而建新朝。中间其诸将且曾一度欲奉小明王，以诸将皆濠泗丰沛子弟，夙受彭莹玉之教化，且多为宋主部曲，天完汉降将，其人又皆明教徒也。终为新进之浙东儒生地主刘基、宋濂、叶琛、章溢等所阻。儒生斥佛为异端，且基辈均与小明王父子无渊源，又皆浙东巨室豪绅，遵封建礼法，重保守传统，相率团结土著，捍地方，卫家业，与红军异趣；自成一系统，利用明太祖之雄厚军力，拥之建新朝，以保持千年来传统之秩序习惯与巨室豪绅之特殊利益；遂与出自明教红军之诸将，成地主与农民、儒生与武将相持之局，赞助明太祖以阴谋杀小明王，自为领袖。明太祖亦利用巨室豪绅之护持、儒术之粉饰，建帝王之业。自树势力，终于取宋而代之。第以其部曲多红军，为笼络宋主旧部、徐陈降将，为迎合民心，均不能放弃"明王出世"之说。建大明为国号，一以示其承小明王而起，一以宣示"明王"已出世，使后来者无所借口。儒生辈所乐于讨论者：则以"明"义为光明，分之则为日月，礼有祀"大明""朝日""夕月"之文；千余年来"大明"日月均列为正祀，无论列为郊祭或特祭，均为历朝所重视；且新朝自南方建国，与历史上之以北定南者异势；以阴阳五行之说，则南方为火，为祝融，北方属水，为玄冥；元建都于北平，起自更北之蒙古，以火克水，以明制暗，斯又汉以来儒生所津津喜道者，故亦力赞以明为国号。一从明教教义，一从儒家经说，并行不悖，人自以为如其所计度。凡此皆明人所讳言，明官书所不载，今据明初记载及太祖自述，以年分列太祖与红军之关系，以实吾说。《明史·太祖本纪》：

> 至正四年（1344）旱蝗大饥疫，太祖时年十七。

是太祖生于元天历元年（1328）也。先是至元三年（1337）棒胡起义于信阳，太祖时年十岁。次年周子旺起义于袁州，彭莹玉亡命淮西传教，太祖时年十一岁。《纪》又言：至正四年"入皇觉寺为僧，逾月游食合肥……凡历光、固、汝、颍诸州，三年复还寺"。光、固、汝、颍诸州为红军杜遵道之根据地，亦即彭莹玉所曾布教之区域，太祖之接受明教教义，当为此三年内事。

至正八年（1348），太祖年二十一岁。

> 复还皇觉寺。《御制皇陵碑》："一浮云乎三载，年方二十而强。时乃长淮盗起，民生攘攘。于是思亲之心昭著，日遥盼乎家邦。已而既归，乃复业于觉皇。"

至正十一年（1351），太祖二十四岁。
五月刘福通、徐寿辉东西二系红军兵起。
至正十二年（1352），太祖二十五岁。
二月定远人郭子兴与其党孙德崖等起兵濠州。子兴烧香聚众，称亳州节制元帅（《明史·卷一·太祖纪》，俞本《皇明纪事录》）。《御制皇陵碑》：

住方三载，而又雄者跳梁，起自汝、颍，次及凤阳之南厢。未几陷城，深高城隍，拒守不去，号令彰彰。友人寄书，云及趋降。既忧且惧，无可筹详。旁有觉者，将欲声扬。当此之际，逼迫而无已，试与知者相商。乃告之曰："果束手以待毙，亦奋臂而相戕。"知者为我画计，且默祷以阴相。如其言往卜去守之何详？神乃阴阴乎有警，其气郁郁乎洋洋，卜逃卜守则不吉，将就凶而不妨。

《皇朝本纪》：

天下兵乱，过寺，寺焚僧散。将晓，上归祝伽蓝，以珓卜吉凶……时神意必从雄而后已，因是固守所居。未旬日友人以书从乱离中来，略言从雄大意，览毕即焚之。又旬日有人告旁有知书来者，意在觉其事，上心知之。复三日，斯人果至，与语观其辞色未见相，复礼待而归。复几旬日，又有来告，先欲觉知事者今云不忍，欲令他人来加害，乞幽察以从告。上深思之，以四境逼迫，讹言蜂起，乃决意从诸雄。（参看沈节甫《纪录汇编》本《御制纪梦》及《天潢玉牒》）

闰三月甲戌朔入濠州，《御制纪梦》："以壬辰闰三月初一日至城门，守者不由分诉，执而欲斩之，良久得释。"《御制皇陵碑》："即起趋降而附城，几被无知而创，少顷获释，身体安康。从愚朝暮，日日戎行。""子兴收为步卒，入伍既两月余为亲兵，终岁如之。"（《御制纪梦》）

至正十三年（1353），太祖二十六岁。

以功升镇抚。（《明史·卷一·太祖纪》）

宋龙凤元年（元至正十五年，1355），太祖二十八岁。

三月郭子兴卒。时刘福通迎立韩山童子林儿于亳（号小明王），国号宋，建元龙凤。

檄授子兴子天叙为都元帅，子兴部将张天佑为右副元帅，太祖为左副元帅（同上，参《皇朝本纪》）。"乃用其年号以令军中。"（同上）

九月都元帅郭天叙、右副元帅张天佑战死，太祖独任元帅府事。（《皇明纪事录》）

宋龙凤二年（元至正十六年，1356），太祖二十九岁。

三月亳都升太祖为枢密院同签，以帅府都事李士元为经历。寻升太祖为江南等处行中书省平章。以故元帅郭天叙弟天爵为右丞。经历李士元改名善长，为左右司郎中，以下诸将皆升元帅。（同上）

宋龙凤四年（元至正十八年，1358），太祖三十一岁。

"五月宋将刘福通破汴梁，迎（宋帝）韩林儿都之。"十二月太祖自将克婺州，改为宁越府。"辟范祖干、叶仪、许元等十三人，分直讲经史。"（《明史·卷一·太祖纪》）于宁越置中书分省，于省门建二旒大黄旗，上书："山河奄有中华地，日月重开大宋天。"下揭二牌："九天日月开黄道，宋国江山复宝图。"（《皇明纪事录》）

宋龙凤五年（元至正十九年，1359），太祖三十二岁。

五月升仪同三司江南等处行中书省左丞相。（同上）

八月元察罕帖木儿复汴梁，（刘）福通以林儿（宋帝）退保安丰（今安徽寿县）。（《明史·卷一·太祖纪》）

宋龙凤六年（元至正二十年，1360），太祖三十三岁。

三月戊子征刘基、朱濂、章溢、叶琛至。（同上）

宋龙凤七年（元至正二十一年，1361），太祖三十四岁。

正月封吴国公。（《皇明纪事录》）

宋龙凤九年（元至正二十三年，1363），太祖三十六岁。
二月张士诚将"吕珍破安丰，杀刘福通。三月辛丑，太祖自将救安丰，珍败走，以（宋帝）韩林儿归滁州"（《明史·卷一·太祖纪》）。

十四日制赠太祖曾祖父三代为司空、司徒、太尉等官。（钱谦益《国初群雄事略》引《龙凤事迹》）

宋龙凤十年（元至正二十四年，1364），太祖三十七岁。
宋帝在滁州。

春正月丙寅朔，李善良等率群臣劝进……乃即吴王位，建百官。（《明史·卷一·太祖纪》）
初太祖以韩林儿称宋后，遥奉之。岁首中书省设御座行礼，（刘）基独不拜曰："牧竖耳，奉之何为？"因见太祖陈天命所在。⑤

宋龙凤十一年（元至正二十五年，1365），太祖三十八岁。

宋帝在滁州。

　　冬十月戊戌，下令讨张士诚。（《明史·卷一·太祖纪》）

宋龙凤十二年（元至正二十六年，1366），太祖三十九岁。

宋帝在滁州。

五月二十一日太祖以檄数张士诚罪状：

　　皇帝圣旨，吴王令旨：近睹有元之末，王居深宫，臣操威福，官以贿成，罪以情免，宪台举亲而劾仇，有司差贫而优富。庙堂不以为忧，方添冗官，又改钞法，役数千万民，湮塞黄河，死者枕藉于道，哀苦声闻于天。致使愚民，误中妖术，不解偈言之妄诞，误信弥勒之真有，冀其治世，以苏其苦，聚为烧香之党，根据汝颍，蔓延河洛。妖言既行，凶谋遂逞，焚荡城郭，杀戮士夫，荼毒生灵，无端万状。元以天下钱粮兵马大势而讨之，略无功效，愈见猖獗，终不能济世安民。是以有志之士，旁观熟虑，乘势而起，或假元氏为名，或托香军为号，或以孤军独立，皆欲自为。由是天下土崩瓦解。余本濠县之民，初列行伍，渐至提兵，灼见妖言不能成事，又度胡运难与立功，遂引兵渡江……龙凤十二年五月二十一日。（吴宽《平吴录》，祝允明《九朝野史·卷一》）

　　十二月遣廖永忠沉宋帝小明王韩林儿于瓜步，宋亡。（朱权《通鉴博论》，钱谦益《太祖实录辨证》）

宋龙凤十三年（元至正二十七年，1367），太祖四十岁。大明洪武元年（元至正二十八年，1368），太祖四十一岁。

春正月乙亥……（太祖）即皇帝位，定有天下之号曰明，建元洪武。（《明史·卷二·太祖纪》）

十、大明帝国与明教

太祖因明教建国，故以明为国号。然"明王出世""弥勒降生"均含有革命意义，明暗对文，互为消长，而终克于明。弥勒则有三十次入世之说。使此说此教仍继续流传，则后来者人人可自命为明王，为弥勒，取明而代之，如明太祖之于宋小明王。以此明太祖虽以红军小卒起事，自龙凤十二年（元至正二十六年，1366）以后即讳言其为红军支系。于讨张士诚檄中，且深斥弥勒之传说，以为妄诞，以为妖言，而于"明王出世"之说则不及只字。此盖受刘基、宋濂等反红军系儒生地主之劝说，隐去旧迹，为建新朝地步也。越一年而建国。洪武元年（1368）四月甲子幸汴梁，闰七月丁未还南京，因李善长之请，诏禁白莲社及明尊教。王世贞撰《李善长传》：

高帝幸汴还……又请禁淫祀白莲社、明尊教、白云巫觋，扶鸾祷圣书符咒水邪术。诏可。（《名卿绩纪·卷三》）

遂著于律。《明律·十一·礼一》：

凡师巫假降邪神，书符咒水，扶鸾祷圣，自号端公太保师婆，及妄称弥勒佛、白莲社、明尊教、白云宗等会，一应左道乱正之术，或隐藏图像，烧香集众，夜聚晓散，佯修善事，煽惑人民，为首者绞，为从者各杖一百，流三千里。

原注：西方弥勒佛、远公白莲社、牟尼明尊教、释氏白云宗是四样。

牟尼即摩尼，明尊教即明教也，说见前文。

时温州仍有大明教流行。熊鼎以洪武元年（1368）任浙江按察司金事，分部台温（《明史·卷二八九·熊鼎传》）。以大明教名犯国号禁绝之，宋濂《故岐宁卫经历熊府君墓铭》：

> 洪武改元……温有邪师曰大明教，造饰殿堂甚侈，民之无业者咸归之。君以其瞽俗眩世，且名犯国号，奏毁之，官没其产，而驱其众为农。（《芝园续集·卷四》）

泉州晋江县华表山亦有明教徒所立之摩尼庵，因郁新杨隆请得不毁。何乔远《闽书·卷七·方域志》：

> 华表山山背之麓有草庵，元时物也，祀摩尼佛。摩尼佛名末摩尼光佛，苏邻国人，又一佛也，号具智大明使……会昌中汰僧，明教在汰中。有呼禄法师者，来入福唐，授侣三山，游方泉郡，卒葬郡北山下。至道中，怀安士人李廷裕得佛像于京城卜肆，鬻以五十千钱，而瑞相遂传闽中。真宗朝，闽士人林世长取其经以进，授守福州文学。
>
> 皇朝太祖定天下，以三教范民，又嫌其教名上逼国号，摈其徒，毁其宫。户部尚书郁新、礼部尚书杨隆奏留之。[6]

温泉之明教均相继以"教名上逼国号"被禁断。温之明教自后遂不见于记载。闽则易名为师氏法，亦式微矣。何氏又记：

今民间习其术者，行符咒，名师氏法，不甚显云。

政府对明教之压迫虽严，而明教徒仍数数起事。洪武永乐间陕西田九成自称后明皇帝，改元龙凤，帝号与年号均直承小明王。其党则称弥勒佛四天王等。《明成祖实录·卷六五》：

永乐七年（1409）七月戊戌，"妖贼王金刚奴伏诛。金刚奴陕西阶州人，自洪武初聚众作耗，称三元帅，往来劫掠，而于沔县西黑山天池平等处潜住，常以佛法惑众。后又与沔县贼首邵福等作耗。其党田九成者僭号后明皇帝，改元龙凤。高福兴称弥勒佛，金刚奴称四天王，前后攻破屯塞，杀死官军。会长兴侯耿秉文引兵剿捕，余党悉散。唯金刚奴与贼仇占儿等未获，仍逃聚黑山天池平，时出劫掠。至是潜还本州，为官军所擒，械送京师伏诛。"

永乐四年（1406）蕲州有白莲社之狱。《明成祖实录·卷四五》：

九月丙子，"湖广蕲州广济县妖僧守座聚男女立白莲社，毁形断指，假神煽惑。事觉，官捕诛之。"

田九成起事于西北，即红军入西北者之余党，至蕲州则彭莹玉、徐寿辉起事之地也。至永乐七年复有李法良之起事，《明成祖实录·卷六六》：

九月"幸未，诛叛贼李法良。法良江西人，行弥勒教，流入湘潭，聚众为乱。"

江西又宋代明教之重要传教区也。至十六年又有刘化自称弥勒佛。

《明成祖实录·卷一一〇》：

> 十六年五月辛亥，"顺天府昌平县民刘化以谋叛伏诛。化初名僧保，畏避从军，逃匿保定府新城县民家，衣道人服，自称弥勒佛下世，当主天下，演说《应劫五公》诸经，鼓诱愚民百四十余人，皆信从之。已而真定容城山西洪洞等县人民皆受戒约，遂相聚为乱。事闻，悉捕诛之。"

永乐以后，类似之暴动史不绝书，姑举其著者数事，如宣宗朝转轮王出世之狱。《明宣宗实录·卷六一》：

> 宣德五年（1430）正月戊申，"山东文登县执妖僧明本、法钟等解京师。明本等皆栖霞县大平寺僧，以化缘至成山卫，依百户朱胜。因涂改旧领敕谕度牒，为妖言惑众，诈称转轮王出世，作伪诏记湧安年号，遣法钟持诣文登，诱惑愚民。县官执之以闻，而成山卫亦执胜等械至京……付锦衣卫穷治之。"

英宗朝"七佛祖师"之暴动。《明英宗实录·卷一二》：

> 宣德十年（1435）十二月己亥，"妖贼张普祥伏诛。普祥真定卫军，以妖书惑众，潜居井陉县，自号七佛祖师，遣其党往河南、山东、山西、直隶等处度人，约先取彰德城，以次攻夺诸城。其党李名显等百余人入磁州城，焚千户所，官军攻败之。普祥挈家属窜伏柏乡县，递运大使魏景原引官军至其党张林家土洞内获之，械送京师。上命廷臣鞫实诛之。"

宪宗朝贵州有"明王"之起事，托称为明玉珍后裔，《明史》记：

成化十一年（1475），总兵官李震奏：乌罗苗人石全州妄称元末明氏子孙，僭称明王，纠众于执银等处作乱，邻洞多应之。因调官军往剿，石全州已就擒，而诸苗攻劫未已，命镇巡官设策抚捕，未几平。（《卷三一六·贵州土司传·铜仁》）

至嘉靖时李福达自称弥勒佛，与武定侯郭勋交通，至起大狱。（详《明史》《明史纪事本末》《世庙识余录》）天启二年（1622）有山东白莲教徒王好贤、徐鸿儒之起事。（《明史·卷二五七·赵彦传》《明史纪事本末》）溯其源流，又皆明教之余响也。

1940年12月25日于昆明东郊萝莎坡唐祠

原载《清华学报》十三卷一期

① 日人和田清君曾撰《关于明之国号》一文，刊《东洋学报》，滇中无从得此书，未能论列。

② 钱谦益《国初群雄事略》引俞本《皇明纪事录》，《明史·太祖纪》系称吴国公事于至正十六年。

③ 此承向觉明先生教。三阶教日人矢吹庆辉著有《三阶教之研究》。

④ 《北平图书馆刊》九卷六号王重民《金山国坠事零拾》，此亦承向觉明先生教。

⑤ 《明史·卷一二八·刘基传》，高岱《鸿猷录·卷二·宋事始末》："诸将议于中书省设御座奉韩林儿，刘基从后踢上所坐胡床曰：'牧竖子耳！奉之何为？'密陈天命所在。上意悟。会陈友谅来入寇，遂议征讨，不果奉。"何乔远《名山藏·天因记》："龙湾之捷（按陈友谅龙湾之败，事在至正二十年闰五月，时宋帝在安丰），诸将欲奉小明王为帝，刘基怒不许，陈天命所在。然高帝用其年纪如初。"

⑥ 按《明史·卷一一一·七卿年表》，太祖朝与郁新任户部尚书同时之礼部尚书为李原名、任亨泰、门克新、郑沂、陈迪、宋礼、李至刚等，无杨隆名。《明史·卷一五〇·郁新传》，"新，临淮人"，仕迹亦未尝履闽。

◉ 明初的恐怖政治

　　洪武二十八年（1395）正式颁布《皇明祖训》。这一年，朱元璋已经是六十八岁的衰翁了。

　　在这一年之前，桀骜不驯的元功宿将杀光了，主意多端的文臣杀绝了，不顺眼的地主巨室杀得差不多了，连光会掉书袋子搬弄文字的文人也大杀特杀，杀得无人敢说话，甚至都不敢出一口大气了。杀，杀，杀！杀了一辈子两手都涂满了鲜血的白头刽子手，踌躇满志，以为从此可以高枕无忧，皇基永固，子子孙孙吃碗现成饭，不必再操心了。这年五月，特别下一道手令说："朕自起兵至今四十余年，亲理天下庶务，人情善恶真伪，无不涉历，其中奸顽刁诈之徒，情犯深重，灼然无疑者，特令法外加刑，意在使人知所警惧，不敢轻易犯法。然此特权时措置，顿挫奸顽，非守成之君所用长法。以后嗣君统理天下，止守《律》与《大诰》，并不许用黥刺剕劓阉割刑，臣下敢有奏用此刑者，文武群臣即时劾奏，处以重刑。"[①]

　　其实明初的酷刑，黥刺剕劓阉割还算是平常的，最惨的是凌迟，凡是凌迟处死的罪人，照例要杀三千三百五十七刀，每十刀一歇一吆喝，慢慢地折磨，硬要被杀的人受长时间的痛苦。②其次有刷洗，把犯人光身子放在铁床上，浇开水，用铁刷刷去皮肉。有枭令，用铁钩钩住脊骨，横挂在竿上。有称竿，犯人缚在竿上，另一头挂石头对称。有抽肠，也是挂在竿上，用铁钩钩入谷门把肠子钩出。有剥皮，贪官污吏的皮放在衙门公座上，让新官看了发抖。此外，还有挑膝盖、锡蛇游种种名目。③也有同一罪犯，加以墨面文身，挑筋去膝盖剁指，并且五刑的。④据说在上朝时，老皇帝的脾气好坏很容易看出来，要是这一天他的玉带高高地贴在胸前，大概脾气好，杀人不会多。要是撅玉带到肚皮底下，便是暴风雨来了，满朝廷的官员都吓得脸无人色，个个发抖，准有大批人应这劫数。⑤这些朝官，照规矩每天得上朝，天不亮起身梳洗穿戴，在出门以前，和妻子诀别，吩咐后事，要是居然活着回家，便大小互相庆贺，算是又多活一天了。⑥

　　四十年中，据朱元璋自己的著作，《大诰》《大诰续编》《大诰三编》《大诰武臣》的统计，所列凌迟枭示种诛有几千案，弃市（杀头）以下有一万多案。《三编》所定算是最宽容的了。"进士监生三百六十四人，愈见奸贪，终不从命三犯四犯而至杀身者三人，三犯而诽谤杀身者又三人，姑容戴斩、绞、徒流罪在职者三十人，一犯戴死罪徒流罪办事者三百二十八人。"⑦有御史戴死罪，戴着脚镣，坐堂审案的，有挨了八十棍回衙门做官的。其中最大的案件有胡惟庸案、蓝玉案、空印案和郭桓案，前两案株连被杀的有四万人，后两案合计有七八万人。⑧所杀的人，从开国元勋到列儒裨将，从部院大臣、诸司官吏到州县胥役、进士监生、经生儒士、富人地主、僧道屠沽，以至亲侄儿、亲外甥，无人不杀，无人不可杀，一个个地杀，一家家地杀，有罪的杀，无罪的也杀，"大戮官民不分臧否"⑨。早在洪武七年（1374），便有人向他控诉，说是杀得太多了，"才能之士，数年来幸存者，百无一二"⑩。到洪武九年（1376），单是官吏犯笞以上罪，谪戍到凤阳屯田的便有一万多人。⑪十八年（1385）九月在给萧安石子孙符上也自己承认："朕自即位以来，法古命官，列布华夷，岂期擢用之时，并效忠贞，任用既久，俱系奸贪？朕乃明以宪章，而刑责有不可恕。以至内外官僚，守职维艰，善能终是者寡，身家诛戮者多。"⑫郭桓案发后，他又说："其贪婪之徒，闻桓之奸，如水之趋下，半年间弊若蜂起，杀身亡家者人不计其数。出五刑以治之，挑筋剁指足髡发文身，罪之甚者欤？"⑬

政权的维持建立在流血屠杀、酷刑暴行的基础上，这个时代，这种政治，确确实实是名副其实的恐怖政治。

胡惟庸案发于洪武十三年（1380），蓝玉案发于洪武二十六年（1393），前后相隔十四年，主犯虽然是两个，其实是一个案子。

胡惟庸是初起兵占领和州时的帅府旧僚，和李善长同乡，又结了亲，因李善长的举荐，逐渐发达，洪武三年（1370）拜中书省参加政事，六年（1373）七月拜右丞相。

中书省综掌全国大政，丞相对一切庶务都有专决的权力，统率百官，只对皇帝负责。这制度对一个平庸的、唯唯否否、阿附取容"三旨相公"型的人物，或者对手是一个只顾嬉游逸乐，不理国事的皇帝，也许不会引起严重的冲突。或者一个性情谦和容忍，一个刚决果断，柔刚互济倒也不致坏事。但是胡惟庸干练有为，有魄力，有野心，在中书省年代久了，大权在手，威福随心，兼之十年宰相，门下故旧僚友也隐隐结成一个庞大的力量，这个力量是靠胡惟庸做核心的。拿惯了权的人，怎么也不肯放下。朱元璋呢，赤手空拳建立的基业，苦战了几十年，拼上命得到的大权，平白被人分去了一大半，真是倒持太阿，授人以柄，想想又怎么能甘心！困难的是皇帝和丞相的职权，从来不曾有过清楚的界限，理论上丞相是辅佐皇帝治理天下的，相权是皇权的代表，两者是二而一的，不应该有冲突。事实上假如一切庶政都由丞相处分，皇帝没事做，只能签字画可，高拱无为。反之，如皇帝躬亲庶务，大小事一概过问，那么，这个宰相除了伴食画诺以外，又有什么可做？这两个人性格相同，都刚愎，都固执，都喜欢独裁，好揽权，谁都不肯相让。许多年的争执、摩擦，相权和皇权相对立，最后，冲突表面化了。朱元璋有军队，有特务，失败的当然是文官。在胡惟庸以前，第一任丞相李善长小心怕事，徐达经常统兵在外，和朱元璋的冲突还不大明显严重（刘基自己知道性子太刚，一定合作不了，坚决不干），接着是汪广洋，碰了几次大钉子，末了还是赐死。中书官有权的如杨宪，也是被杀的。胡惟庸是任期最长，冲突最厉害的一个。被杀后，索性取消中书省，由皇帝兼行相权。皇权和相权合而为一。洪武二十八年（1395）手令："自古三公论道，六卿分职，自秦始置丞相，不旋踵而亡，汉唐宋因之，虽有贤相，然其间所用者多有小人，专权乱政。我朝罢相，设五府、六部、都察院、通政司、大理寺等衙门，分理天下庶务，彼此颉颃，不敢相压，事皆朝廷总之，所以稳当。以后嗣君并不许立丞相，臣下敢有奏请设立者，文武群臣即时劾奏，处以重刑。"⑭这里所说的"事皆朝廷总之"的朝廷，指的便是他自己。胡惟庸被杀在政治制度史上的意义，是治权的变质，也就是从官僚和皇家共治的阶段，转变为官僚成奴才，皇帝独裁的阶段。

　　胡惟庸之死只是这件大屠杀案的一个引子，公布的罪状是擅权枉法。以后朱元璋要杀不顺眼的文武臣僚，便拿胡案做底子，随时加进新罪状，把它放大、发展，一放为私通日本，再放为私通蒙古。日本和蒙古，"南倭北虏"是当时两大敌人，通敌当然是谋反。三放又发展为串通李善长谋逆，最后成为蓝玉谋逆案。罪状愈多，牵连的罪人也更多，由甲连到乙，乙攀到丙，转弯抹角像瓜蔓一样四处伸出去，一网打尽，名为株连。被杀的都以家族作单位，杀一人也就是杀一家。坐胡案死的著名人物有御史大夫陈宁、中丞徐节、太师韩国公李善长、延安侯唐胜宗、吉安侯陆仲亨、平凉侯费聚、南雄侯赵庸、荥阳侯郑遇春、宜春侯黄彬、河南侯陆聚、宣德侯金朝兴、靖宇侯叶升、中国公邓镇、济宁侯顾敬、临江侯陈镛、营阳侯杨通、淮安侯华中和高级军官毛骧、李伯昇、丁玉和宋濂的孙子宋慎，宋濂也被牵连，贬死茂州。坐蓝党死的除大将凉国公蓝玉以外，有吏部尚书詹徽、侍郎傅友文、开国公常升、景川侯曹震、鹤庆侯张翼、舳舻侯朱寿、东莞伯何荣、普定侯陈桓、宣宁侯曹泰、会宁侯张温、怀远侯曹兴、西凉侯濮玙、东平侯韩勋、全宁侯孙恪、沈阳侯察罕、徽先伯桑敬和都督黄辂、汤泉等。胡案有《昭示奸党录》，蓝案有《逆臣录》，把口供和判案都详细记录公布，让全国人都知道这些"奸党"的"罪状"。⑮被杀公侯中，东莞伯何荣是何真的儿子，何真死于洪武二十一年（1388），被帐下旧校捏告生前党胡惟庸，勒索两千两银子，何家子弟到御前分析，朱元璋大怒说："我的法，这厮把作买卖！"把旧校绑来处死。到二十三年何荣弟崇祖回广东时："兄把袂连声：弟弟，今居官祸福顷刻，汝归难料再会日。到家达知伯叔兄弟，勿犯违法事，保护祖宗，是所愿望！"

可是，逃过了胡党，还是逃不过蓝党，何家是岭南大族，何真在元明之际保障过一方秩序，威望极高，如何放得过？据何崇祖自述：

> 洪武二十六年，族诛凉国公蓝玉，扳指公侯文武家，名蓝党，无有分别。自京及天下，赤族不知几万户。长兄四兄宏维暨老幼咸丧。三月二十日夜鸡鸣时，家人彭康寿叩门，吾床中闻知祸事，出问故，云："昨晚申时，内官数员带官军到衙，城门皆闭。是晚有公差出城，私言今夜抄提员头山何族，因此奔回。"……军来甚众，吾忙呼妻封氏，各自逃生。

崇祖一房从此山居鸟宿，潜形匿迹，一直三十一年（1398）新帝登极大赦，才敢回家安居。⑯

李善长死时已经七十七岁了，帅府元僚，开国首相，替主子办了三十九年事，儿子做驸马，本身封国公，富极贵极，到末了却落得全家诛戮。一年后，有人替他上疏喊冤说：

> 善长与陛下同心，出万死以取天下，勋臣第一，生封公，死封王，男尚公主，亲戚拜官，人臣之分极矣。借今欲自图不轨，尚未可知。而今谓其欲佐胡惟庸者，则大谬不然。人情爱其子，必甚于兄弟之子（善长弟存义子佑是胡惟庸的从女婿），安享万全之富贵者，必不侥幸万一之富贵。善长与惟庸，犹子之亲耳，于陛下则亲子女也。使善长佐惟庸成，不过勋臣第一而已矣，太师国公封王而已矣，尚主纳妃而已矣，宁复有加于今日？且善长岂不知天下之不可幸取？当元之季，欲为此者何限，莫不身为齑粉，覆宗绝祀，能保首领者几何人哉！善长胡乃身见之，而以衰倦之年身蹈之也？凡为此者，必有深仇激变，大不得已，父子之间，或至相挟以求脱祸。今善长之子祺，备陛下骨肉亲，无纤芥嫌，何苦而忽为此？若谓天象告变，大臣当灾，杀之以应天象，则尤不可。臣恐天下闻之，谓功如善长且如此，四方因之解体也。今善长已死！言之无益，所愿陛下作戒将来耳。

说得句句有理，字字有理，朱元璋无话可驳，也就算了。[17]

二案以外，开国功臣被杀的，还有谋杀小明王的凶手德庆侯廖永忠，洪武八年（1375）以僭用龙凤不法等事赐死。永嘉侯朱亮祖父子于十三年被鞭死。临川侯胡美于十七年犯禁伏诛。江夏侯周德兴于二十五年以帷薄不修、暧昧的罪状被杀。二十七年，杀定远侯王弼、永平侯谢成、颍国公傅友德，二十八年杀宋公冯胜。周德兴是朱元璋儿时放牛的伙伴，傅友德、冯胜功最高，突然被杀，根本不说有什么罪过，正合着古人说的"飞鸟尽，良弓藏；狡兔死，走狗烹"的话。[18]

不但列将以次诛夷，甚至替他坚守南昌七十五日，力拒陈友谅，造成鄱阳湖大捷，奠定王业的功臣，义子亲侄朱文正也以"亲近儒生，胸怀怨望"被鞭死。[19]义子亲甥李文忠，十几岁便在军中南征北伐，立下大功，也因为左右多儒生，礼贤下士，有政治野心被毒死。[20]刘基是幕府智囊，运谋决策，不止有定天下的大功，而且是奠定帝国规模的主要人物，因为主意多，看得准，看得远，被猜忌最深，洪武元年（1368）便被休致回家[21]，又怕隔得太远会出事，硬拉回南京，终于被毒死。[22]徐达为开国功臣第一，小心谨慎，也逃不过。洪武十八年（1385）病了，生背疽，据说这病最忌吃蒸鹅，病重时皇帝却特赐蒸鹅，没法办，流着眼泪当着使臣的面吃，不多日就死了。[23]这两个元勋的特别被注意，被防闲，满朝文武全知道，给事中陈汶辉曾经上疏公开指出："今勋旧耆德，咸思辞禄去位，如刘基、徐达之见猜，李善长、周德兴之被谤，视萧何、韩信其危疑相去几何哉！"[24]

武臣之外，文官被杀的也着实不少。有记载可考的，有宋思颜、夏煜、高见贤、凌说、孔克仁，这几人都是初起事时的幕府僚属，宋思颜在幕府里的地位仅次于李善长。夏煜是诗人，和高见贤、杨宪、凌说一伙，专替朱元璋"伺察搏击"，尽鹰犬的任务，告密栽赃，什么事全干，到末了也被人告密，先后送了命。[25]朝官中有礼部侍郎朱同、张衡，户部尚书赵勉，吏部尚书余熂，工部尚书薛祥、秦逵，刑部尚书李质、开济，户部尚书茹太素，春官王本，祭酒许存仁，左都御史杨靖，大理寺卿李仕鲁，少卿陈汶辉，御史王朴、纪善、白信蹈等。[26]外官有苏州知府魏观，济宁知府方克勤，番禺知县道同，训导叶伯巨，晋王府左相陶凯等。[27]茹太素是个刚性人，爱说老实话，几次为了话不投机被廷杖，降官，甚至镣足治事。一天，在便殿赐宴，朱元璋赐诗，说："金杯同汝饮，白刃不相饶。"太素磕了头，续韵吟道："丹诚图报国，不避圣心焦！"元璋听了倒也很感动。不多时还是被杀。李仕鲁是朱熹学派的学者，劝皇帝不要太尊崇和尚道士，想学韩文公辟佛，来发扬朱学。料想着朱熹和皇帝是本家，这着棋准下得不错。不料皇帝竟不买朱夫子的账，全不理会，仕鲁急了，闹起迂脾气，当面交还朝笏，要告休回家。元璋大怒，叫武士把他掼死在阶下。陶凯是御用文人，一时诏令、封册、歌颂、碑志多出其手，做过礼部尚书，制定军礼和科举制度，只为了起一个别号叫"耐久道人"，犯了忌讳被杀。员外郎张来硕谏止取已许配的少女做宫人，说"于理未当"，被碎肉而死，参议李饮冰被割乳而死。[28]叶伯巨在洪武九年（1376）以星变上书，论用刑太苛说：

臣观历代开国之君，未有不以仁德结民心，以任刑失民心者，国祚长短，悉由于此……议者曰宋元中叶，专事姑息，赏罚无章，以致亡灭。主上痛惩其敝，故制不宥之刑，权神变之法，使人知惧而莫测其端也。臣又以为不然。开基之主，垂范百世，一动一静，必使子孙有所持守，况刑者，民之司命，可不慎钦！夫笞、杖、徒、流、死，今之五刑也。用此五刑，既无假贷，一出乎大公至正可也。而用刑之际，多裁自圣衷，遂使治狱之吏，务趋求意志，深刻者多功，平反者得罪，欲求治狱之平，岂易得哉！近者特旨杂犯死罪，免死充军，又删定旧律诸则，减宥有差矣。然未闻有戒饬治狱者，务从平恕之条，是以法司犹循故例，虽闻宽宥之名，未见宽宥之实。所谓实者，诚在主上，不在臣下也。故必有罪疑唯轻之意，而后好生之德洽于民心，此非可以浅浅期也。何以明其然也？古之为士者以登仕为荣，以罢职为辱，今之为士者以溷迹无闻为福，以受玷不录为幸，以屯田工役为必获之罪，以鞭笞捶楚与寻常之辱。其始也，朝廷取天下之士，网罗掘撅，务无余逸，有司敦迫上道，如捕重囚，比到京师，而除官多以貌选，所学或非其所用，所用或非其所学。洎乎居官，一有差跌，苟免诛戮，则必在屯田工役之科，率是为常，不少顾惜。此岂陛下所乐为哉！诚欲人之惧而不敢犯也。窃见数年以来，诛杀亦可谓不少矣，而犯者相踵，良由激劝不明，善恶无别。议贤议能之法既废，人不自励而为

善者怠也。有人于此，廉如夷、齐，智如良、平，少戾于法，上将
录长弃短而用之乎？将舍其所长苛其所短而置之法乎？苟取其长而
舍其短，则中庸之材争自奋于廉智；倘苛其短而弃其长，则为善之
人皆曰某廉若是，某智若是，朝廷不少贷之，吾属何所容其身乎？
致使朝不谋夕，弃其廉耻，或自掊克，以备屯田工役之资者，率皆
是也。若是非用刑之烦者乎！汉尝徙大族于山陵矣，未闻实之以罪
人也，今凤阳皇陵所在，龙兴之地，而率以罪人居之，怨嗟愁苦之
声，充斥园邑，殆非所以恭承宗庙意也。

朱元璋看了气极，连声音都发抖了，连声说：这小子敢如此！快逮来！
我要亲手射死他。隔了些日子，中书省官趁他高兴的时候，奏请把叶伯
巨下刑部狱，不久死在狱中。㉙

　　照规定，每年各布政使司和府州县都得派上计吏到户部，核算钱粮
军需等账目，数目琐碎畸零，必需府合省，省合部，一层层上去，一直
到部里审核报销，才算手续完备。钱谷数字有分毫升合不符合，整个报
销册便被驳回，得重新填造。布政使司离京师远的六七千里，近的也是
三四千里，册子重造不打紧，要有衙门的印才算合法，为了盖这颗印，
来回时间就得一年半载。为了免得部里挑剔，减除来回奔走的麻烦，上
计吏照例都带有预先备好的空印文书，遇有部驳，随时填用。到洪武
十五年（1382），朱元璋忽然发觉这事，以为一定有弊病，大发雷霆，
下令地方各衙门的长官主印者一律处死，佐贰官杖一百充军边地。其实
上计吏所预备的空印文书是骑缝印，不能作为别用，也不一定用得着，
全国各衙门都明白这道理，连户部官员也是照例默认的，算是一条不成
文法律。可是案发后，朝廷上谁也不敢说明详情，有一个不怕死的老百
姓，拼着命上书把这事解释明白，也不中用，还是把地方长吏一杀而
空。当时最有名的好官济宁知府方克勤（建文朝大臣方孝孺的父亲）也
死在这案内。上书人也被罚充军。㉚

　　郭桓是户部侍郎，洪武十八年（1385），有人告发北平二司官吏和郭桓通同舞弊，从六部左右侍郎以下都处死刑，追赃七百万，供词牵连到各直省官吏，死的又是几万人。追赃又牵连到全国各地，中产之家差不多全被这案子搞得倾家荡产，财破人亡。这案子激动了整个社会，也大伤了中产阶级和中下级官僚的心。大家都指斥攻击告发此案的御史和审判官，议论沸腾，情势严重，朱元璋一看不对，赶紧下手诏条列郭桓等罪状，说是：

　　　　户部官郭桓等收受浙西秋粮，合上仓四百五十万石，其郭桓等只收（交）六十万石上仓，钞八十万锭入库，以当时折算，可抵二百万石，余有一百九十万石未曾上仓。其桓等受要浙西等府钞五十万贯，致使府州县官黄文等通同刁顽人吏边源等作弊，各分入己。

　　　　其所盗仓粮，以军卫言之，三年所积卖空。前者榜上若欲尽写，恐民不信，但略写七百万耳。若将其余仓分并十二布政司通同盗卖见在仓粮，及接受浙西等府钞五十万张卖米一百九十万不上仓，通算诸色课程鱼盐等项，及通同承运库官范朝宗偷盗金银，广惠库官张裕妄支钞六百万张，除盗库见在金银宝钞不算外，其卖在仓税粮及未上仓该收税粮及鱼盐诸色等项，共折米算，所废（吞吐没）者二千四百余万（石）精粮。

　　　　其应天等五府州县数十万没官田地夏秋税粮，官吏张钦等通同作弊，并无一粒上仓，与同户部官郭桓等尽行分授。

意思是追赃七百万还是圣恩宽容，认真算起来该有二千四百万。这几万人死得绝不委屈。话虽如此说，到底觉得有些不妥，只好借审刑官的头来平众怒，把原审官杀了一批，再三申说，求人民谅解。[31]一年后，他又特别指出："自开国以来，唯两浙、江西、两广、福建所设有司官，未尝任满一人，往往未及终考，自不免于赃贪。"㉜可见杀这些贪官污吏是不错的，是千该万该的。不过，倒过来说，杀了二十年的贪官污吏，而贪官污吏还是那么多，沿海比较富饶区域的地方官，二十年来甚至没有一个能够做满任期，都在中途犯了赃贪得罪，由此可见专制独裁的统治，官僚政治和贪污根本分不开，单用严刑重罚，恐怖屠杀去根绝贪污，是不可能有什么效果的。

在鞭笞、苦工、剥皮、抽筋，以至抄家灭族的威胁空气中，凡是做官的，不论大官小官，近臣远官，随时随地都会有不测之祸，人人在提心吊胆、战战兢兢过日子。这日子过得太紧张了，太可怕了，有的人实在受不了，只好辞官，回家当老百姓，不料又犯了皇帝的忌讳，说是不肯帮朝廷做事："奸贪无福小人，故行诽谤，皆说朝廷官难做。"㉝大不敬，非杀不可。没有做过官的儒士，怕极了，躲在乡间不敢出来应考做官，他又下令地方官用种种方法逼他们出来，"有司敦迫上道，如捕重囚"。还立下一条法令，说是："率土之滨，莫非王臣，寰中士大夫不为君用，是自外其教者，诛其身而没其家，不为之过。"㉞贵溪儒士夏伯启叔侄各剁去左手大指，立誓不做官，被拿赴京师面审，元璋气呼呼发问："昔世乱居何处？"回说："红寇乱时，避兵于福建、江西两界间。"不料红寇这名词正刺着皇帝的痛处："朕知伯启心怀愤怒，将以为朕取天下非其道也。特谓伯启曰：尔伯启言红寇乱时，意有他忿。今去指不为朕用，宜枭令籍没其家，以绝狂愚夫仿效之风。"特派法司押回原籍处决。㉟苏州人才姚润、王谟被征不肯做官，也都被处死，全家籍没。㊱

洪武朝朝臣幸免于屠杀的，只有几个例子：一个是大将信国公汤和，原是朱元璋同村子人，一块儿长大的看牛伙伴，比元璋大三岁，起兵以后，诸将地位和元璋不相上下的，都闹别扭，不听使唤，只有汤和规规矩矩，小心听话，服从命令。到晚年，徐达、李文忠死已多年，汤和宿将功高，明白老伙伴脾气，心里老大不愿意，让诸大将仍旧掌兵权，苦的是嘴里说不出。他首先告老交出兵权，元璋大喜，立刻派官给他在凤阳盖府第，赏赐稠渥，特别优厚，算是侥幸老死在床上。[37]一个是外戚郭德成，郭宁妃的哥哥，一天他陪朱元璋在后苑喝酒，醉了爬在地上去冠磕头谢恩，露出稀稀的几根头发，元璋笑着说：“醉疯汉，头发秃到这样，可不是酒喝多了。”德成仰头说：“这几根还嫌多呢，剃光了才痛快。”元璋不作声。德成酒醒，才知道闯了大祸，怕得要死，只好索性装疯，剃光了头，穿了和尚衣，成天念佛。元璋信以为真，告诉宁妃说：“原以为你哥哥说笑话，如今真个如此，真是疯汉。”不再在意，党案起后，德成居然漏网。[38]一个是御史袁凯，有一次朱元璋要杀许多人，叫袁凯把案卷送给皇太子复讯，皇太子主张从宽。袁凯回报，元璋问：“我要杀人皇太子却要宽减，你看谁对？”袁凯不好说话，只好回答：“陛下要杀是守法，东宫要赦免是慈心。”元璋大怒，以为袁凯两头讨好，脚踏两头船，老滑头，要不得。袁凯大惧，假装疯癫，元璋说疯子不怕痛，叫人拿木钻来刺他的皮肤，袁凯咬紧牙关，忍住不喊痛。回家后，自己拿铁链锁脖子，蓬头垢面，满口疯话，元璋还是不放心，派使者去召他做官，袁凯瞪眼对使者唱月儿高曲，爬在篱笆边吃狗矢，使者回报果然疯了，才不追究。这一次朱元璋却受了骗，原来袁预先叫人用炒面拌砂糖，捏成段段，散在篱笆下，爬着吃了，救了一条命，朱元璋哪里会知道？[39]

　　吴人严德珉由御史升左金都御史，因病辞官，犯了忌讳，被黥面充军南丹（今广西），遇赦放还，布衣徒步做老百姓，谁也不知道他曾做过官。到宣德时还很健朗，一天因事被御史所逮，跪在堂下，供说也曾在台勾当公事，颇晓三尺法度。御史问是何官，回说洪武中台长严德珉便是老夫。御史大惊谢罪，第二天去拜访，却早已挑着铺盖走了。有一个教授和他喝酒，见他脸上刺字，头戴破帽，问老人家犯什么罪过，德珉说了详情，并说先时国法极严，做官的多半保不住脑袋。说时还北面拱手，嘴里连说：“圣恩！圣恩！”[40]

元璋有一天出去私访，到一破寺，里边没有一个人，墙上画一布袋和尚，有诗一首："大千世界浩茫茫，收拾都将一袋藏。毕竟有收还有放，放宽些子有何妨。"墨迹还新鲜，是刚画刚写的，赶紧使人去搜索，已经不见了。[41]这故事不一定是真实的，不过，所代表的当时人的情绪却是真实的。

原载《中建》杂志（华北航空版）三卷五期，1948年8月5日

注 释

① 《明太祖实录·卷二三九》。

② 邓之诚《骨董续记·卷二〇》"磔"条引《张文宁年谱》；计六奇《明季北略》，记郑鄤事。

③ 吕毖《明朝小史·卷一·国初重刑》。

④ 《大诰·奸吏建言第三三》《大诰·刑余攒典盗粮第六九》《续诰·相验囚尸不实第四二》《三编·逃囚第一六》。

⑤ 徐祯卿《翦胜野闻》。

⑥ 赵翼《廿二史札记·卷三二·明祖晚年去严刑条》引《草木子》。

⑦ 《明史·卷九四·刑法志》《大诰三编·二·进士监生戴罪办事》。

⑧ 《明史·卷九四·刑法志》。

⑨ 《明史·卷一三九·周敬心传》："洪武二十五年上疏极谏：'洪武四年录天下官吏，十三年连坐胡党，十九年逮官吏积年为民害者，二十三年罪妄言者，大戮官民不分臧否。'"

⑩ 《明史·卷一三九·茹太素传》。

⑪ 《明史·卷一三九·韩宜可传》。

⑫ 《明朝小史·卷二》。

⑬ 《大诰三编·逃回第一六》。

⑭ 《明太祖实录·卷二三九》。

⑮ 参看钱谦益《太祖实录辨证》，潘柽章《辨史考异》，《燕京学报》一五期吴晗《胡惟庸党案考》。

⑯ 何崇祖《庐江郡何氏家记》（玄览堂《丛书续集》本）。

⑰ 《明史·卷一二七·李善长传》。

⑱ 王世贞《史乘考误》，钱谦益《太祖实录辩证》，潘柽章《国史考异》。

⑲ 刘辰《国初事迹》，孙宜《洞庭集·大明初略三》，王世贞《史乘考误·卷一》。

⑳ 王世贞《史乘考误·卷一》，钱谦益《太祖实录辩证·卷五》，潘柽章《国史考异·卷二》。

㉑ 刘辰《国初事迹》。

㉒ 《明史·卷三〇八·胡惟庸传》《明史·卷一二八·刘基传》，刘璟《遇恩录》。

㉓ 徐祯卿《翦胜野闻》。

㉔ 《明史·卷一三八·李仕鲁传》附《陈汶辉传》。

㉕ 《明史·卷一三五·宋恩颜传》。

㉖ 《明史·卷一三六·朱升传》《明史·卷一三七·刘三吾传、宋纳传、安然传》《明史·卷一三八·陈修传、周祯传、杨靖传、薛祥传》《明史·卷一三九·茹太素传、李仕鲁传、周敬心传》。

㉗ 《明史·卷一四〇·魏观传》《明史·卷二八一·方克勤传》《明史·卷一四〇·道同传》《明史·卷一三九·叶伯巨传》《明史·卷一三六·陶凯传》。

㉘ 刘辰《国初事迹》。

㉙ 《明史·卷一三九·叶伯巨传》。

㉚ 《明史·卷九四·刑法志》《明史·卷一三九·郑士利传》。

㉛ 《明史·卷九四·刑法志》《大诰·郭桓卖放浙西秋粮第二三》《大诰·郭桓盗官粮第四九》。

㉜ 《大诰续编》。

㉝ 《大诰·奸贪诽谤第六四》。

㉞ 《大诰二编·苏州人才第一三》。

㉟ 《大诰三编·秀才剁指第一〇》《明史·卷九四·刑法志》。

㊱ 《大诰三编·苏州人才第一三》《明史·卷九四·刑法志》。

㊲ 《明史·卷一二六·汤和传》。

㊳ 《明史·卷一三一·郭兴传》。

㊴ 《明史·卷二八三·袁凯传》，徐祯卿《翦胜野闻》，陆深《金台纪闻》。

㊵ 《明史·卷一三八·周祯传》。

㊶ 徐祯卿《翦胜野闻》。

◎ 明代的锦衣卫和东西厂

一

在旧式的政体之下，皇帝只是代表他的家族以及外环的一特殊集团的利益，比较被统治的人民，他的地位，不但孤立，而且永远是在危险的边缘，尊严的神圣的宝座之下，酝酿着待爆发的火山。为了家族的威权和利益的持续，他们不得不想尽镇压的法子，公开的律例、刑章，公开的军校和法庭不够用，也不便用，他们还需要造成恐怖空气的特种组织，特种监狱和特种侦探，来监视每一个可疑的人，可疑的官吏。他们用秘密的方法侦伺，搜查，逮捕，审讯，处刑。在军队中，在学校中，在政府机关中，在民间，在茶楼酒馆，在集会场所，甚至在交通孔道，大街小巷，处处都有这类人在活动。执行这些任务的特种组织，历代都有。在汉有"诏狱"和"大谁何"，在唐有"丽景门"和"不良人"，在宋有"诏狱"和"内军巡院"，在明有锦衣卫和东西厂，在袁世凯时代则有"侦缉队"。

锦衣卫和东西厂明人合称为厂卫。从14世纪后期一直到17世纪中叶，这两机关始终存在（中间曾经几度短期地废止，但不久即复设）。锦衣卫是内廷的侦查机关，东厂则由宦官提督，最为皇帝所亲信，即锦衣卫也受其侦查。锦衣卫初设于明太祖时，是内廷亲军，皇帝的私人卫队，不隶都督府。其下有南北镇抚司，南镇抚司掌本卫刑名，北镇抚司专治诏狱，可以直接取诏行事，不必经过外廷法司的法律手续，甚至本卫长官亦不得干预。①锦衣卫的正式职务，据《明史·职官志》说是"掌侍卫缉捕刑狱之事，凡盗贼奸宄街涂沟洫，密缉而时省之"。经过嘉靖初年裁汰后，缩小职权，改为"专察不轨妖言人命强盗重事"②。其实最主要的还是侦查"不轨妖言"，不轨指政治上的反动者或党派，妖言指宗教的集团如弥勒教、白莲教、明教等。明太祖出身于香军，深知"弥勒降生"和"明王出世"等宗教传说，对于渴望改善生活的一般农民，所发生的政治作用是如何重大。他尤其了解聚众结社对现实政权有如何重大的意义和威胁，他从这两种活动中得到政权，也已为这政权立下基础，唯一使他焦急的问题是如何才能永远子子孙孙都能不费事地继承这政权。他所感觉到的严重危机有两方面：其一是并肩起事的诸将，个个都身经百战，枭悍难制。其二是出身豪室的文臣，他们有地方的历史势力，有政治的声望，又有计谋，不容易对付。这些人在他在位的时候，固然镇压得下，但也还惴惴不安。身后的继承人呢，太子忠厚柔仁，只能守成，不能应变。到太子死后，他已是望七高龄，太孙不但幼稚，而且比他儿子更不中用，成天和一批腐儒接近，景慕三王，服膺儒术，更非制驭枭雄的角色。他为着要使自己安心，要替他儿孙斩除荆棘，便不惜用一切可能的残酷手段，大兴胡蓝党案，屠杀功臣，又用整顿吏治，治乱国用重刑的口实，把中外官吏地主豪绅也着实淘汰了一下，锦衣卫的创立和授权，便是发挥这个作用。经过几次的大屠杀以后，臣民侧足而立，觉得自己的地位已经安定了。为了缓和太过紧张的空气，洪武二十年（1387）下令焚毁锦衣卫刑具，把锦衣卫所禁闭的囚徒都送刑部。再隔六年，胡党蓝党都已杀完，不再感觉到政治上的逼胁了，于是又解除锦衣卫的典诏狱权，诏内外狱毋得上锦衣卫，大小案件都由法司治理。天下从此算太平了。③

　　不到十年，帝位发生争执，靖难兵起，以庶子出藩北平的燕王入居大位，打了几年血仗；虽然到了南京，名义上算做了皇帝，可是地位仍不稳固。因为第一，建文帝有出亡的传说，宫内自焚的遗体中不能确定是否建文帝也在内，假如万一建文帝未死，很有起兵复国的可能。第二，他以庶子僭位，和他地位相同的十几个亲王看着眼红，保不住也重玩一次靖难的把戏（这一点在他生前算是过虑，可是到孙子登位后，果然又闹了一次叔侄交兵）。第三，当时他的兵力所及的只是由北平到南京一条交通线，其他地方只是外表表示服从。第四，建文帝的臣下，在朝的如曹国公李景隆、驸马都尉梅殷等，在地方的如盛庸、平安、何福等都曾和他敌对作战。其他地方官吏文武臣僚也都是建文旧人，不能立刻全盘更动。更使他感觉有临深履薄的恐惧。在这样的情况之下，他用得着他父亲传下的衣钵，于是锦衣卫重复活动，一直到亡国，始终做皇帝的耳目，担任猎犬和屠夫的双重任务。

　　锦衣卫虽然亲近，到底是外官，也许会徇情面，仍是不能放心。明成祖初起时曾利用建文帝左右的宦官探消息，即位以后，以为这些内官忠心可靠，特设一个东厂，职务是"缉访谋逆妖言大逆等"，完全和锦衣卫相同。属官有贴刑，以锦衣卫千百户充任，所不同的是用内臣提督，通常都以司礼监秉笔太监第二人或第三人派充，关系和皇帝最密切，威权也最重。④以后虽有时废罢，名义也有时更换为西厂或外厂，或东西厂内外厂并设，或在东西厂之上加设内行厂，连东西厂也在伺察之下。但在实际上，厂的使命是没有什么变更的。

厂与卫成为皇帝私人的特权侦探机关，其统系是锦衣卫监察侦伺一切官民，东（西）厂侦查一切官民及锦衣卫，有时或加设一最高机构，侦探一切官民和厂卫，如刘瑾的内行厂和冯保的内厂，皇帝则直接监督一切侦缉机关。如此层层缉伺，层层作恶，人人自疑，人人自危，造成了政治恐怖。

二

厂卫同时也是最高法庭，有任意逮捕官吏平民，加以刑讯判罪和行刑的最高的法律以外的权力。

卫的长官是指挥使，其下有官校，专司侦察，名为缇骑。嘉靖时陆炳官缇帅，所选用卫士缇骑皆都中大豪，善把持长短，多耳目，所睚眦无不立碎。所招募畿辅秦晋鲁卫驵胁超乘迹射之士以千计。卫之人鲜衣怒马而仰度支者凡十五六万人。[5]四出迹访："凡缙绅之门，各有数人往来其间，而凡所缉访，止属风闻，多涉暧昧，虽有心口，无可辩白。各类计所获功次，以为升授。凭其可逞之势，而邀其必获之功，捕风捉影，每附会以仇其奸，非法拷讯，时威逼以强其认。"[6]结果，一般仕宦阶级都吓得提心吊胆，"常晏起早阖，毋敢偶语，旗校过门，如被大盗。"[7]抓到了人时先找一个空庙祠宇榜掠了一顿，名为打桩，"有真盗幸免，故令多攀平民以备数者，有括家囊为盗赃，而通棍恶以证其事者，有潜种图书陷人于妖言之律者，有怀挟伪批坐人以假印之科者，有姓名仿佛而荼毒连累以死者。"访拿所及，则"家赀一空，甚至并同室之有而席卷以去，轻则匿于挡头火长校尉之手，重则官与瓜分"。被访拿的一入狱门，便无生理，"五毒备尝，肢体不全。其最酷者曰琶，每上百骨尽脱，汗下如水，死而复生，如是者二三次，荼酷之下，何狱不成"[8]。

其提人则止凭驾帖，弘治元年（1488）刑部尚书何乔新奏："旧制提人，所在官司必验精微批文，与符号相合，然后发遣，近者中外提人，只凭驾帖，既不用符，真伪莫辨，奸人矫命，何以拒之？"当时虽然明令恢复批文提人的制度，可是锦衣旗校却依旧只凭驾帖拘捕。⑨正德初周玺所说："迩者皇亲贵幸有所奏陈，陛下据其一面之词，即行差官赍驾帖拿人于数百里之外，惊骇黎庶之心，甚非新政美事。"⑩便是一个例子。

东厂的体制，在内廷衙门中最为隆重。凡内官奉差关防，皆曰某处内官关防，唯东厂篆文为"钦差监督东厂官校办事太监关防"⑪。《明史》记"其隶役皆取给于卫，最轻巧为僄偌者乃充之。役长曰档头，帽上锐，衣青素裤褶，系小绦，白皮靴，专主伺察。其下番子数人为干事，京师亡命诳财挟仇视干事者为窟穴，得一阴事，由之以密白于档头，档头视其事大小先予之金，事曰起数，金曰买起数。既得事，帅番子至所犯家，左右坐曰打桩，番子即突入执讯之，无有左证符牒，贿如数径去，稍不如意，榜治之名曰乾酢酒，亦曰搬醋儿，痛楚十倍官刑，且授意使牵有力者，有力者予多金即无事，或靳不予，予不足，立闻上，下镇抚司狱，立死矣。"对于行政官吏所在，也到处派人伺察："每月旦，厂役数百人掣签庭中，分瞰官府"，有听记坐记之别，"其视中府诸处会审大狱，北镇抚司拷讯重犯者曰听记，他官府及各城门缉访曰坐记"。所得秘密名为打事件，即时由东厂转呈皇帝，甚至深更半夜也可随时呈进，"以故事无大小，天子皆得闻之，家人米盐猥事，宫中或传为笑谑，上下惴惴，无不畏打事件者"⑫。

锦衣卫到底是比不上东厂亲近，报告要用奏疏，东厂则可以直达。以此，厂权就高于卫权。

东厂的淫威，试举一例。当天启时，有四个平民半夜里偷偷在密室喝酒谈心。酒酣耳热，有一人大骂魏忠贤，余三人听了不敢出声。骂犹未了，便有番子突入，把四人都捉去，在魏忠贤面前把发话这人剥了皮，余三人赏一点钱放还，这三人吓得魂不附体，差一点变成疯子。

锦衣卫狱即世所称诏狱，由北镇抚司专领。北镇抚司本来是锦衣卫指挥使的属官，品秩极低，成化十四年（1478）增铸北司印信，一切刑狱不必关白本卫，连卫所行下的公事也可直接上请皇帝裁决，卫指挥使不敢干预，因之权势日重。[13]外廷的三法司（刑部、大理寺、都察院）不敢与抗。嘉靖二年（1523），刑科给事中刘济上言："国家置三法司以理刑狱，其后乃有锦衣卫镇抚司专理诏狱，缉访于罗织之门，锻炼于诏狱之手，裁决于内降之旨，而三法司几于虚设矣。"[14]其用刑之惨酷，有非人类所能想象。沈德符记，"凡厂卫所廉谋反弑逆及强盗等重辟，始下锦衣之镇抚司拷问，寻常止曰打着问，重者加好生二字，其最重大者则曰好生着实打着问，必用刑一套，凡十八种，无不试之。"[15]用刑一套为全刑，曰械，曰镣，曰棍，曰桚，曰夹棍，五毒备具，呼号声沸然，血肉溃烂，宛转求死不得。[16]诏狱"室卑入地，墙厚数仞，即隔壁嗥呼，悄不闻声，每市一物入内，必经数处验查，饮食之属十不能得一，又不得自举火，虽严寒不过啖冷炙披冷衲而已。家人辈不但不得随入，亦不许相面。唯于拷问之期，得于堂下遥相望见"[17]。天启五年（1625）遭党祸被害的顾大章所作《狱中杂记》里说："予入诏狱百日而奉旨暂发（刑）部者十日，有此十日之生，并前之百日皆生矣。何则，与家人相见，前之遥闻者皆亲证也。"拿诏狱和刑部狱相比，竟有天堂地狱之别。瞿式耜在他的《陈时政急着疏》中也说："往者魏崔之世，凡属凶网，即烦缇骑，一属缇骑，即下镇抚，魂飞汤火，惨毒难言，苟得一送法司，便不啻天堂之乐矣。"[18]被提者一入抚狱，便无申诉余地，坐受榜掠。魏大中《自记年谱》："十三日入都羁锦衣卫东司房，二十八日许显纯崔应元奉旨严鞫，许既迎二魏（忠贤、广微）意，构汪文言招辞而急毙之以灭口。对簿时遂断断如两造之相质，一桚敲一百，穿梭一夹，敲五十杠子，打四十棍，惨酷备至，而抗辩之语悉闵不得宣。""六君子"被坐的罪名是受熊廷弼的贿赂，有的被刑自忖无生理，不得已承顺，希望能转刑部得生路，不料结果更坏，厂卫勒令退赃，"遂五日一比，惨毒更甚。比时累累跪阶前，诃诟百出，裸体辱之，弛杻则受桚，弛桚则受夹，弛桚与夹则仍戴杻镣以受棍，创痛未复，不再宿复加榜掠。后讯时皆不能跪起荷桎梏，平卧堂下"⑲。终于由狱卒之手秘密处死，死者家人至不知其死法及死期，苇席裹尸出户，虫蛆腐体。六君子是杨涟、左光斗、顾大中、袁化中、周朝瑞、顾大章，都是当时的清流领袖，朝野表率，为魏忠贤所忌，天启五年（1625）相继死于诏狱。

　　除了在狱中的非刑以外，和厂卫互相表里的一件恶政是廷杖，锦衣卫始自明太祖，东厂为明成祖所创设，廷杖却是抄袭元朝的。

　　在元朝以前，君臣之间的距离还不十分悬绝，三公坐而论道，和皇帝是师友，宋朝虽然臣僚在殿廷无坐处，却也还礼貌大臣，绝不加以非礼的行为，"士可杀不可辱"这一传统的观念，上下都能体会。蒙古人可不同了，他们根本不了解士的地位，也不能用理论来装饰殿廷的庄严。他们起自马上，生活在马上，政府中的臣僚也就是军队中的将校，一有过错，拉下来打一顿，打完照旧办事，不论是中央官，地方官，在平时，或是在战时，臣僚挨打是家常便饭，甚至中书省的长官，也有在殿廷被杖的记载。明太祖继元而起，虽然一力"复汉官之威仪"，摒弃胡俗胡化，对于杖责大臣这一故事，却习惯地继承下来，著名的例子，被杖死的如亲侄大都督朱文正、工部尚书薛祥、永嘉侯朱亮祖父子，部曹被廷杖的如主事茹太素。从此殿陛行杖，习为祖制。正德十四年（1519）以南巡廷杖舒芬等百四十六人，死者十一人。嘉靖三年（1523）以大礼之争廷杖丰熙等百三十四人，死者十六人。循至方面大臣多毙杖下，幸而不死，犯公过的仍须到官办事，犯私仇者再下诏狱处死。⑳至于前期和后期廷杖之不同，是去衣和不去衣，沈德符说："成化以前诸臣被杖者皆带衣裹毡，不损肤膜，然犹内伤困卧，需数旬而后起，若去衣受笞，则始于逆瑾用事，名贤多死，今遂不改。"㉑廷杖的情形，据艾穆所说，行刑的是锦衣官校，监刑的是司礼监："司礼大珰数十辈捧驾帖来，首喝曰带犯人来，每一喝则千百人一大喊以应，声震甸服，初喝跪下，宣驾帖杖吾二人，着实打八十棍，五棍一换，总之八十棍换十六人。喝着实打，喝打阁上棍，次第凡四十六声，皆大喊应如前首喝时，喝阁上棍者阁棍在股上也。杖毕喝踩下去，校尉四人以布袱曳之而行。"㉒天启时万璟被杖死的情形，樊良材撰《万忠贞公传》说："初璟劾魏珰疏上，珰恚甚，矫旨廷杖一百。褫斥为民。彼一时也，缇骑甫出，群聚蜂拥，绕舍骤禽，饱恣拳棒，摘发捉肘，拖沓摧残，曳至午门，已无完肤。迨行杖时逆珰领小竖数十辈奋袂而前，执金吾（锦衣卫指挥使）止之曰留人受杖，逆珰瞋目监视，倒杖张威，施辣手而甘心焉。杖已，血肉淋漓，奄奄待尽。"

廷杖之外，还有立枷，创自刘瑾，锦衣卫常用之："其重枷头号者至三百斤，为期至二月，已无一全。而最毒者为立枷，不旬日必绝。偶有稍延者，命放低三数寸，则顷刻殒矣。凡枷未满期而死，则守者掊土掩之，俟期满以请，始奏闻领埋，若值炎暑，则所存仅空骸耳，故谈者谓重于大辟云。"㉓

诏狱、廷杖、立枷之下，士大夫不但可杀，而且可辱，君臣间的距离愈来愈远，"天皇圣明，臣罪当诛"，打得快死而犹美名之曰恩谴，曰赐杖，礼貌固然谈不到，连主奴间的恩意也因之而荡然无存了。

三

厂卫之弊，是当时人抗议最集中的一个问题，但是毫无效果，并且愈演愈烈。著例如商辂《请革西厂疏》说："近日伺察太繁，法令太急，刑网太密，官校提拿职官，事皆出于风闻，暮夜搜检家财，初不见有驾帖，人心汹汹各怀疑畏，内外文武重臣，托之为股肱心膂者也，亦皆不安于位，有司庶府之官，资之以建立政事者也，举皆不安于职。商贾不安于市，行旅不安于途，士卒不安于伍，黎民不安于业。"㉔在这情形下，任何人都有时时被捕的危险。反之，真是作恶多端的臣奸大憝，只要能得到宫廷的谅解，便可置身法外，《明史·刑法志》说："英宪以后，钦恤之意微，侦伺之风炽，巨恶大憝，案如山积，而旨从中下，纵不之问。或本无死理，而片纸付诏狱，为祸尤烈。"明代二祖设立厂卫之本意，原在侦查不轨，尤其是注意官吏的行动。隆庆中刑科给事中舒化上疏只凭表面事理立论，恰中君主所忌，他说："朝廷设厂卫，所以捕盗防奸细，非以察百官也。驾驭百官乃天子之权，而奏劾诸司责在台谏，朝廷自有公论。今以暗访之权归诸厂卫，万一人非正直，事出冤诬，是非颠倒，殃及善良，陛下何由知之。且朝廷既凭厂卫，厂卫必委之番役，此辈贪残，何所不至！人心忧危，众目睢盱，非盛世所宜有也。"㉕至于苛扰平民，则更非宫廷所计及，杨涟劾魏忠贤二十四大罪疏中曾特别指出："东厂原以察奸细，备非常，非扰平民也。自忠贤受事，鸡犬不宁，而且直以快恩怨，行倾陷，片语违，则驾帖立下，造谋告密，日夜未已。"㉖甚至在魏忠贤失败以后，厂卫的权力仍不因之动摇，刘宗周上疏论其侵法司权限，讥为人主私刑，他说："我国家设立三法司以治庶狱，视前代为独详，盖曰刑部所不能决者，都察院得而决之，部院所不能平者，大理寺得而平之，其寓意至深远。开国之初，高皇帝不废重典以惩巨恶，于是有锦衣之狱。至东厂缉事，亦国初定都时偶一行之于大逆大奸，事出一时权宜，后日遂相沿而不复改，得与锦衣卫比周用事，致人主有私刑。自皇上御极以后，此曹犹肆罗织之威，日以风闻事件上尘睿览，辇毂之下，人人重足。"结果是："自厂卫司讥访而告奸之风炽，自诏狱及士绅而堂廉之等夷，自人人救过不给而欺罔之习转盛，自事事仰承独断而谄谀之风日长，自三尺法不伸于司寇而犯者日众。"㉗

厂卫威权日盛，使厂卫二字成为凶险恐怖的象征，破胆的霹雳，游民奸棍遂假为恐诈之工具，京师外郡并受荼毒，其祸较真厂卫更甚。崇祯四年（1631）给事中许国荣《论厂卫疏》历举例证说："如绸商刘文斗行货到京，奸棍赵瞎子等口称厂卫，捏指漏税，密擒于崇文门东小桥庙门，诈银二千余两。长子县教官推升县令，忽有数棍拥入其寓内，口称厂卫，指为营干得来，诈银五百两。山西解官买办黑铅照数交足，众棍窥有余剩在潞绸铺内，口称厂卫，指克官物，捉拿玉铺等四家，各诈银千余两……蓟门孔道，假侦边庭，往来如织……至于散在各衙门者，借口密探，故露踪迹，纪言纪事，笔底可操祸福，书吏畏其播弄风波，不得不酿金阴饵之，遂相沿为例而莫可问。"[28]崇祯十五年（1642）御史杨仁愿疏《论假番及东厂之害》说："臣待罪南城，所阅词讼多以假番故称冤，夫假称东厂，害犹如此，况其真呼？此由积重之势然也。所谓积重之势者，功令比较事件，番役每悬价以买事件，受买者至诱人当奸盗而卖之，番役不问其从来，诱者分利去矣。挟忿首告，诬以重法，挟者志无不逞矣。伏愿宽东厂事件而后东厂之比较可缓，东厂之比较缓而番役之买事件与卖事件者俱可息，积重之势庶可稍轻。"[29]抗议者的理由纵然充分到极点，也不能消除统治者孤立自危的心理。《明史》说："然帝（思宗）倚厂卫益甚，至国亡乃已。"

民国二十三年十二月旧稿
三十三年五月为纪念甲申三百周年重写于昆明
原载《大公报·史地周刊》十三期，1934年12月14日

①⑤ 王世贞《锦衣志》。

②③⑦⑨⑫⑬⑯⑳㉙《明史·卷九五·刑法志》。

④ 《明史·卷九五·刑法志》《明史·卷七五·职官志》。

⑥⑧ 傅维麟《明书·卷七三》。

⑩ 《垂光集·卷一·论治化疏》。

⑪ 刘若愚《酌中志·卷一六》。

⑭ 《明世宗实录》。

⑮⑰ 《万历野获编·卷二一》。

⑱ 《瞿忠宣公集·卷一》。

⑲ 《明史纪事本末·卷七一》。

㉑㉓ 《万历野获编·卷一八》。

㉒ 《熙亭先生文集·卷四·恩谴记》。

㉔ 《商文毅公集·卷一》。

㉕㉘ 《春明梦余录·卷六三》。

㉖ 《杨忠烈公文集·卷二》。

㉗《刘子全书·卷一六·痛陈时艰疏》《刘子全书·卷一七·敬循职掌疏》。

◉ 晚明仕宦阶级的生活

一

晚明仕宦阶级的生活，除了少数的例外（如刘宗周之清修刻苦，黄道周之笃学正身），可以用"骄奢淫逸"四字尽之。田艺衡《留青日札》记："严嵩孙严绍庚、严鹄等尝对人言，一年尽费二万金，尚苦多藏无可用处。于是竞相穷奢极欲。"《明史·严嵩传》记鄢懋卿之豪奢说："鄢懋卿持严嵩之势，总理两浙、两淮、长芦、河东盐政，其按部尝与妻偕行，制五彩舆，令十二女子舁之。"万历初名相张居正奉旨归葬时："真定守钱普创为坐舆，前舆后室，旁有两庑，各立一童子供使令，凡用舁夫三十二人。所过牙盘上食味逾百品，犹以为无下箸处。"[①]这种阔阔的风气，愈来愈厉害，直到李自成、张献忠等起来，这风气和它的提倡者同归于尽。

其实，说晚明才有这样的放纵生活，也不尽然，周玺《垂光集·论治化疏》说："中外臣僚士庶之家，靡丽奢华，彼此相尚，而借贷费用，习以为常。居室则一概雕画，首饰则滥用金宝，倡优下贱以绫缎为袴，市井光棍以锦绣缘袜，工匠役之人任意制造，殊不畏惮。虽朝廷禁止之诏屡下，而奢靡僭用之习自如。"②周玺是弘正时人（？—1508）可见在16世纪初期的仕宦生活已经到这地步。风俗之侈靡，自上而下，风行草偃，渐渐地浸透了整个社会。堵允锡曾畅论其弊，他说："冠裳之辈，怡堂成习，厝火忘危，膏粱文绣厌于口体，宫室妻妾昏于志虑。一簋之费数金，一日之供中产，声伎优乐，日缘而盛。夫缙绅者，士民之表，表之不戒，尤以成风。于是有纨绔子弟，益侈豪华之志以先其父兄，温饱少年亦竞习裘马之容以破其家业。挟弹炉头，吁庐伎室，意气已骄，心神俱溃，贤者丧志，不肖倾家，此士人之蠹也。于是又有游手之辈，习谐媚以蛊良家子弟，市井之徒，咨凶谲以行无赖之事。白日思群，昏夜伏莽，不耕不织，生涯问诸傥来，非土非商，自业寄于亡命，狐面狼心，冶服盗质，此庶人之蠹也。如是而风俗不致颓坏，士民不致饥寒，盗贼不致风起者未之有也。"③

二

大人先生有了身份有了钱以后，饱食终日，无所用心，自然而然会刻意去谋生活的舒适，于是营居室，乐园亭，侈饮食，备仆从，再进而养优伶，召伎女，事博弈，蓄姬妾，雅致一点的更提倡玩古董，讲版刻，组文会，究音律，这一集团人的兴趣，使文学、美术、工艺、金石学、戏曲、版本学等部门有了飞跃的进展。

八股家幸而碰上了机会，得了科第时，第一步是先娶一个姨太太（以今较昔，他们的黄脸婆还有不致被休的运气）。王崇简《冬夜笔记》："明末习尚，士人登第后，多易号娶妾。故京师谚曰：改个号，娶个小。"第二步是广营居室，做大官的邸舍之多，往往骇人听闻，田艺蘅记严嵩籍没时之家产，光是第宅房屋一项，在江西原籍共有六千七百零四间，在北京共一千七百余间。④陆炳当事时，营别宅至十余所，庄园遍四方。⑤郑芝龙田园遍闽粤，在唐王偏安一隅的小朝廷下，秉政数月，增置仓庄至五百余所。⑥

　　士大夫园亭之盛，大概是嘉靖以后的事。陶奭龄说："少时越中绝无园亭，近亦多有。"⑦奭龄是万历时代人，可见在嘉隆前，即素称繁庶的越中，士大夫尚未有经营园亭的风气。园亭的布置，除自己出资建置外，大抵多出于门生故吏的报效。顾公燮《消夏闲记》卷上说："前明缙绅虽素负清名者，其华屋园亭佳城南亩，无不揽名胜，连阡陌。推原其故，皆系门生故吏代为经营，非尽出己资也。"王世贞《游金陵诸园记》记南京名园除王公贵戚所有者外，有王贡士杞园、吴孝廉园、何参知露园、卜太学味斋园、许典客长卿园、李象先茂才园、汤太守熙召园、陆文学园、张保御园等。《娄东园亭志》仅太仓一邑有田氏园、安氏园、王锡爵园、杨氏日涉园、吴氏园、季氏园、曹氏杜家桥园、王世贞弇州园、王士骕约园、琅玡离薋园、王敬美澹园等数十园。园亭既盛，张南垣至以叠石成名："三吴大家名园皆出其手。其后东至于越，北至于燕，召之者无虚日。"⑧

　　对于饮食衣服尤刻意求精，互相侈尚。《小柴桑喃喃录》卷上记："近来人家酒席，专事华侈，非数日治具，水陆毕集，不敢轻易速客。汤饵肴蔌，源源而来，非唯口不给尝，兼亦目不周视，一筵之费，少亦数金。"平居则"耽耽逐逐，日为口腹谋"。张岱《陶庵梦忆》自述："越中清馋无过余者，喜啖方物。北京则苹婆果、黄鼬、马牙松，山东则羊肚菜、秋白梨、文官果、甜子，福建则福橘、福橘饼、牛皮糖、红乳腐，江西则青根、丰城脯，山西则天花菜，苏州则带骨鲍螺、山楂丁、山楂糕、松子糖、白圆、橄榄脯，嘉兴则马交鱼脯、陶庄黄雀，南京则套樱桃、桃门枣、地栗团、莴笋团、山楂糖，杭州则西瓜、鸡豆子、花下藕、韭芽、元笋、塘栖蜜橘，萧山则杨梅、莼菜、鸠鸟、青鲫、方柿，诸暨则香狸、樱桃、虎栗，嵊则蕨粉、细榧、龙游糖，临海则枕头瓜，台州则瓦楞蚶、江瑶柱，浦江则火肉，东阳则南枣，山阴则破塘笋、谢橘、独山菱、河蟹、三江屯蛏、白蛤、江鱼、鲥鱼、里河鲮。远则岁致之，近则月致之，日致之。"⑨

衣服则由布袍而为绸绢，由浅色而改淡红。范濂《云间据目钞》记云间风俗，虽然只是指一个地方而言，也足以代表这种由俭朴而趋奢华的时代趋势。他说："布袍乃儒家常服，周年鄙为寒酸，贫者必用绸绢色衣，谓之薄华丽。而恶少且从典肆中觅旧段旧服翻改新起，与豪华公子列坐，亦一奇也。春元必用大红履，儒童年少者必穿浅红道袍，上海生员冬必穿绒道袍，暑必用纻巾绿伞，虽贫如思丹，亦不能免。稍富则绒衣巾，盖益加盛矣。余最贫，尚俭朴，年来亦强服色衣，乃知习俗移人，贤者不免。"明代制定士庶服饰，不许混淆，嘉靖以后，这种规定亦复不能维持，上下群趋时髦，巾履无别。范濂又记："余始为诸生时，见朋辈戴桥梁绒线巾，春元戴金线巾，缙绅戴忠靖巾。自后以为烦俗，易高士巾素方巾，复变为唐巾晋巾汉巾褊巾。丙午（1606）以来皆用不唐不晋之巾，两边玉屏花一双，而年少貌美者加犀玉奇簪贯发。"他又很愤慨地说："所可恨者，大家奴皆用三镶宦履，与士官漫无分别，而士官亦喜奴辈穿着，此俗之最恶者也。"

三

士大夫居官则狎优纵博，退休则广蓄声伎，宣德间都御史刘观每赴人邀请，辄以妓自随。户部郎中肖翔等不理职务，日唯挟妓酣饮恣乐。⑩曾下饬禁止："宣德四年八月丙申，上谕行在礼部尚书胡濙曰：祖宗时文武官之家不得挟妓饮宴。近闻大小官私家饮酒，辄命妓歌唱，沉酣终日，怠废政事。甚者留宿，败礼坏俗。尔礼部揭榜禁约，再犯者必罪之。"⑪妓女被禁后，一变而为小唱，沈德符说："京师自宣德顾佐疏后，严禁官妓，缙绅无以为娱，于是小唱盛行，至今日几如西晋太康矣。"⑫实际上这项禁令也只及于京师居官者，易代之后，勾栏盛况依然。《冰华梅史》有《燕都妓品序》："燕赵佳人，颜美如玉，盖自古艳之。矧帝都建鼎，于今为盛，而南人风致，又复袭染熏陶，其色艳宜惊天下无疑。万历丁酉庚子（1597—1600）其妖冶已极。"所定花榜借用科名条例有状元榜眼探花之目。称妓则曰老几，茅元仪《暇老齐杂记》卷四："近来士人称妓每曰老，如老一老二之类。"同时曹大章有《秦淮士女表》，《萍乡花史》有《广陵士女殿最序》。余怀《板桥杂记》记南京教坊之盛，"南曲衣裳妆束，四方取以为式。"崇祯中四方兵起，南京不受丝毫影响，依然征歌召妓："宗室王孙，翩翩裘马，以及乌衣子弟湖海宾游，靡不挟弹吹箫，经过赵李，每开筵宴，则传呼乐籍，罗绮芬芳，行酒纠觞，留髠送客，酒阑棋罢，堕珥遗簪，真欲界之仙都，升平之乐国也！"⑬

　　私家则多蓄声伎，穷极奢侈。万历时理学名臣张元忭后人的家伎在当时最负盛名。《陶庵梦忆·卷四·张氏声伎》条记："我家声伎，前世无之。自大父于万历年间与范长白、邹愚公、黄贞父、包涵所诸先生讲究此道，遂破天荒为之。有可餐班，次则武陵班……再次则梯仙班……再次则吴郡班……再次则苏小小班……再次则平子茂苑班……主人解事日精一日，而僮僮伎艺则愈出愈奇。"阮大铖是当时最负盛名的戏曲作家，他的家伎的表演最为张宗子所称道。同书卷八记："阮元海家优讲关目，讲情理，讲筋节，与他班孟浪不同。然其所打院本又皆主人自制，笔笔勾勒，苦心尽出，与他班鲁莽者又不同。故所搬演本本出色，脚脚出色，出出出色，句句出色，字字出色。"士大夫不但蓄优自娱，谱制剧曲，并能自己度曲，压倒伶工。沈德符记："近年士大夫享太平之乐，以其聪明寄之剩技。吴中缙绅留意音律，如太仓张工部新、吴江沈吏部璟、无锡吴进士澄时俱工度曲，每广座命伎，即老优名倡俱皇遽失措，真不减江东公瑾。"⑭风气所趋，使梨园大盛，所演若《红梅》《桃花》《玉簪》《绿袍》等记不啻百种："括其大意，则皆一女游园，一生窥见而悦之，遂约为夫妇。其后及第而归，即成好合。皆徒撰诡名，毫无古事可考，且意俱相同，毫无足喜。"乡村每演剧以祷神："谓不以戏为祷，则居民难免疾病，商贾必值风涛。"⑮豪家则延致名优，陈懋仁《泉南杂志》："优伶媚趣者不吝高价，豪奢家攘而有之，婵鬓傅粉，日以为常。"使一向被贱视的伶工，一旦气焰千丈。徐树丕《识小录》记吴中在崇祯十四年（1641）奇荒后的情形："辛巳奇荒之后……优人鲜衣美食，横行里中。人家做戏一台，一本费至十余金，而诸优犹恨恨嫌少。甚至有乘马者，乘舆者，在戏房索人参汤者，种种恶状。然必有乡绅主之，人家惴惴奉之，得一日无事便为厚矣。"优人服节有至千金以上者。⑯男优之外，又有女戏："十余年来苏城女戏盛行，必有乡绅主之。盖以倡兼优而缙绅为之主。"⑰亦有缙绅自教家姬演戏者，张岱记朱云崃女戏，"西施歌舞，对舞者五人，长袖缓带，绕身若环，曾挠摩地，扶旋猗那，弱如秋乐；女官内侍，执扇葆璇盖、金莲宝炬、纨扇宫灯二十余人，光焰荧煌，锦绣粉叠，见者错愕"⑱。刘晖吉女戏则以布景著："刘晖吉奇情幻想，欲补从来梨园之缺陷；如唐明皇游月宫，叶法善作，场上一时黑魆地暗，手起剑落，霹雳一声，黑幔忽收，露出一月，其圆如规，四下以羊角染五色云气，中坐常仪，桂树吴刚，白兔捣药。轻纱幔之内，燃赛月明数株，光焰青黎，色如初曙，撤布成梁，遂蹑月窟，境界神奇，忘其为戏也。"⑲

四

　　士大夫的另一种娱乐是赌博。顾炎武《日知录》记："万历之末太平无事，士大夫无所用心，间有相从赌博者。至天启中始行马吊之戏，而今之朝士若江南山东几于无人不为此。有如韦昭论所云穷日尽明，继以脂烛，人事旷而不修，宾旅阙而不接。"甚至有"进士有以不工赌博为耻"的情形。吴伟业又记当时有叶子戏："万历末年，民间好叶子戏，图赵宋时山东群盗姓名于牌而斗之，至崇祯时大盛。有曰闯，有曰献，有曰大顺，初不知所自起，后皆验。"⑳缙绅士大夫以纵博为风流，《列朝诗集小传》记："福清何士壁踯弛放迹，使酒纵博。""皇甫冲博综群籍，通挟凡击毯音乐博弈之戏，吴中轻侠少年咸推服之。""万历间韩上挂为诗多倚待急就，方与人纵谈大噱，呼号饮博，探题立就，斐然可观。"此风渐及民间，结果是如沈德符所说："今天下赌博盛行，其始失货财，甚则鬻田宅，又甚则为穿窬，浸成大伙劫贼，盖因本朝法轻，愚民易犯。"㉑

　　自命清雅一点的则专务搜古董，巧取豪夺："嘉靖末年海内宴安，士大夫富厚者以治园亭教歌舞之际，间及古玩。如吴中吴文恪之孙，溧阳史尚宝之子，皆世藏珍秘，不假外索。延陵则稽太史应科，云间则朱太史大韶，携李项太学，锡山安太学华户部辈不吝重资收购，名播江南。南都则姚太史汝循、胡太史汝嘉亦称好事。若辈下则此风稍逊，唯分宜严相国父子、朱成公兄弟并以将相当途，富贵盈溢，旁及雅道，于是严以势劫，朱以货贿，所蓄几及天府。张江陵当国亦有此嗜。董其昌最后起，名亦最重，人以法眼归之。"㉒年轻气盛少肯读书的则组织文社，自相标榜，以为名高。《消夏闲记》下："文社始于天启甲子张天如等之应社……推大讫于四海。于是有广应社，复社，云间有几社，浙江有闻社，江北有南社，江西有则社，又有历亭席社，昆阳云簪社，而吴门别有羽朋社，武林有读书社，山左有大社，金会于吴，统于复社。"以讥弹骂詈为事，黄宗羲讥为学骂，他说："昔之学者学道者也，今之学者学骂者也。矜气节者则骂为标榜，志经世者则骂为功利，读书作文者则骂为玩物丧志，留心政事者则骂为俗吏，接庸僧数辈则骂考亭为不足学矣，读艾千子定待之尾，则骂象山阳明为禅学矣。濂溪之主静则盘桓于腔子中者也，洛下之持敬则曰是有方所之学也。逊志骂其学误主，东林骂其党亡国，相讼不决，以后息者为胜。"[23]老成人物则伪标讲学，内行不修。艾南英《天佣子集》曾提及江右士夫情形："敝乡理学之盛，无过吉安，嘉隆以前，大概质行质言，以身践之。近岁自爱者多而亦不无仰愧前哲者。田土之讼，子女之争，告讦把持之风日有见闻，不肖视其人皆正襟危坐以持论相高者也。"[24]

仕宦阶级有特殊地位，也自有他们的特殊风气。《小柴桑喃喃录·下》说："士大夫膏肓之病，只是一俗，世有稍自脱者即共命为迂为疏为腐，于是一入仕途，则相师相仿，以求入乎俗而后已。如相率而饮狂泉，亦可悲矣。"在这情形下的社会，谢肇渊说得最妙："燕云只有四种人多，奄竖多于缙绅，妇女多于男子，倡伎多于良家，乞丐多于商贾。"[25]

1934年1月22日

原载《大公报·史地周刊》三十一期，1935年4月19日

注 释

① 《明史·卷二一三·张居正传》。

② 《垂光集·卷一》。

③ 《堵文忠公集·救时十二议疏》。

④ 《留青日札》。

⑤ 《明史·卷三〇七·陆炳传》。

⑥ 林时对《荷锸丛谈·卷四》。

⑦ 《小柴桑喃喃录·下》。

⑧ 黄宗羲《撰仗集·张南垣传》。

⑨ 张岱《陶庵梦忆·卷四·方物》。

⑩ 《明宣宗实录·卷五六》。

⑪ 《明宣宗实录·卷五七》。

⑫ 《野获编·卷二四》。

⑬ 余怀《板桥杂记》。

⑭ 《野获编·卷二四》。

⑮ 汤来贺《梨园说》。

⑯ 黄宗羲《南雷集子·刘子行状》。

⑰ 《识小录·卷二》。

⑱ 《陶庵梦忆·卷二》。

⑲ 《陶庵梦忆·卷五》。

⑳ 《绥寇纪略·卷一二》。

㉑ 《野获编补遗·卷三》。

㉒《野获编·卷二六》。

㉓《南雷文案·卷一七》。

㉔艾南英《天佣子集·卷六·复陈怡云公祖书》。

㉕《五杂俎·卷三》。

◉ 记大明通行宝钞

元末钞以无本滥发而废不能用，转而用钱，而钱之弊亦日甚，官使一百文民用八十文，或六十文，或四十文，吴越各不同，湖州嘉兴每贯仍旧百文，平江五十四文，杭州二十文，法不归一，民不便用。又钱质薄劣，易于损坏（孔齐《至正直记·卷一》）。钞钱俱不能用，遂一退而为古代之物物交易。

明太祖初起，即于应天置宝源局铸钱，制凡数变。时乏铜鼓铸，有司责民纳私铸钱，毁器皿输官，民颇苦之。而商贾沿元旧习，便用钞，亦苦于钱之不便转运。钱法既绌，于是又转而承元之钞法，以为元代用钞百四十年，其制可因也。顾仅承其制度之表面而忽其本根：元钞法之通以有金银或丝为钞本，各路无钞本者不降新钞；以印造有定额，量全国课程收入之金银及倒换昏钞数为额，俭而不溢，故钞尝重；以有放有收，丁赋课程皆收钞，钞之用同于金银；以随时可兑换，钞换金银，金银换钞，以昏钞可倒换新钞；以钞与金银并行，虚实相权。且各地行用库之颁发钞本也，以行用库原有金银为本，新钞备人民之购取，金银则备人民之换折，故出入均有备，钞之信用借以维持。其坏也以无钞本，以滥发，以发而不收，以不能兑换，以昏钞不能倒换新钞。明太祖及其谋议诸臣生于元代钞法沮坏之世，数典忘祖，以为钞法固如是耳，于是无本无额有出无入之不兑现钞乃复现于明代。行用库之钞本成为无本之钞，不数年而法坏。又为剜肉补疮之计，禁金银，禁铜钱，立户口食盐钞法、课程赃罚输钞法、赎罪法、商税法、钞关法等法令，欲以重钞，而钞终于无用。

洪武七年（1374）初置宝钞提举司，下设抄纸印钞二局、宝钞行用二库（《明史·卷七二·职官志》）。八年（1375）三月始诏中书省造大明宝钞，取桑穰为钞料，其制方高一尺，广六寸，质青色，外为龙文花栏，横题其额曰“大明通行宝钞”，其内上两旁复为篆文八字曰“大明宝钞，天下通行”。中图钱贯，十串为一贯，其下云“中书省奏准印造大明宝钞，与铜钱通行使用，伪造者斩，告捕者赏银二十五两，仍给犯人财产”。（《会典》中书省作户部，二十五两作二百五十两）。若五百文则书钞文为五串，余如其制而递减之。其等凡六，曰一贯，曰五百文、四百文、三百文、二百文、一百文。每钞一贯准钱千文，银一两；四贯准黄金一两。十三年（1380）废中书省，乃以造钞属户部，而改宝钞文中书省为户部，与旧钞兼行。二十二年（1389）更造小钞，自十文至五十文（《大明会典·卷三一·钞法》《明史·卷八一·食货志·钱钞》）。建文四年（1402）十一月，户部尚书夏原吉言：“宝钞提举司钞版岁久，篆文销乏，且皆洪武年号，明年改元永乐，宜并更之。”成祖曰：“板岁久当易则易，不必改洪武为永乐，盖朕所遵用皆太祖成宪，虽永用洪武可也”（《明成祖实录·卷一四》）。自是终明世皆用洪武年号云。

宝钞颁发时，即诏禁民间不得以金银物货交易，违者治罪，告发者就以其物给赏，若有以金银易钞者听。凡商税课钱钞兼收，钱十之三，钞十之七，一百文以下则止用铜钱（《大明会典·卷三一·钞法》）。
钞昏烂者许就各地行用库纳工墨直易新钞。寻罢在外行用库。洪武十三
年（1380）五月户部言："行用库收换昏钞之法，本以便民，然民多
缘法为奸诈，每以堪用之钞，辄来易换者。自今钞虽破软而贯伯分明，
非挑描剜补者，民间贸易及官收课程并听行使。果系贯伯昏烂，方许入
库易换，工墨直则量收如旧。在京一季，在外半年送部，部官会同监察
御史覆视，有伪妄欺弊者罪如律，仍追钞偿官。但在外行用库裁革已
久，令宜复置。凡军民倒钞，令军分卫所，民分坊厢，轮日收换，乡民
商旅各以户帖路引为验。"于是复置各地行用库（《明太祖实录·卷
一三一》）。七月罢宝钞提举司（同上卷一三二）。十五年（1382）
置户部宝钞广源库、广惠库，入则广源掌之，出则广惠掌之。在外卫
所军士月盐均给钞。各盐场给工本钞（《明史·卷八一·食货志·钱
钞》）。十八年（1385）十二月命户部凡天下有司官禄米以钞代给之，
每钞二贯五百文代米一石（《明太祖实录·卷一七六》）。时钞值低
落，二十三年（1390）十月太祖谕户部尚书赵勉曰："近闻两浙市民有
以钞一贯折钱二百五十文者，此甚非便。尔等与工部议，凡两浙市肆之
民，令其纳铜送京师铸钱，相兼行使，凡钞一贯准钱一千文，榜示天下
知之"（同上卷二〇五）。二十四年（1391）八月复命户部申明钞法。
时民间凡钞昏烂者，商贾贸易率多高其值以折抑之，比于新钞增加至
倍。又诸处税务河泊所每收商税课程，吏胥为奸利，皆取新钞，及至输
库，辄易以昏烂者。由是钞法益滞不行，虽禁约屡申而弊害滋甚。太祖
因谓户部臣曰："钞法之行，本以便民交易，虽或昏烂，然均为一贯，
何得至于抑折不行，使民损赏失望。今当申明其禁，但字贯可验真伪，
即通行无阻。且以钞之弊者，揭示于税务河泊所，令视之为法，有故阻
者罪之。"（同上卷二一一）二十五年（1392）设宝钞行用库于东市，
凡三库，库给钞三万锭为钞本，倒收旧钞送内府。二十六年（1393）
令：凡印造大明宝钞与历代铜钱相兼行使，每钞一贯准铜钱一千文。其

宝钞提举司每岁于三月内兴工印造，十月内住工。其所造钞锭，本司具印信长单及关领勘合，将实进钞锭照数填写送内府库收贮，以备赏赐支用。其合用桑穰数目，本部每岁预为会计，行移浙江、山东、河南、北平及直隶、淮安等府出产去处，依例官给价钞收买（《大明会典·卷三一·钞法》）。二十七年（1394）八月诏禁用铜钱。时两浙之民重钱轻钞，多行折使，至有以钱百六十文折钞一贯者，福建、两广、江西诸处大率皆然。由是物价涌贵，而钞法益坏不行。于是令悉收其钱归官，依数换钞，敢有私自行使及埋藏毁弃铜钱者罪之（《明太祖实录·卷二三四》）。并罢宝钞行用库（《大明会典·卷三一·钞法》）。三十年（1397）三月，以杭州诸郡商贾，不论货物贵贱，一以金银定价，由是钞法阻滞，公私病之，因禁民间无以金银交易（《明太祖实录·卷二五一》）。时法繁禁严，奸民因造伪钞以牟利，数起大狱，勾容杨馒头伪钞事觉，捕获到官，自京师至勾容九十里间，所枭之尸相望云。（《大诰·伪钞第四八》）

成祖即位后，复严金银交易之禁：犯者准奸恶论；有能首捕者，以所交易金银充赏；其两相交易而一人自首者免坐，赏与首捕同（《明成祖实录·卷一八》"永乐元年四月丙寅"条）。二年（1404）正月诏，自今有犯交易银两者，免死徙家兴州屯戍（同上卷二七）。八月，都察院左都御使陈瑛言："比岁钞法不通，皆缘朝廷出钞太多，收敛无法，以致物重钞轻。今莫若暂行户口食盐之法，以天下通计，人民不下一千万户，官军不下二百万家，若是大口月食盐二斤，纳钞二贯，小口一斤，纳钞一贯，约以一户五口计，可收五千余万锭，行之数月，钞必可重。"户部会群臣会议，皆以为便。但大口令月食盐一斤，纳钞一贯，小口月食盐半斤，纳钞五百文，可以行久。从之（同上卷三三）。五年（1407）于京城设官库，令民以金银倒换官钞，在外则于州县倒换。令各处税粮课程赃罚俱准折收钞，米每石三十贯，小麦豆每石二十五贯，大麦每石一十五贯，青稞荞麦每石一十贯，丝每斤四十贯，棉每斤二十五贯，大绢每匹五十贯，小绢每匹三十贯，小苎布每匹二十贯，大苎布每匹二十五贯，大棉布每匹三十贯，小棉布每匹二十五贯，金每两四百贯，银每两八十贯，茶每斤一贯，盐每大引一百贯，芦柴每束三贯，其有该载不尽之物，但照彼中时价折收（《大明会典·卷三一·钞法》）。准之洪武初颁钞时之物价，盖不啻贬值百倍矣。七年（1409）设北京宝钞提举司，十七年（1419）四月又申严交易金银之禁（同上）。十九年（1421）三殿灾，求直言，邹缉上疏言时政，谓"民间至伐桑枣以供薪，剥桑皮以为楮，加之官吏横征，日甚一日，如前岁买办颜料，本非土产，动科千百，民相率敛钞购之他所，大青一斤价至万六千贯"（《明史·卷一六四·邹缉传》）。二十年（1422）又令盐官许军民人等纳旧钞支盐，发南京抽分场积薪龙江提举司竹木鬻之军民收其钞，应天岁办芦柴征钞十之八（《明史·卷八一·食货志·钱钞》）。九月成祖谕户部都察院臣曰："昔太祖时钞法流通，故物贱钞贵，交易甚便。令市井交易，唯用新钞，稍昏软辄不用，致物价腾涌，其榜谕之。如仍踵前弊，坐以大辟，家仍罚钞徙边。如有倚法强市人物，亦治罪不宥。"（《明成祖实录·卷一二四》）先是成祖在北京，或奏南京钞法为豪民沮坏，遣邝野廉视，众谓将起大狱，野执一二市豪归奏曰："市人闻令震惧，钞法通矣。"事遂已（《明史·卷一六七·邝野传》）。然钞法实未尝通也。

仁宗监国，诏令笞杖定等输钞赎罪（《明仁宗实录·永乐二十二年十月癸卯》）。及即位，以钞不行，询户部尚书夏原吉，原吉言："钞多则轻，少则重。民间钞不行，缘散多敛少，宜为法敛之。请市肆门摊诸税度量轻重加其课程。钞入官，官取昏软者悉毁之。自今官钞宜少出，民间得钞难，则自然重矣。"乃下令曰："所增门摊课程，钞法通即复旧，金银布帛交易者亦暂禁止。"（《明史·卷八一·食货志·钱钞》）永乐二十二年（1424）十月革两京户部行用库（《明史·卷八·仁宗纪》）。洪熙元年（1425）议改钞法，夏时力言其扰市肆，无裨国用。疏留中。钞果大沮，民多犯禁。议竟寝（《明史·卷一六一·夏时传》）。宣宗即位，兴州左屯卫军士范济年八十余矣，诣阙言：元因唐飞钱、宋会子交子之旧，"造中统交钞，以丝为本，银五十两，易丝钞一百两。后又造中统钞，一贯同交钞一两，二贯同白金一两。久而物重钞轻，公私俱弊。更造至元钞颁行天下，中统钞通行如故，率至元钞一贯当中统钞五贯，子母相权，官民通用，务在新者无冗，旧者无废。又令民间以昏钞赴平准库倒换，商贾欲图轻便，以中统钞五贯赴库换至元钞一贯。又其法日造万锭，计官吏俸给，内府供用，诸王岁赐出支若干，天下日收税课若干，各银场窑冶日该课程若干，计民间所存贮者万无百焉，以此愈久，新旧行之无厌，由计虑之得其宜也。自辛卯（1351）兵起，天下瓜分，藩镇各据疆土，农事尽废，而楮币无所施矣……我国家混一天下，物阜民安……太祖皇帝命大臣权天下财物之轻重，造大明通行宝钞，一贯准银一两，民欢趋之，华夷诸国，莫不奉行，迄今五十余年，其法少弊，亦由物重钞轻所致……伏祈陛下断自宸衷，谋之勋旧，询之大臣，重造宝钞，一准洪武初制，务使新旧兼行。取元日所造之数而损益之，审国家之用而经度之。每季印造几何，内府供用几何，给赐几何，天下课税日收几何，官吏俸给几何，以此出入之数，每加较量，用之不奢，取之适宜，俾钞罕而物广，钞重而物轻，则钞法流通，永永无弊。又其要在严伪造之条，凡伪造者必坐及亲邻里甲。又必开倒钞库，专收昏烂不堪行使之钞，辨其真伪，每贯取工墨五分，随解各干上司。又或一季或一月，在内都察院五府户部刑部委官，在外巡按监察御史三司官府县官，公同以不堪之钞烧毁，实为官民两便"（《明宣宗实录·卷五》《明史·卷一六四·范济传》）。时不能用，民卒轻钞。至宣德初（1426）米一石用钞五十贯，乃弛布帛米麦交易之禁。府县卫所仓粮积至十五年以上者盐粮悉收钞，秋粮亦折钞三分（《明史·卷八一·食货志·钱钞》）。又严钞法之禁，时行在户部奏："比者民间交易，唯用金银，钞滞不行，请严禁约。"因命行在都察院揭榜禁之，凡以金银交易及藏匿货物、高抬价值者，皆罚钞（《明宣宗实录·卷一九》）。凡官员军民人等赦后赃罚亏欠，俱令纳钞，金每两八千贯，银二千贯，犯笞刑罪每二十赎钞一千贯（同上卷二二）。三年（1428）六月诏停造新钞，已造完者悉收库不许放支，其在库旧钞委官选拣堪用者备赏赉，不堪者烧毁。立阻滞钞法罪，有不用钞一贯者，罚纳千贯，亲邻里老旗甲知情不首，依犯者一贯罚百贯。其关闭店铺潜自贸易及抬高物价之人，罚钞万贯。知情不首罚千贯（同上卷四三）。十一月复申用银之禁，凡交易银一钱者，买者卖者皆罚钞一千贯，一两者罚钞一万贯，仍各追免罪钞一万贯（同上卷四八）。四年（1429）正月行在户部以钞法不通，皆由客商积货不税，市肆鬻卖者沮挠所致，奏请依洪武中增税事例，凡顺天、应天、苏、松、镇江、淮安、常州、扬州、仪真、杭州、嘉兴、湖州、福州、建宁、武昌、荆州、南昌、吉安、临江、清江、广州、开封、济南、济宁、德州、临清、桂林、太原、平阳、蒲州、成都、重庆、泸州共三十三府州县，商贾所集之处，市镇店肆门摊税课增旧五倍，俟钞法通悉复旧（同上卷五〇）。时巨富商民并权贵之家，率以昏烂之钞中盐，一人动计千引，及支盐发卖，专要金银，钞法由是愈滞（同上卷五五）。六月立塌坊等项纳钞例：一、南北二京公侯驸马伯都督尚书侍郎都御史及内官内使与凡官员军民有蔬菜果园，不分官给私置，但种蔬果货卖者，量其地亩棵株，蔬地每亩月纳旧钞三百贯，果每十株岁纳钞一百贯。其塌坊车房店舍停塌客商货物者，每间月纳钞五百贯。二、驴骡车受雇装载物货，或出或入，每辆纳钞二百贯，委监察御史、锦衣卫、兵马司各一员于各城门外巡督监收。三、船只受雇装载，计其载料之多少，路之远近，自南京至淮安，淮安至徐州，徐州至济宁，济宁至临清，临清至通州，俱每一百料纳钞一百贯。其北京直抵南京，南京直抵北京者，每百料纳钞五百贯。委廉干御史及户部官于沿河人烟辏集处监收（同上）。钞关之设自此始。六年（1431）二月以江西各府县征纳户口食盐钞，有司但依黄册所编丁口征收，有死亡无从征者，有老疾贫难及居深山穷谷无钞纳者，有将男女典雇易钞者，小民无所告诉。诏令有司开除亡故老疾及山谷之民，止令城中墟镇及商贾之家纳钞（同上卷七六）。七年（1432）三月诏湖广、广西、浙江商税鱼课办纳银两者，自宣德七年为始，皆折收钞，每银一两纳钞一百贯。（同上卷八八）

　　宣德十年（1435）正月，英宗即位大赦诏：各处诸色课程旧折收金银者，今后均照例收钞（《明英宗实录·卷一》）。十二月广西梧州府知府李本奏："律载宝钞与铜钱相兼行使。今广西、广东交易用铜钱，即问违禁，民多不便。乞照律条，听其相兼行使。"从之（同上卷一二）。正统元年（1436）年三月，少保兼户部尚书黄福言："宝钞本与铜钱兼使，洪武间银一两当钞三五贯，今银一两当钞千余贯，钞法之坏，莫甚于此。宜量出官银，差官于南北二京各司府州人烟辏集处，照彼时值倒换旧钞，年终解京，俟旧钞既少，然后量出新钞换银解京"（同上卷一五）。时钞一贯仅值银一厘，较国初已贬值千倍，福议以银换钞，紧缩旧钞之流通额，提高钞之信用，实救时唯一良法，顾朝廷重于出银，竟不能用也。会副都御史周铨、江西巡抚赵新请于不通舟楫地方，田赋折收金银，户部尚书黄福、胡濙共主之，于是定制米麦一石折银二钱五分。南畿、浙江、江西、湖广、福建、广东、广西米麦共四百余万石，折银百余万两入内承运库，谓之金花银，其后概行于天下（《明史·卷七八·食货志·赋役》）。遂减诸纳钞者，而以米银钱当钞。弛用银之禁，朝野率皆用银，其小者乃用钱，唯折官俸用钞。钞壅不行（《明史·卷八一·食货志·钱钞》）。四年（1439）六月以民纳盐钞而盐课司十年五年无盐支给，诏减半收钞以苏民力。塌房及车辆亦减半征收（《明英宗实录·卷五四》）。五年十一月刑部都察院大理寺议："洪武初年定律之时，钞贵物贱，所以枉法赃至一百二十贯者免绞充军。即今钞贱物贵，令后文职官吏人等受枉法赃比律该绞者，有禄人估钞八百贯之上，无禄人估钞一千二百贯之上，俱发北方边卫充军。其受赃不及前数者，照见行例发落。"从之（同上卷七二）。七年六月，诏灾伤处人民愿折钞者，每石折钞一百贯解京交纳（同上卷九三）。八年七月赦免各城门军民人等驴驮柴米等物出入者钞贯（同上卷一〇六）。十三年五月免在京菜户纳钞。仍戒今后有沮滞钞法者，令有司于所犯人每贯追一万贯入官，全家发戍边远（同上卷一六六）。仍禁使铜钱。时钞既不行，而市廛仍以铜钱交易，每钞一贯折铜钱二文。因出榜禁约，令锦衣卫五城兵马司巡视，有以铜钱交易者，擒治其罪，十倍罚之。（同上）

　　景帝景泰三年（1452）六月，命在京文武官吏俸钞俱准时值给银，每五百贯给一两，以钞法不通，故欲少出以为贵之也（同上卷二一七）。天顺中弛用钱之禁。宪宗令内外课程钱钞兼收，官俸军饷亦兼支钱钞。是时钞一贯不能值钱一文，而计钞征之民，则每贯征银二分五厘，民以大困。孝宗弘治元年（1488）京城税课司、顺天、山东、河南户口食盐俱收钞，各钞关俱钱钞兼收（《明史·卷八一·食货志·钱钞》）。弘治六年（1493）各关钱钞折银，钱七文折银一分，钞一贯折银三厘（《大明会典·卷三五·钞关》）。自后率沿以为例，钞唯用于官府，以给俸饷，得者全无所用，民间亦视如废纸，盖名存实亡，徒以祖制仍存其名义而已（陆容《菽园杂记·卷一〇》，《明史·卷八一·食货志·钱钞》）。计太祖时赐钞千贯则为银千两，金二百五十两，永乐中千贯犹作银十二两，金二两五钱。及弘治时赐钞千贯，仅银三两余矣。于是上议者，请"仿古三币之法，以银为上币，钞为中币，钱为下币，以中下二币为公私通用之具，而一准上币以权之焉。盖自国初以来有银禁，恐其或阁钞钱也。而钱之用不出于闽、广。宣德以来，钱始行于西北。自天顺以来，钞之用益微，必欲如宝钞属镪之行，一贯准钱一千，银一两，复初制之旧，非用严刑不可也。然严刑亦非盛世所宜有。今日制用之法，莫若以银与钱钞相权而行，每银一分易钱十文，新钞每贯亦十文，四角完全未甚折者每贯五文，中折者三文，昏烂而有一贯字者一文，通诏天下，以为定制。而严立擅自加减之罪，虽物生有丰歉，货殖有贵贱，而银与钱钞交易之数一定而永不可易矣"，孝宗不听。正德中，以内库钞匮乏，无以给赐，复令天下钞关征解本色（傅维鳞《明书·卷八一·食货志·钞法》）。十年（1515）钱宁私遣使至浙鬻钞三万块，每块勒索银三两（钞一块千贯），已敛银二万四千两，有司征价，急于星火，输银之吏，络绎于途。时宁方贵幸用事，以废纸摊索民间现银，地方不敢抗。于是左布政使方良永上疏极论之曰："四方盗甫息，疮痍未瘳，浙东西雨雹。宁厮养贱流，假义子名，跻公侯之列，赐予无算，纳贿不赀，乃敢攫取民财，戕邦本，有司奉行，急于诏旨，胥吏缘为奸，椎肤剥髓，民不堪命。镇守太监王堂、刘璟畏宁威，受役使。臣何敢爱一死，不以闻。乞陛下下宁诏狱，明正典刑，并治其党以谢百姓。"宁惧，留疏不下，谋遣校尉捕假势鬻钞者以自饰于帝，而请以钞直还之民，阴召还前所遣使。宁初欲散钞遍天下，先行之浙江、山东，山东为巡抚赵璜所格，而良永白发其奸，宁自是不敢鬻钞矣（《明史·卷二〇一·方良永传》《明臣奏议·卷一四·方良永劾朱宁书》）。世宗嘉靖初，御史魏有本上言："国初关税全征钞贯，嗣后改令钱钞兼收。迩年以来，钞法不通，钱法亦弊，而关税仍收钱钞，无益于国，有损于民。以收钞言之，每钞一张为一贯，每千张为一块，时价每块值银八钱，官价每块准银三两，是官以三两之银，反易八钱之钞，此则上损国用。以收钱言之，各处低钱盛行，好钱难得，官价银一钱，值好钱七十文，时价每银一钱，易好钱不过三十文，是小民费银二钱以上，充一钱之数，此则下损民财。每银约一万两内，五千收钞，该钞将二千块，计用大柜五百方。又五千两收钱，该钱四千串，用柜四百方。而水陆脚价进纳，犹难计议。"疏入，命钱钞留各地方，而内库用银，则钱钞皆不入矣（《明书·卷八一·食货志·钞法》）。嘉靖四年（1525）复令宣课分司收税，钞一贯折银三厘，钱七文折银一分。是时钞久不行，钱亦大壅，益专用银矣（《明史·卷八一·食货志·钱钞》）。天启时（1621—1627）给事中惠世扬复请造钞行用（同上）。思宗崇祯八年（1635）四月，给事中何楷亦以为请（《崇祯长编》）。十六年（1643）六月召见桐城诸生蒋臣于中左门，臣言钞法申世扬说，其言曰："经费之条，银钱钞三分用之，纳钱银买钞者，以九钱七分为一金，民间不用以违法论。岁造三千万贯，一贯价一两，岁可得银三千万两，不出五年，天下之金钱尽归内帑矣。"给事中马嘉植疏争之，不听。擢臣为户部司务，侍郎王鳌永、尚书倪元璐力主之。条议有十便十妙之说：一、造之之费省；二、行之之途广；三、赍之也轻；四、藏之也简；五、无成色之好丑；六、无称兑之轻重；七、革银匠之奸偷；八、杜盗贼之窥伺；九、钱不用而用钞，其铜可铸军器；十、钞法大行，民间货买可不用银，银不用而专用钞，天下之银竟可尽实内帑。帝大喜，特设内宝钞局，即刻造钞，立发仪制司所藏乡会中式朱墨二卷，与直省优劣科岁试卷，为钞质之资本；押工部收领，限日搭厂，拨官选匠计工。如有阻其事者，法同十恶。辅臣蒋德璟言："百姓虽愚，谁肯以一金买一纸。"帝不听。昼夜督造，募商发卖，无一人应者。又因局官言，取桑穰二百万斤于畿辅、山东、河南、浙江，德璟力争，帝留其揭不下。工部查二祖时典故，造钞工料纸六皮四，皮者桦皮也，产于辽东。有纸无皮，无从起工。乃令工部召商，工部仍以库洗为辞。正拟议间，得"流寇"渡河息，事遂已。次年而北都墟，明社覆。（《明史·卷二五一·蒋德璟传》，计六奇《明季北略·卷一九·蒋臣奏行钞法、捣钱造钞》，花村看行侍者《谈往·捣钱造钞》）

　　与钞法有关者，除户口、食盐、钞关、商税以外，较重要者尚有俸给及赎法二事。

　　明代官员俸给，按正从品级分别规定，自正一品岁俸米一千四十四石至从九品六十石有差。俸给有本色折色，本色给米，折色则有银布胡椒苏木之类。洪武十三年（1380）定内外文武官岁给禄米俸钞之制

（《明史·卷八二·食货志·俸饷》）。永乐元年（1403）令在京文武官一品二品四分支米，六分支钞；三品四品米钞中半兼支；五品六品六分米，四分钞；七品八品八分米，二分钞。每米一石折钞十贯。宣德八年定每俸米一石折钞十五贯；折俸布一匹折钞二百贯，嘉靖七年（1528）改定为折银三钱。如正一品岁该俸一千四十四石，内本色俸三百三十一石二斗，折色俸七百一十二石八斗。本色俸内除支米一十二石外，折银俸二百六十六石，折绢俸五十三石二斗，共该银二百四两八钱二分。折色俸内折布俸三百五十六石四斗，该银一十两六钱九分二厘，折钞俸三百五十六石四斗，该本色钞七千一百二十八贯。总计正一品官岁得俸给全额为米一十二石，银二百十五两五钱一分二厘，钞七千一百二十八贯。正七品官岁该俸九十石，内本色俸五十四石，折色俸三十六石。本色俸内除支米一十二石外，折银俸三十五石，折绢俸七石，共该银二十六两九钱五分。折色俸内折布俸一十八石，该银五钱四分，折钞俸一十八石，该本色钞三百六十贯。总计正七品官岁得俸给全额为米一十二石，银二十七两四钱九分，钞三百六十贯。在外文武官俸，洪武二十六年（1393）定每米一石折钞二贯五百文，宣德八年（1433）增为十五贯，正统六年（1441）又增为二十五贯（《大明会典·卷三九·俸给》），成化七年（1471）从户部尚书杨鼎请，以甲字库所积之棉布，以时估计之，阔白布一匹可准钞二百贯，请以布折米，仍视折钞例，每十贯一石。先是折俸钞米一石钞二十五贯，渐减至十贯，是时钞法不行，钞一贯值二三钱，是米一石仅值钱二三十文，至是又折以布，布一匹时估不过二三百钱，而折米二十石，则是米一石仅直十四五钱也。自古百官俸禄之薄，未有如此者，后遂为常例。（《明宪宗实录·成化七年十月丁丑》条，《日知录·卷一二·俸禄》条引《明史·卷八二·食货志·俸饷》）

赎罪之法以纳钞为本。永乐十一年（1413）令死罪情轻者斩罪赎钞八千贯，绞罪及榜例死罪六千贯，流徒杖笞纳钞有差。宣德二年

（1427）定笞杖罪囚每十赎钞二十贯，徒流罪名每徒一等折杖二十，三流并折杖一百四十，其所罚钞悉加笞杖所定。景泰元年（1450）增为二百贯，每十以二百贯递加，至笞五十为千贯；杖六十千八百贯，每十以三百贯递加，至杖百为三千贯。天顺五年（1461）令罪囚纳钞，每笞十钞二百贯，余四笞递加百五十贯；至杖六十增为千四百五十贯，余杖各递加二百贯。弘治十四年（1501）定折收银钱之制，每杖百应钞二千二百五十贯，折银一两，每十以二百贯递减，至杖六十为银六钱；笞五十应减为钞八百贯，折银五钱，每十以百五十贯递减，至笞二十为银二钱，笞十为钞二百贯，折银一钱。正德二年（1507）定钱钞兼收之制，如杖一百应钞二千二百五十贯者，收钞千一百二十五贯，钱三百五十文。嘉靖七年（1528）更定凡收赎者每钞一贯折银一分二厘五毫，如笞一十赎钞六百文，则折银七厘五毫，以罪重轻遍加折收赎。此有明一代赎罪钞法之大概也。然罪无一定，而钞法则日久日轻，赎罪钞数因亦随之递增，至弘治而钞竟不可用，遂开准钞折银之例，赎法步钞法之变而变，终则实纳银而犹存折钞之名，则以祖制不敢废也（《明史·卷九三·刑法志·赎刑》）。

　　元承金制，铸银五十两为一锭。元钞从银，故亦以五十贯或五十两为一锭，钞二锭值银一锭，钞二贯或二两值银一两（详《元代之钞法·六·释锭》）。明钞则以钱相权，钞一贯值钱千文，银一两，四贯为金一两。钱五贯或五千文为一锭。《明史·食货志》云，嘉靖三十二年（1553）铸洪武至正德九号钱，每号百万锭，嘉靖钱千万锭，一锭五千文。万历五年（1577）张居正疏言："工部题议制钱二万锭，该钱一万万文。"（《张文忠公集·奏疏八·请停止输钱内库供赏疏》）天启时户部尚书侯恂言："收钱每五千文为一锭。"（孙承泽《春明梦余录·卷三八》）以明代后期之史实推之，则明初之钱锭亦必为五千文可决也。因之钞亦以五贯为一锭。王世贞曰："钞一锭为五贯，贯直白金一两。"（《弇山堂别集·卷一四》）顾炎武记漳州府田赋亦云"钞五贯为一锭"，可证也（《天下郡国利病书·卷九三》）。钞锭之上为块，每钞一张为一贯，每千张即千贯为一块，见嘉靖初御史魏有本《论钞法疏》，详前文。

1943年4月19日于昆明瑞云巷三号

原载《人文科学学报》二卷一期

◉ 明初的学校

一

专制独裁的君主，用以维持和巩固统治权的法宝，是军队、法庭、监狱、特务和官僚机构，用武力镇压，用公文办事。

明太祖朱元璋原来是红军大帅郭子兴的亲兵，一步步升官，做到韩宋的丞相国公，龙凤十年（1364，元顺帝至正二十四年）作吴王，四年后爬上宝座作明朝的开国皇帝。本来是靠武力起的家，化家为国后，有的是队伍，红军嫡系的，敌军收买过来的，投降的杂牌军，官民犯罪充军的，不够，再按户口抽壮丁，总数约莫有两百万，编制作卫（师）所（团），分驻全国各地，执行武装弹压警戒的任务。

明太祖明白，武力可用以夺取政权，却不能用以治国，而且，军官大多数不识字，也办不了公文。即使有识字的，也不能作高级执政官，武人当政，历史上的例子说明不是好办法。结论是要治国必须建立一个得心应手，御用的官僚机构，而官僚必得用文人。于是，问题来了。从朝廷到地方，从省府部院寺监到州县，各级官僚得十几万人，白手成家的明太祖，从哪儿去找这么些忠心的而又能干的文人？

当然，第一个想到的是元朝的旧官僚。除了在长期战争中被消灭了的一部分以外，剩下的会办事有才力的一批，早已来投效了；不肯来的，用威吓手段，说是"智谋之士"，"坚守不起，恐有后悔"，也不敢不来（《明史·卷二八五·张以宁传附秦裕伯传》）。其余有的是贪官污吏，有的人老朽昏庸，有的人怀念蒙元的恩宠，北逃沙漠（《明史·卷一二四·扩廓帖木儿传附蔡子英传》），有的人厌恶、恐惧新朝，遁迹江湖，埋名市井（《明史·卷二八五·杨维桢传、丁鹤年传》）。尽管新朝用尽了心机，软话硬拉，要凑齐这个大班子，人数还差得太远。

第二想到的是元朝的吏。元朝是以吏治国的。从元世祖以后，甚至执政大臣也用吏来充当，造成风气，中原一带，稍稍识字能办公文的，投身台阁作吏，显亲扬名。南方的士人既不能从科举出身，又不甘心作吏，境况日渐没落，不免对北方的吏发生妒忌嫌恨的感情（余阙《青阳文集·卷四·杨君显民诗集序》）。明太祖是南方人，当然不免怀有南方人共同的看法。他又深知法令愈烦冗，条格愈详备，一般人不会办，甚至不能懂，吏就愈方便作弊，舞文弄法，闹成吏治代替了官治，代替了君治，这是对皇家统治有严重损害的（《明太祖实录·卷二六、卷一二六》）。而且，办公文的诀窍，程序格式条例，成为专业，不是父子，就是师徒世传，结成行帮，自成团体。行帮是可怕的，把治权交给行帮，起腐蚀作用，更可怕。以此，吏不但不能用，而且得用种种方法来防范、压制。在明代，吏不许做官，国子监生有罪罚充吏役，便是这个道理。

第三只好任用没有做过官的读书人。读书人当然想做官，可是有的人也有顾忌，顾忌的是失身份："海岱初云扰，荆蛮遂土崩。王公甘久辱，奴仆尽同升。"（贝琼《清江诗集·卷八·述怀二十二韵寄钱思复》）和奴仆同升也许还不太重要，重要的是这个政权还不太巩固，对内未统一，北边蒙古还保有强大力量。有的人顾忌的是这个政权是淮帮，大官位都给淮人占完了："两河兵合尽红巾，岂有桃源可避秦？马上短衣多楚客，城中高髻半淮人。"（同上，卷五《秋思》）有的人顾忌的是作了官一有不是，有杀头的，有戴斩罪办事的，有镣足办事的，有罚做苦工的，有抄家的，甚至还有抽筋剥皮的刑罚。朝官上朝，战战兢兢，下朝回家，这天侥幸平安，便阖家欢祝（详作者《朱元璋传》）。做官固然可以发财，可是，要拼着命，甚至带上阖家阖族的命，有一些人是要多多考虑的。明太祖要读书人出来做官，还是有人借故逃避，没办法，甚至立下"寰中士夫不为君用"，不肯做官就要杀头的条文，也可以看出明初官僚人才的缺乏和需要的迫切了。

第四是任用地主做官，称为荐举。有富户、耆民、孝弟力田、税户人才（纳粮最多的大地主）等名目。有一出来便作尚书府尹、副都御史、布政使、参政、参议等大官的，最多的一次到过三千七百多人（《明史·卷七一·选举志三》）。可是，还不够用，而且，这些地主官僚的作风也不完全适合新朝的要求。

旧的人才不够用，只好想法培养新的了。明太祖用自己的训练方法，造成大量的新官僚。这个官僚养成所叫作国子监。

《明史·选举志》说："学校有二，曰国学，曰府州县学。"

二

研究明代国子监的材料，除《明史·选举志》以外，关于南京国子监的，有黄佐的《南廱志》，北京国子监有《皇明太学志》。此外，《大明会典·卷七八·学校门》也有简单的记载。

　　明初制度，参加科举的必须是学校的生员，学校生员做官则不一定经由科举。以此，学校是做官所必由的大路，政府和社会都极看重。可是，从明成祖以后，进士独占了做官的门路，监生出路日坏。从明景帝开生员纳粟纳马入监之例以后，国子监成为富豪子弟的京师旅邸，日渐废弛。从明武宗以后，非府州县学生也可以纳银入监，做个挂名学生，以依亲为名，根本不必入学，国子监到此完全失去初创的意义，只剩下一个招牌了。因之，研究明代学校和政治的关系，洪武一朝是最有代表性的时期。

　　国子监的前身是国子学。宋龙凤十一年（1365，元顺帝至正二十五年）以元故集庆路儒学改建。有博士、助教、学正、学录、典乐、典书、典膳等官。在建学的前一年，未有校址，先已任命了国子博士和国子助教，在内府大本堂教皇子和胄子（贵族大官子弟）。吴元年（1367）定国子学官制，祭酒正四品，司业正五品，博士正七品，典簿正八品，助教从八品，学正正九品，学录从九品，典膳省注。洪武四年（1371）中书省户部定文武官禄，祭酒二百七十石，司业一百八十石，博士八十石，典簿七十石，助教六十五石，学正六十石，学录五十石。十四年又更定官员品数，祭酒一人，从四品；司业二人，正六品；监丞二人，正八品；博士五人，助教十五人，典簿一人，俱从八品；学正十人，正九品；学录七人，典籍一人，俱从九品；掌馔二人，杂职。又改建国子学于鸡鸣山之南。十五年改国子学为国子监。二十四年，又改司业监丞各一人（黄佐《南廱志·卷一·事纪》）。从祭酒到掌馔都是朝廷命官，任免都出于吏部。

　　学校官在学的职务分工，据洪武十五年钦定的监规：祭酒是正官，衙门首长，专总理一应事务，要整饬威仪，严立规矩，表率属官，模范后进。属官赴堂禀议事务，质问经史，皆须拱立听受，不得即便坐列，正官亦不得要求虚誉，辄自起身，有紊礼制。祭酒和其他同僚，是长官和属僚的关系，就国子监说，是一监之长，勉强比附现代名词，相当于校长，但是，这个校长并无聘任教员之权，因为一切教员都是部派的。监丞品位虽低，却参领监事，凡教官怠于师训，生员有戾规矩，并课业不精，廪膳不洁，并从纠举。务要夙夜尽公，严行约束，毋得徇情，以致废弛（黄佐《南雍志·卷九·学规本末》）。不但管学生规矩课业，还兼管教员教课成绩，办公处叫"绳愆厅"，器用除公案公椅以外，特备有行扑红凳二条，拨有直厅皂隶二名，"扑作教刑"。刑具是竹篦，皂隶是行刑人，红凳是让学生伏着挨打的（《南雍志·卷一六·器用》）。照规定，监丞立集愆册一本，各堂生员敢有不遵学规，即便究治。初犯纪录（记过），再犯决竹篦五下，三犯决竹篦十下，四犯发遣安置（开除，充军，罚充吏役）（《南雍志·卷九·学规本末》）。监丞对学生，不但有处罚权，而且有执行刑罚之权，学校、法庭、刑场合而为一。当然，判决和执行都是片面的，学生绝对没有辩解申说和要求上诉的权利。这职位就管束学生而论，有点像现代的训导长。掌馔是管师生膳食的，膳夫由朝廷拨囚徒充役，洪武十五年（1382）六月敕谕监丞等："囚徒膳夫，俱系死囚，若不听使令，三更五点不起，有误生员饮食，一两遍不听，打五十竹篦，三遍不听处斩。做贼的割了脚筋，若监丞典簿掌馔管束不严，打一百圆棍，如不死，仍发云南。有通了学里学外人偷了学里诸物者处斩，家下人发云南，钦此。"（《南雍志·卷一〇·谟训考》）这种刑法是超出当时的《大明律》之外的。典簿职掌文案，凡一应学务，并支销钱粮，季报课业文册等项，皆须明白稽考。又管出纳，又管教务，类似现代学校里的总务长和教务长。典籍是图书馆长。

祭酒同时也是教员，和博士助教学正学录等官，职专教诲，务在严立课程，用心讲解，以臻成效。如或怠惰，不能自立，以致生员有戾规矩者，举觉到官，各有责罚（《南雍志·卷九·学规本末》）。换言之，教员如不能使生员循规蹈矩，所遭遇到的不是解聘，而是更严重的刑事处分。

学校的教职员全是官。学生呢？来源有两类，一类是官生，一类是民生。官生又分两等，一等是品官子弟，一等是土司子弟和海外学生（留学生）。官生是由皇帝指派分发的，出自特恩，民生由各地地方官保送（《南廱志·卷一五》）。官生入学的目的，是为了"皇子将有天下国家之责，功臣子弟将有职任之寄"。皇子在内府大本堂，功臣子弟入国学。教之之道，以正心为本，学的是如何统治的"实学"，不必像文士那样记诵辞章（《南廱志·卷一·事纪》）。洪武十六年（1383）文渊阁大学士宋讷任国子监祭酒，明太祖特派太师韩国公李善长、礼部尚书任昂和谏院、翰林院等官到监，举行特别考试，考定教官生员高下，分别班次。又以公侯子弟在学读书，怕不服教员训诲，特派重臣曹国公李文忠兼领国子监事，将军做校长，扑罚违教的官生，整顿学风（《明史·卷六九·选举志》）。官生中有云南、四川等处土官子弟，日本、琉球、暹罗诸国学生，琉球学生来得最多。就洪武一朝官民生比例，据《南廱志·卷一五·储养考》：

洪武四年	官民生2728名		
十五年	577名		
十六年	766名		
十七年	980名		
二十三年	969名		
二十四年	1532名	官生45名	民生1487名
二十五年	1309名	官生16名	民生1293名
二十六年	8124名	官生4名	民生8120名
二十七年	1520名	官生4名	民生1516名
三十年	1829名	官生3名	民生1826名

国子学时代只有洪武四年（1371）的生员总数，据《大明礼令》："凡国学生员，一品至九品文武官子孙弟侄，年一十二岁以上者充补，以一百名为额。民间俊秀年一十五岁以上，能通"四书"大义，愿入国学者，中书省闻奏入学，以五十名为额（《皇明制书》）。"则在洪武四年以前，官生与民生的比例是二比一。官生是主体，民生不过陪衬而已。国子监时代，洪武十五年到二十三年（1382—1390），只举官民生总数，无法知道比例。从二十四年到三十年（1391—1397），有五个年度的在学人数记录，二十四年官生占总数1/34，二十五年1/82，二十六年1/2030，二十七年1/330，三十年1/610。在这个记录中，值得指出的：第一，官生占监生总数比例极小；第二，官生就学比例逐年减少，从四十五名降为三名；第三，洪武二十六年监生员数突然激增，次年又突然减少；第四，官生中琉球生悦慈从洪武二十五年到三十年，留学至少有六年之久。［琉球生入南监，最后一次是嘉靖十七年，二十三年回去的（1538—1544）。《明史·选举志》作"成化正德时（1465—1521），琉球生犹有至者"，是错的。］

如上文所说，明太祖建立国子学的目的，是为了教育胄子（贵族官僚子弟），甚至在改组为国子监以后，还特派重臣勋戚李文忠兼领，管束官生。为什么从二十四年以后，官生数目反而年少一年，和民生的比例，从二比一到一比二千零三十，主体变为附庸，完全失去立学的用意呢？这道理说来也极为简单：公侯子弟成年的袭爵任官，不必入学，未成年的入学得经圣旨特派，纨绔少年，束发受经，不过虚应故事，爵位官职原来不靠书本词章。那么，除非皇帝特命，又何必入学。此其一。从洪武十三年胡惟庸党案发作后，功臣宿将，连年被杀，到洪武末年，除汤和、耿秉文、李景隆、徐辉祖几家以外，其余的差不多杀干净了。功臣本人被杀，子弟如何能入学？此其二。至于官僚子弟的入学令，限一百名的有效期限恐怕只是适用在洪武三年之前，以后实施极为严格，非奉特旨，不能入学，人数当然不可能太多。此其三（《南雝志·卷一·事纪》《明史·选举志》）。而且，大官子弟自有荫官一途，用不着走国子监这条路，这样，国子监就自然而然衍变作专门训练民生做官的衙门了。

　　洪武二十六年（1393）监生人数突增的原因，是因为有新的政治任务，人手不够，特别扩大保送，说详下文。

　　　　三

　　民生的来源，分贡监、举监两类。国子监的学生通称监生。贡监出于岁贡，原来依据历史上的成规，地方官有贡"士"于朝廷的义务。洪武元年（1368）令民间俊秀能通文义者，充国子学生。二年立府州县学。四年正月，诏择府州县学生之俊秀通经者入国学，得二千七百二十八人。到十五年正月，礼部以州县所贡子弟，推选未至，奏令各按察司，于年二十以上，厚重端秀者，务拔其尤，岁贡一人入监，着为令。从这一命令，可以看出在此以前，保送监生是州县官的任务，此后则改归按察司选送。洪武四年以前，选士于民间，四年以后，选士于地方学校，州县学和国子监成为学制上的联系衔接衙门，民生在地方学校受初级训练，选拔到国子监受高级训练，国子监成为全国青年人才集中的场所。十六年又令礼部榜谕天下府州县学，自明年为始，岁贡生员各一人，正月至京师，从翰林院试经义、四书义各一道，判语一条，中式的（及格）入国子监，不中的原学教官罚停廪禄（扣薪水），生员罚为吏。则又把贡士之权改归地方学校教官，贡生在入监之前，得经翰林院主持的甄别试验。（《南雝志·卷一·事纪》《明史·选举志》）

　　学生入监，主持选送的是府州县官、按察司官、本学教官。入学考试，主持考试的是翰林院官。入监后主持训育的是国子监官。受训完毕后，监生的出路，而且是唯一的出路，是替皇帝做官，"学而优则仕"。

贡监据洪武十五年十六年的法令，府州县学岁贡生员一人，是有一定名额的。这定额在洪武朝发生过两次例外，第一次在洪武二十五年（1392）四月，"初令天下府学岁贡二人，州学二岁贡三人，县学每岁贡一人入监，明年如常。"突然增加保送名额，照例岁贡生应于次年正月到京师，因为这法令，洪武二十六年的官民生总数就增加到八千一百二十四名。第二次在洪武三十年，这一年"本监以坐堂（在学）人少，诚恐诸司再取办事不敷，移文礼部，上令照二十五年例，于是入监遂众"。据上文记录，三十年度的官民生总数是一千八百二十九名，三十一年的名额，虽然没有记录，大概和二十六年度的相差不远。从后一例子的理由，可以明白这两次增加名额的原因，是因为朝廷诸司办事人员的迫切需要，说明了在学监生同时也是朝廷的办事人员。

举监是举人入监。洪武初年择年少举人入国子监读书。洪武十八年（1385），又令会试下第举人送监卒业，是补习班或先修班的意思。

监生入学后，还得再经过一次编级考试，分堂（级）肄业。

国子监分六堂，六堂又分三等。初等生员通四书、未通经书的，入正义、崇志、广业三堂。修业期一年半以上。初等生修业期满，文理条畅的，升中等，入修道、诚心二堂，修业期一年半以上。中等生修业期满，经史兼通，文理都优的升高等，入率性堂。生员升入率性堂，依学规规定，根据勘合文簿（点名册）坐堂时日，满七百天才够资格。

司业二名，分为左右，各提调三堂。博士五员，分五经，于彝伦堂西设座教训六堂，依本经考课（《南雝志·卷九·学规本末》）。

功课内容，分《御制大诰》、《大明律令》、"四书"、"五经"、刘向《说苑》等书（后来又加上《御制为善阴骘》《孝顺事实》《五伦书》等书）（《皇明太学志·卷七》）。最主要的是《大诰》。《大诰》是明太祖自己写的，有《续编》《三编》《大诰武臣》，一共四册，主要内容是列举他所杀的人的罪状，使人民知所警戒，和教人民守本分，纳田租，出夫役，替朝廷当差的训话。洪武十九年（1386）以《大诰》颁赐监生，二十四年三月，特命礼部官说："《大诰》颁行已久，今后科举岁贡人员，俱出题试之。"礼部行文国子监正官，严督诸生熟读讲解，以资录用，有不遵者，以违制论（《南雍志·卷一·事纪》）。违制是违抗圣旨的法律术语，这罪名是很大的。皇帝颁布的杀人罪状，列作学生的必修功课，而且，作为考试的科目，用法令强迫全国生员非熟读讲解不可，这道理是用不着什么解释的。其次，训练学生的目的是做官，《大明律令》必然是必读书。而且"载国家法制，参酌古今之宜，观之者亦可以远刑辟"。"四书""五经"是儒家的经典，洪武五年（1372），明太祖面谕国子博士赵俶："尔等一以孔子所定经书诲诸生。"（《南雍志·卷一·事纪》）孔子的思想是没有问题的，尊王正名，君君臣臣父父子子这一套，最合帝王的需要。可是，孟子就不同了，洪武三年，他开始读《孟子》，读到有几处对君上不客气的地方，大发脾气，对人说："这老头要是活到今天，非严办不可！"下令国子监撤去孔庙中孟子配享的神位，把孟子逐出孔庙。他认为这本书有反动的毒素，得经过严密的检查。洪武二十七年（1394）特别敕命组织一个"审查委员会"，执行检删任务的是当时的老儒刘三吾，把《尽心篇》的"民为贵，社稷次之，君为轻"；《梁惠王篇》"国人皆曰贤"，"国人皆曰可杀"一章；"时日曷丧，予及汝偕亡！"和《离娄篇》"桀纣之失天下也，失其民也，失其民者，失其心也"一章；《万章篇》"天与贤则与贤"一章；"天视自我民视，天听自我民听"；"君有大过则谏，反覆之而不听，则易位"；以及类似的"闻诛一夫纣矣，未闻弑君也"；"君之视臣如草芥，则臣视君如寇仇"：一共八十五条，以为这些话不合"名教"，全给删节掉了。只剩下一百七十几条，刻板颁行全国学校。这一部经过大手术切割的书，叫作《孟子节文》。所删掉的八十五条，"课士不以命题，科举不以取士"[①]。至于

《说苑》，则因为"多载前言往行，善善恶恶，昭然于方册之间，深有劝戒"：是当作修身或公民课本被指定的。此外，也消极地禁止某些书不许诵读，如洪武六年面谕赵俶时所说："若苏秦、张仪，纵战国尚诈，故得行其术，宜戒勿读。"由此可见，学校功课的项目，内容的去取，必读书和禁读书，学校教官是无权说话的，一切都由皇帝御定（《南雍志·卷一·事纪》）。有时高兴，连考试的题目也出，例如圣制策问十六道，试举一例，来问文学之士，整个题目如下：

> 吁，时士之志，奚不我知，其由我不德而致然耶？抑士晦志而有此耶？呜呼艰哉！君子得不易，我知，人唯彼苍之昭鉴，必或福志之将期，然迩来云才者群然而至，及其用也，才志异途，空矣哉！（《南雍志·卷一〇·谟训考·圣制策问》）

日常功课，监规规定：一是写字。每日写仿一幅，每幅十六行，行十六字，不拘家格，或羲献智永，欧虞颜柳，点画撇捺，必须端楷有体，合格书法，本日写完，就于本班先生处呈改，以圈改字少为最。逐月通考，违者痛决（打）。二是背书。三日一次背书，每次须读《大诰》一百字，《本经》一百字，"四书"一百字，即平均每日背一百字。不但熟记文词，务要通晓义理。若背诵讲解全不通者，痛决十下。三是作文。每月务要做课六道：本经义二道，四书义二道，诏诰章表策论判语（公家文书）内科（选）二道。不许不及道数，仍要逐月做完送改，以凭类进。违者痛决。

升到率性堂的学生，采积分制。积分之法，孟月试本经义一道，仲月试论一道，诏诰章表内科一道，季月试经史策一道，判语二条。每试文理俱优与一分，理优文劣者半分，文理纰缪者无分。岁内积至八分者为及格，与出身（官职）。不及格仍坐堂肄业（留级）。试法一如科举之制，果有才学超越异常者，呈请皇帝特别加恩任官（《南雍志·卷九·学规本末》）。

四

国子监坐堂监生最多的时期，将近万人，校舍规模是相当宏大的，校址东至小教场，西至英灵坊，北至城坡土山，南至珍珠桥。左有龙舟山，右有鸡鸣山，北有玄武湖，南有珍珠河。"延袤十里，灯火相辉。"监内建筑，正堂一，支堂六，每堂一十五间，是师生讲习的地方。有馔堂二所，是会馔的地方。书楼十四间藏书。光哲堂十五间住琉球官生。号房（学生宿舍）约二千间。此外有射圃、仓库、酱醋房、水磨房、晒麦场、菜圃、养病房等建筑。规模最宏大的是供奉孔子和列代贤哲的文庙（《南雍志·卷七、卷八·规制考》）。

监生穿一定的服装，形式也是明太祖钦定的，用玉色绢布，宽袖皂缘，皂绦软巾，叫作襕衫。每年冬夏衣由朝廷颁赐。膳食公费，全校会馔。有家眷的特许带家眷入学，每月支食粮六斗。皇帝特赐，有时赐及学生的家长，例如洪武十二年（1379）赐诸生父母帛各四匹。或赐及妻子，如洪武二十七年，赐监生有家属的六百二十五人，每人钞五锭（这年官民生总数是一千五百二十人，有家眷的占百分之三十八）。三十年又赐监生夏布大小人五匹，家属每人二匹（《南雍志·卷一·事纪》）。

监生请假休学，只有在奔丧、完姻、父母年已七十必须侍养，或妻子死亡等情形下，才被准许。而且得由皇帝亲自准许。请假日期有严格规定，洪武十六年令监生入监三年，有父母者，照地远近，定限归省。其欲挈家成婚者亦如之，俱不许过限。父母丧照例丁忧。伯叔兄长丧而无子者，亦许立限奔丧。十八年令监生有父母年老无次丁者，许还原籍侍养，其妻死子幼者许送还乡，给与脚力，立限还监，违者罚之。

二十二年，礼部奏准，监生毕姻般取，照省亲例入监三年者方许。三十年令监生省亲等事，量道路远近，定具在途往还日月：每日水路一百里，陆路六十里；直隶限四阅月，河南、山东、江西、浙江、湖广限六阅月，北平、两广、福建、山西、陕西限八阅月。其住家月日：省亲三阅月，毕姻两阅月，送幼子还乡一阅月，丁忧照官员例不计闰，俱二十七月。凡过限两月以上者，送问复监。同年有违限监生二百一十七人，祭酒比例拟奏，发充吏役。三十一年又有违限监生二百二十人，命吏部铨除远方典史以困役之。

不但监生请假休学，要得特许，连教员请假，也必得经过同样程序，如洪武十二年助教吴伯宗奏请省亲，明太祖特许给假四个月就是一个例子。

坐堂期间，管制极端严格，表面上历次增订的监规，总共五十六款，除关于教官部分以外，关于约束防闲监生的，如：

> 各堂生员，在学读书，务要明体适用，以须仕进。宜各遵承师训，循规蹈矩，凡出入起居，升堂会馔，毋得有犯学规。违者痛治。

> 各堂生员每日诵受书史，并须在师前立听讲解。其有疑问，必须跪听，毋得傲慢，有乖礼法。

绝对禁止学生对人对事的批评，和团结组织，甚至班与班之间也禁止来往：

> 今后诸生毋得到于别堂，往来相引，议论他人长短，因而交结为非。违者从绳愆厅纠察，严加治罪。

> 有等无志之徒，往往不行求师问道，专务结党恃顽，故言饮食污恶。切详此等之徒，果系何人之子？其所造饮食，千百人所用皆

善，独尔以为不善，果君子欤？小人欤？是后必有此生事者，具实
奏闻，令法司枷镣，禁锢终身，在学役使，以供生徒。

　　生员往来议论，就难免对学校设施，对政治良窳有意见，有结论，
就难免不发生学潮，针对的办法是隔离和孤立。至于结党，发生组织
力量，就无法管束和训导了，非严办不可。在太祖朝严刑重法，大量屠
杀的恐怖空气中，监生不能也不敢提出原则性的反抗，只好从生活不满
的方面来发泄，因之，故言饮食污恶，对饥饿的抗议就成为学潮的主题
了。抗议饥饿的行动，如不是集体提出，学规另有专条："生员毋得擅
入厨房，议论饮食美恶，及鞭挞膳夫。违者笞五十，发回原籍，亲身当
差。"这和枷镣禁锢终身役使的处分，轻重相去是极大的。此外禁例，
如不许穿常人衣服；有事先于本堂教官处禀之，毋得径行烦渎；凡遇出
入，务要有出恭入敬牌；以及无病称病，出外游荡，会食喧哗，点问
（名）不到，不许燕安怠惰，解衣脱巾，喧哗嬉笑。号房不许私借他人
住坐，不许作秽，不许酣歌夜饮等二十七条，下文都是"违者痛决！"
最最严重的一款是：

　　　　在学生员，当以孝弟忠信礼义廉耻为本，必先隆师亲友，养
　　成忠厚之心，以为他日之用。敢有毁辱师长及生事告讦者，即系干
　　名犯义，有伤风化，定将犯人杖一百，发云南地面充军。（《南雍
　　志·卷九·学规本末》）

　　明太祖寄托培养官僚的全部责任于国子监，这一条款就是授权国
子监教官，用刑法清除所有不服从不听调度的反抗分子。毁辱师长的含
义是非常广泛的，无论是语言、行动、思想、文字上的不同意，以至批
评，都可任意解释。被周纳的犯人是不能也不许可有辩解的机会的。至
于生事告讦，更可随便运用，凡是不遵从学规的，不满意现状的，要求

对某方面教学或生活有所改进的，都可以用生事告讦的罪状片面判决之，执行之。国子监第一任祭酒宋讷是这条学规的制定人，明初人说他办学极意严酷，以求符合明太祖的政策。在他的任内，监生走投无路，经常有人被强制饿死（这也是有学规的依据的，洪武十五年第二次增订学规：师生如有病患，不能行履者，许令膳夫供送。若无病不行随众会食者，不与当日饮食），以至自缢死。他连死尸也不肯放过，一定要当面验明，才许棺殓（赵翼《廿二史札记·卷三一·明史立传多存大体》条引叶子奇《草木子》，按坊本《草木子》无此条）。后来他的儿子宋复祖继任司业，也学他父亲"诫诸生守讷学规，违者罪至死"（《明史·卷一三七·宋讷传》）。学录金文征反对宋讷的过分残暴，想法子救学生，向明太祖提出控诉说："祭酒办学太严，监生饿死了不少人。"太祖不理会，说是祭酒只管大纲，监生饿死，罪坐亲教之师，和祭酒无干。文征又设法和同乡吏部尚书余熂商量，由吏部出文书令宋讷以年老退休（洪武十八年宋讷七十五岁，已经过了法令规定该致仕的年龄了）。不料宋讷在辞别皇帝时，说出并非真心要辞官，太祖大怒，追问缘因，立刻把余熂、金文征和学录田子真、何操，学正陈潜大都杀了，还把罪状出榜在国子监前面，也写在《大诰》里头。这次反迫害的学潮，在一场屠杀后被压平，从此再也没有人敢替饿死缢死的学生说话了（《南雍志·卷一·事纪》《南雍志·卷一○·谟训考》，《明史·宋讷传》）。

洪武二十七年（1394）第二次学潮又起，监生赵麟受不了虐待，出壁报提出抗议，学校以为是犯了毁辱师长罪。照学规是杖一百充军。为了杀一儆百，明太祖法外用刑，把赵麟杀了，并且在国子监前立一长竿，枭首示众（这在明太祖的口头语，叫枭令，比处死重一等）。二十八年又颁行《赵麟诽谤册》和《警愚辅教》二录于国子监。三十年七月二十三日，又召集祭酒司业和本监教官，监生一千八百二十六员名，在奉天门当面训话。训词说：

恁学生每听着：先前那宋讷做祭酒呵，学规好生严肃，秀才每循规蹈矩，都肯向学，所以教出来的个个中用，朝廷好生得人。后来他善终了，以礼送他回乡安葬，沿路上着有司官祭他。

近年着那老秀才每做祭酒呵，他每都怀着异心，不肯教诲，把宋讷的学规都改坏了，所以生徒全不务学，用着他呵，好生坏事。

如今着那年纪小的秀才官人每来署学事，他定的学规，恁每当依着行。敢有抗拒不服，撒泼皮，违犯学规的，若祭酒来奏着恁呵，都不饶：全家发向武烟瘴地面去，或充军，或充吏，或做首领官。

令后学规严紧，若无籍之徒，敢有似前贴没头帖子，诽谤师长的，许诸人出首，或绑缚将来，赏大银两个。若先前贴了票子，有知道的，或出首，或绑缚将来呵，也一般赏他大银两个。将那犯人凌迟了，枭令在监前，全家抄没，人口迁发烟瘴地面。钦此！（《南雍志·卷一〇·谟训考》）

这篇有名的训词，在中国教育史上是空前的。唯一可以比拟的，大概是北魏太平真君五年（444）禁止民间私立学校，违者"师身死，主人门诛"那道敕令吧。国子监前面的长竿，是专作枭令学生用的，一直到正德十四年（1519）明武宗南巡，这个顽皮年轻皇帝，学他祖宗的榜样，化装出来侦查，走过国子监前，看见这个怪竿子（那时代还没有挂旗子的礼俗），弄糊涂了，问明白说是挂学生脑袋的。他说："学校岂是刑场！"而且，"哪个学生又敢犯我的法令！"才叫人撤去。这竿子一共竖了一百二十六年（《南雍志·卷四·事纪》）。

其实，并不是明武宗比他的祖宗更仁慈，而是一百多年来，进士科已经完全代替了国子监的地位，做官的不再从国子监出来，国子监已是破落的冷而又穷的衙门，会馔因为经费不够停止了，连房子倒塌了，朝廷也不肯修理，靠募捐才能补葺一下。它已失去了明初官僚养成所的地位，当然，也用不着这根刺目的不相称的竿子了。

国子监既然是为皇家制造官僚的工厂，用严刑峻法来捏塑官僚，那么，皇家对这工厂的技师，自有其划一的雇用标准。和监规的尺度一样，明初的国子监教官，是被严刑约束着，连一丝一毫自由的气氛也不许可有的。例如第一任国子学博士和祭酒许存仁，在明太祖幕府十年，是从龙旧臣，洪武元年被劾逮死狱中。表面上的罪名是私用学官什器，娶妾饰床以象牙，非师臣体，实际上是因为明太祖刚即位做皇帝，存仁便告辞回家，犯了忌讳。司业刘丞直劝他："主上方应天顺人，兴高采烈，你要回家，也该等待一会。"存仁没理会，果然因此致死（《南雝志·卷一·事纪》《南雝志·卷二一·刘丞直传》，《明史·宋讷传》，刘辰《国初事迹》）。第二任祭酒梁贞也得罪放归田里。第三任魏观，后来在苏州知府任上被杀。第四任乐韶凤以不职病免。第五任李敬以罪免。第六任吴颙因为武官子弟怠学，宽纵不能制裁被斥免。国子监第一任祭酒是宋讷，屠杀生徒，最被恩礼，可是明太祖还不放心，经常派人伺察，有时还在暗中画他的相貌，一喜一怒，都有报告（《明史·宋讷传》）。第二任龚敩，得罪的罪状是有监生告假还家，没有报告皇帝，祭酒便准了假。明太祖大怒，以为"卖放"，"置于法"。第三任胡季安坐胡惟庸党案得罪。第四任杨淞，因为擅自分配学生宿舍，原来有廊房二十间，所住学生以罪被逐，留下空屋，明太祖令北城兵马司封钥，杨淞因为宿舍不够住，自作主张，准许学生住进去，结果是因此"掇祸"（《南雝志·卷一·事纪》）。最末一任张显宗就是奉天门训话里的年纪小的秀才官人，上任不久，明太祖便死了，算是侥幸没有意外。统计三十多年来的历任祭酒，只有以残酷著名的宋讷是善终在任上，死后的恩礼也特别隆重，可以说是例外，其他的不是得罪，便是被杀。

痛决，充军，罚充吏役，枷镣终身，饿死，自缢死，枭首示众，明初的国子监是学校，又是监狱，又是刑场。不只是学生，也包括教官在内，在受死刑所威胁的训练，造成绝对服从的、奴性的官僚。

五

明初的国子学、国子监，所负荷的制造和训练官僚的任务，据《南雝志》和《明史·选举志》所记：

洪武二年，择国子生试用之，巡行列郡，举其职者，竣事覆命，即擢行省左右参政、各道按察司佥事及知府等官。

五年四月，以国子生王铎摄监察御史，擢浙江布政司左参政。

六年九月，纂修日历，选善书者誊写，国子生陈益昜等与焉。令吏部选国子生之成才者，量材授主事、给事中、御史等官。

八年三月，命丞相往国子学，考校老成端正、学博经通者，分教天下，令郡县廪其生徒而立学焉。又命御史台精选以分教北方。于是选国子生林伯云等三百六十六人，给廪食赐衣服而遣之。六月以国子生李扩等为监察御史。

九年三月，以武英堂纪事国子生黄义为湖广行省参政，赵信为考功监丞。九月，遣国子生往陕西祭平凉卫指挥秦虎。国子生奉命出使自此始。寻命国子生分行列郡，集事之未完者，如古行人之职，皆量道路远近，赐钞为费而遣之。

十年正月，国子生试用于列郡者，皆投县丞主簿，人赐夏衣一袭，宝钞三十贯。命中书省臣，凡有亲在者，量程给假归省，然后之官。十月，召国子生分教郡县者还京师，令吏部擢用。

十二年，上以国子生多未仕者，谓中书省臣曰："朕甚欲尊显诸生，虑其未悉朕意。且诸生入学之日久矣，其令归省其亲，赐其父母帛各四匹。有妻孥者携以来，月与粟钱，务得其欢心。"于是王文冈等一百三十四人皆告归，有司如诏赉之。

十四年八月，以国子生茹瑺为承敕郎。

十七年三月，令礼部颁行科举成式，凡三年大比，子午卯酉年乡试，辰戌丑未年会试，祭酒司业择国子生之性资敦厚，文行可称者应之。是年国子生升至率性堂者，入试文渊阁，擢杨文忠为首，除永福县丞。

十八年二月会试，比揭榜，国子生多在前列（会试黄子澄第一，殿试丁显、练子宁居首甲），上大喜。

十九年四月，吏部奏用监生十四人，皆为六品以下官。五月，上以天下郡县多吏弊民蠹，皆由杂流得为牧民官。乃命祭酒司业择监生千余人送吏部，除授知州知县等职。

二十年二月，鱼鳞图册成。先是上命户部核实天下土田，而苏松富民，畏避徭役，以田产诡寄亲邻佃仆，相习成风，奸弊百出。于是富者愈富，贫者愈贫。上闻之，遣国子生武淳等往，随税粮多寡，定为几区，每区设粮长四人，使集里甲耆民，躬履田亩以量度之。量其方圆，次其字号，悉书主名及尺丈四至，编类为册，绘状若鱼鳞然故名。至是浙江、直隶、苏州等府县册成，进呈，上喜，赐淳等钞锭有差。三月，监生古朴奏言，家贫愿仕，冀得禄以养母，上嘉之，除工部主事，迎养就京师。十二月，擢监生李庆署都察院右佥都御史。

二十一年三月，殿试，监生任亨泰廷对第一，召祭酒宋讷褒谕之。命撰进士题名记，立碑于监门。

二十二年二月，初令监生同御史王英、进士齐德照刷文卷。

二十四年三月，以监生许观会试殿试皆第一，召国子监官褒奖之。八月，初令监生往后湖清查黄册（全国户籍）。户部所贮天下黄册，俱送后湖收架，委监察御史二员、户科给事中一员、监生一千二百名，以旧册比对清查，如有户口田粮埋没差错等项，造册径奏。是年选监生有练达政体者，得方文等六百三十九人，命行御史事，稽核天下百司案牍。

二十五年七月，擢监生师逵、墨麟等为监察御史，夏原吉为户部主事。

二十六年十月，诏祭酒胡季安选监生年三十以上能文章者三百四十一人，命吏部除授教谕等官。以监生刘政、龙镡等六十四人为行省布政使、按察两使及参政参议副使、佥事等官。

二十七年八月，遣监生及人才分诣天下郡县，督吏民修治水利，给道里费而行。

二十九年四月，令吏部以次录用国子监生，毋使淹滞。六月初令监生年长者，分拨诸司，历练政事。凡历事监生，随本衙门司务，分勤谨平常才力不及奸顽等项引奏。勤谨者仍历事，阙官以次取用。平常再历，才力不及送监读书，奸顽充吏（计南京五府六部等衙门历事监生二百一十八名，户部等衙门写本监生二十八名，差拨内外衙门办事监生一百二十四名），称为拨历法。

三十年二月，擢监生卢祥为刑部郎中。

明代官制，都察院右佥都御史正四品，郎中正五品，主事正六品，监察御史正七品，给事中从七品。布政使从二品，参政从三品，参议从四品，按察使正三品，副使正四品，佥事正五品。知府正四品，知州从五品，知县正七品，县丞正八品，主簿正九品。教谕无品级。从洪武二年到三十一年（1369—1398）这一时期监生任官的情形来看，第一，监生并没有一定的任官资序，最高的可以做到地方大吏从二品的布政使，最低的做正九品的县主簿，以至无品级的教谕。第二，监生也没有固定的任官性质，部院官、监察官、地方最高民政财政官、司法官，以至无所不管的亲民的府州县官和学校官，监生几乎无官不可做。第三，除做官以外，在学的监生，有奉命出使的，有奉命巡行列郡的，有稽核百司案牍的，有到地方督修水利的，有执行丈量记录土地面积定粮的任务的，有清查黄册的，有写本的，有在各衙门办事的，有在各衙门历事的。第四，三十年来监生的任官，以洪武二年（1369）和二十六年为最高，十九年为最多。"故其时布列中外者，太学生最盛。"（《明史·卷六九·选举志》）大体来说，从国子学改为国子监以后，监生的出路已渐渐不如初年，从做官转到做事，朝廷利用大批监生做履亩定粮、督修水利、清查黄册等基层技术工作。至于为什么洪武二年和二十六年大量任用监生做高官呢？理由是第一刚开国人才不够，只能以国子生出任高官。第二，洪武二十六年二月蓝玉被杀，牵连致死的文武官僚、地方大吏为数极多，多少衙门都缺正官，监生因之大走官运。至于为什么洪武十九年监生任官的竟有千余人之多呢？那是因为上一年闹郭桓贪污案，供词牵连到直省官吏因而系死者有几万人，下级官吏缺得太多的缘故。至于为什么在洪武十五年（1382）以后，监生做官的出路一天不如一天呢？那是因为从十五年以后，会试定期举行，每三年一次，进士在发榜后即刻任官，要做官的都从进士科出身，甚至监生也从进士科得官，国子监已不再是唯一的官僚养成所了。进士释褐授给事御史主事中书行人评事太常国子博士和府推官知州知县等官（《明史·卷七〇·选举志》），监生原来的出路为进士所夺，只好去做基层技术工作和到诸司去历事了。

六

明代地方学校的建立，始于洪武二年（1369）。明太祖以为元代学校之教，名存实亡，战争以来，人习于战斗，唯知干戈，莫识俎豆。他常说治国之要，教化为先，教化之道，学校为本。如今京师已有太学，而地方学校尚未兴办，面谕中书省臣令府州县都立学校，礼延师儒，教授生徒，讲论圣道。于是大设学校，府设教授，州设学正，县设教谕各一，训导府四州三县二，生员府学四十人，州三十人，县二十人。师生月廪米人六斗，地方官供给鱼肉。（《南雍志·卷一·事纪》《明史卷

六九·选举志》）

入学生员享受免役特权，除本身外，还免其家差徭二丁（《大明会典·卷七八·学校》）。在学专治一经，以礼乐射御书数设科分教。

统治地方学校情形，完全和国子监一致。洪武十五年颁禁例十二条于全国学校，镌立卧碑，置于明伦堂之左，不遵者以违制论，禁例中最重要的有下列各条：

> 一、今后州县学生员，若有大事干于己家者，许父兄弟侄具状入官辩诉。若非大事，含情忍性，毋轻至于公门。
>
> 二、生员之家，父母贤智者少，愚痴者多，其父母欲行非为，则当再三恳告。

这两条，前一条不许生员交结地方官，后一条要使生员为皇家服务，在民间替朝廷清除"非为"[②]。另一条：

> 三、军民一切利病，并不许生员建言。果有一切军民利病之事，许当该有司、在野贤才、有志壮士、质朴农夫、商贾技艺皆可言之，诸人毋得阻当。唯生员不许！

军民一切利病即政治问题，地方官、在野人士，甚至农工商人都可提出建议，任何人都有权讨论政治，唯独不许学生说话。并且在同一条文内，重复地说"不许生员建言"，"唯生员不许"，声色俱厉，呼之欲出。明太祖为什么单单剥夺了生员讨论政治的权利呢？因为他害怕群众，害怕组织，尤其害怕有群众基础有组织能力的知识分子。他认清这个力量，会危害他的统治，因之，非加以高压，严厉禁止，不许有声音不可。至于其他人士，个别的发言，个别的建议，没有群众做后盾，不发生力量，他不但不禁止，反而形式上加以奖励，学学古代帝王求言的办法，倒使他可以得到好名誉。

知识青年对于现实政治不能说话，不许有声音，明太祖的统治就巩固了。可是，他没有想到代替说话的是农民的竹竿和锄头，朱家的政权，到后来还是被竹竿和锄头所倾覆。

地方学校之外，洪武八年（1375）又诏地方立社学（乡村小学），延师儒以教民间子弟。

府州县学和社学都以《御制大诰》和《律令》作主要必修科。（《大明会典·卷七八·学校》）

在官僚政治之下，地方学校只存形式，学生不在学，师儒不讲论。社学且成为官吏迫害剥削人民的手段，明太祖曾大发脾气，申斥地方官吏说：

> 好事难成。且如社学之设，本以导民为善，乐天之乐，奈何府州县官不才酷吏，害民无厌。社学一设，官吏以为营生。有愿读书者无钱不许入学，有三丁四丁不愿读书者受财卖放，纵其愚顽，不令读书。有父子二人，或农或商，本无读书之暇，却乃逼令入学，有钱者又纵之。无钱者虽不暇读书，亦不肯放，将此凑生员之数，欺诳朝廷。

他怕"逼坏良民不暇读书之家"，只好住罢（停办）社学，不再"导民为善"了（《御制大诰·社学第四十四》）。

从国子监到社学，必读的书，必考的书，是明太祖所亲自写定的《大诰》（从文理不通、思想昏乱、词语鄙陋、语气狂暴、态度蛮横几点看来，确非儒生所能代笔），想用以为治国平天下、统一思想的"圣经宝典"。他在书末指出：

> 朕出是诰，昭示祸福，一切官民诸色人等，户户有此一本，

若犯笞杖徒流罪名，每减一等，无者每加一等。所在人民，熟观为戒。（《御制大诰·颁行大诰第七十四》）

又说：

> 朕出斯令，一曰《大诰》，一曰《续编》，斯上下之本，臣民之至宝，发布天下，务必户户有之。敢有不敬而不收者，非吾治化之民，迁居化外，永不令归，的的不虚示。（《大诰续编·颁行续诰第八十七》）

以帝王之威，用减刑用充军，利诱威胁，命令人民读他的"至宝"，命令学生熟读讲解他的至宝，可惜，人民是不识"宝"的，利诱不理，威胁无用。成化时（1465—1487）陆容记《大诰》的下落说：

> 国初惩元之弊，用重典以新天下，故分行禁止，若风草然。然有面从于一时而心违于身后者，如《大诰》，唯法司拟罪云有《大诰》减一等云尔，民间实未之见，况复有讲读者乎！（《菽园杂记·卷五》）

明太祖有方法统治学校，屠杀学生，可是，他没办法办社学，也没办法使人民读他的《大诰》。有生死人之权，有富贵贫贱人之权，而终于无人读他藏他的"至宝"，不要说读，人民甚至连看都没有看见，这大概是专制独裁者应有的共有的悲哀吧！

1948年2月2日于清华园
原载《清华学报》十五卷一期

注　释

① 《明史·卷一三九·钱唐传》《明史·卷五四·礼志四》，李之藻《頖宫礼乐疏·卷二》，全祖望《鲒埼亭集·卷三五·辨钱尚书争孟子事》，北平图书馆藏洪武二十七年刊本《孟子节文·刘三吾孟子节文题辞》："《孟子》一书，中间词气之间抑扬太过者八十五条。其余一百七十余条，悉颁之中外校官，俾读是书者知所本旨。自今八十五条之内，课士不以命题，科举不以取士，壹以圣贤中正之学为本。"

② "非为"是明太祖的口头和文字上常用术语，含有特别内容，和他常用的"异为""他为"同义。

◉ 《金瓶梅》的著作时代及其社会背景

要知道《金瓶梅》这部书的社会背景，我们不能不先考定它的产生时代。同时，要考定它的产生时代，我们不能不把一切关于《金瓶梅》的附会传说肃清，还它一个本来面目。

《金瓶梅》是一部现实主义作品，所集中描写的是作者所处时代的市井社会的奢靡淫荡的生活。它的细致生动的白描技术和汪洋恣肆的气势，在未有刻本以前，即已为当时的文人学士所叹赏惊诧。但因为作者敢对于性生活做无忌惮的大胆的叙述，便使社会上一般假道学先生感觉到逼胁而予以摈斥，甚至怕把它刻板行世会有堕落地狱的危险，但终之不能不佩服它的艺术的成就。另一方面一般神经过敏的人又自作聪明地替它解脱，以为这书是"别有寄托"，替它捏造成一串可歌可泣悲壮凄烈的故事。

无论批评者的观点怎样，《金瓶梅》的作者，三百年来却都一致公认为王世贞而无异辞。他们的根据是：

1.沈德符的话：说这书是嘉靖中某大名士作的。这一位某先生，经过几度的附会，就被指实为王世贞。

2.因为书中所写的蔡京父子，相当于当时的严嵩父子。王家和严家有仇，所以王世贞写这部书的目的是（甲）报仇，（乙）讽刺。

3.是据本书的艺术和才气立论的。他们先有了一个"苦孝说"的主观之见，以为像这样的作品非王世贞不能写。

现在我们不管这些理由是否合理，且把他们所乐道的故事审查一下，看是王世贞作的不是。

一、《金瓶梅》的故事

《金瓶梅》的作者虽然已被一般道学家肯定为王世贞（他们以为这样一来，会使读者饶恕它的"猥亵"描写），但是他为什么要写这书？书中的对象是谁？却众说纷纭，把它归纳起来不外是：

　　甲、复仇说　对象（1）严世蕃
　　　　　　　　　　　（2）唐顺之
　　乙、讽刺说　对象——严氏父子

为什么《金瓶梅》会和唐顺之发生关系呢？这里面又包含着另外一个故事——《清明上河图》的故事。

（一）《清明上河图》和唐荆川

《寒花盦随笔》：

　　"世传《金瓶梅》一书为王弇州（世贞）先生手笔，用以讥严世蕃者。书中西门庆即世蕃之化身，世蕃亦名庆，西门亦名庆，世蕃号东楼，此书即以西门对之。""或谓此书为一孝子所作，所以复其父仇者。盖孝子所识一巨公实杀孝子父，图报累累皆不济。后忽侦知巨公观书时必以指染沫，翻其书叶。孝子乃以三年之力，经营此书。书成黏毒药于纸角，觇巨公外出时，使人持书叫卖于市，曰天下第一奇书，巨公于车中闻之，即索观，车行及其第，书已观讫，啧啧叹赏，呼卖者问其值，卖者竟不见，巨公顿悟为所算，急自营救已不及，毒发遂死。"今按二说皆是，孝子即凤洲（世贞号）也，巨公为唐荆川（顺之），凤洲之父悒死于严氏，实荆川赞之也。姚平仲《纲鉴絜要》载杀巡抚王忬事，注谓"忬有古画，严嵩索之，忬不与，易以摹本。有识画者为辨其赝。嵩怒，诬以失误军机杀之。"但未记识画人姓名，有知其事者谓识画人即荆川，古画者《清明上河图》也。

凤洲既抱终天之恨，誓有以报荆川，数遣人往刺之，荆川防护甚备。一夜，读书静室，有客自后握其发将加刃，荆川曰："余不逃死，然须留遗书嘱家人。"其人立以俟，荆川书数行，笔头脱落，以管就烛，佯为治笔，管即毒弩，火热机发，镞贯刺客喉而毙。凤洲大失望！

后遇于朝房，荆川曰："不见凤洲久，必有所著。"答以《金瓶梅》，实凤洲无所撰，姑以诳语应耳。荆川索之急，凤洲归，广召梓工，旋撰旋刊，以毒水濡墨刷印，奉之荆川。荆川阅书甚急，墨浓纸黏，卒不可揭，乃屡以纸润口津揭书，书尽毒发而死。

或传此书为毒死东楼者。不知东楼自正法，毒死者实荆川也。彼谓以三年之力成书，及巨公索观于车中云云，又传闻异词耳。

这是说王忬进赝书于严嵩，为唐顺之识破，致陷忬于法。世贞图报仇，进《金瓶梅》毒死顺之。刘廷玑的《在园杂志》也提到此事，不过把《清明上河图》换成《辋川真迹》，把识画人换成汤裱褙，并且说明顺之先和王忬有宿怨。他说：

> 明太仓王思质（忬）家藏右丞所写《辋川真迹》，严世蕃闻而索之。思质爱惜世宝，予以抚本。世蕃之裱工汤姓者，向在思质门下，曾识此图，因于世蕃前陈其真赝，世蕃衔之而未发也。会思质总督蓟辽军务，武进唐应德顺之以兵部郎官奉命巡边，严嵩筋之内阁，微有不满思质之言，应德颔之。至思质军，欲行军中驰道，思质以己兼兵部堂衔难之，应德怫然，遂参思质军政废弛，虚糜国帑，累累数千言。先以稿呈世蕃，世蕃从中主持之，逮思质至京弃市。

到了清人的《缺名笔记》又把这故事变动一下：

> 《金瓶梅》为旧说部中四大奇书之一，相传出王世贞手，为报复严氏之《督亢图》。或谓系唐荆川事。荆川任江右巡抚时有所周纳，狱成，罹大辟以死。其子百计求报，而不得间。会荆川解职归，偏阅奇书，渐叹观止。乃急草此书，渍砒于纸以进，盖审知荆川读书时必逐页用纸黏舌，以次披览也。荆川得书后，览一夜而毕，暮觉舌木强涩，镜之黑矣。心知被毒，呼其子曰："人将谋我，我死，非至亲不得入吾室。"逾时遂卒。
>
> 旋有白衣冠者呼天抢地以至，蒲伏于其子之前，谓曾受大恩于荆川，愿及未盖棺前一亲其颜色。鉴其诚许之入，伏尸而哭，哭已再拜而出。及验则一臂不知所往，始悟来者即著书之人，因其父受缳首之辱，进酖不足，更残其肢体以为报也。

（二）汤裱褙

识画人在另一传说中，又变成非大儒名臣的当时著名装潢家汤裱褾。这一说最早的要算沈德符的《野获编》，他和世贞同一时代，他的祖、父又都和王家世交，所以后人都偏重这一说。《野获编补遗·卷二·伪画致祸》：

> 严分宜（嵩）势炽时，以诸珍宝盈溢，遂及书画骨董雅事。时鄢懋卿以总醝使江淮，胡宗宪、赵文华以督兵使吴越，各承奉意旨，搜取古玩，不遗余力。时传闻有《清明上河图》手卷，宋张择端画，在故相王文恪（鏊）胄君家，其家钜万，难以阿堵动。乃托苏人汤臣者往图之，汤以善装潢知名，客严门下，亦与娄江王思质中丞往还，乃说王购之。王时镇蓟门，即命汤善价求市，既不可得，遂嘱苏人黄彪摹真本应命，黄亦画家高手也。
>
> 严氏既得此卷，珍为异宝，用以为诸画压卷，置酒会诸贵人赏玩之。有妒王中丞者知其事，直发为赝本。严世蕃大惭怒，顿恨中丞，谓有意绐之，祸本自此成。或云即汤姓怨弇州伯仲自露始末，不知然否？

这一说是《清明上河图》本非王忬家物，由汤裱褾托王忬想法不成功，才用摹本代替，末了还是汤裱褾自发其覆。顾公燮《消夏闲记摘抄》作《金瓶梅缘起王凤洲报父仇》一则即根据此说加详，不过又把王鏊家藏一节改成王忬家藏，把严氏致败之由，附会为世蕃病足，把《金瓶梅》的著作目的改为讥刺严氏了：

> 太仓王忬家藏《清明上河图》，化工之笔也。严世蕃强索之，忬不忍舍，乃觅名手摹赝者以献。先是忬巡抚两浙，遇裱工汤姓流落不偶，携之归，装潢书画，旋荐之世蕃。当献画时，汤在侧谓世蕃曰：“此图某所目睹，是卷非真者，试观麻雀小脚而踏二瓦角，即此便知其伪矣。”世蕃恚甚，而亦鄙汤之为人，不复重用。

　　会俺答入寇大同，忏方总督蓟辽，鄢懋卿嗾御史方辂劾忏御边无术，遂见杀。后范长白公允临作《一捧雪》传奇，改名为《莫怀古》，盖戒人匆怀古董也。

　　忏子凤洲（世贞）痛父冤死，图报无由。一日偶谒世蕃，世蕃问坊间有好看小说否？答曰有，又问何名，仓促之间，凤洲见金瓶中供梅，遂以《金瓶梅》答之，但字迹漫灭，容钞正送览。退而构思数日，借《水浒传》西门庆故事为蓝本，缘世蕃居西门，乳名庆，暗讥其闺门淫放，而世蕃不知，观之大悦。把玩不置。

　　相传世蕃最喜修脚，凤洲重赂修工，乘世蕃专心阅书，故意微伤脚迹，阴擦烂药，后渐溃腐，不能入直，独其父嵩在阁，年衰迟钝，票本批拟，不称上旨，宠日以衰。御史邹应龙等乘机劾奏，以至于败。

徐树丕的《识小录》又以为汤裱褙之证画为伪，系受贿不及之故，把张择端的时代由宋升至唐代，画的内容也改为汴人掷骰：

　　汤裱褙善鉴古，人以古玩赂严世蕃必先贿之，世蕃令辨其真伪，其得贿者必曰真也。吴中一都御史偶得唐张择端《清明上河图》临本馈世蕃而贿不及汤。汤直言其伪，世蕃大怒，后御史竟陷大辟。而汤则先以诓谝遣戍矣。

　　余闻之先人曰《清明上河图》皆寸马豆人，中有四人樗蒲，五子皆六而一犹旋转，其人张口呼六，汤裱褙曰："汴人呼六当撮口，而今张口是采闽音也。"以是识其伪。此与东坡所说略同，疑好事者伪为之。近有《一捧雪》传奇亦此类也，特甚世蕃之恶耳。

（三）况叔祺及其他

梁章钜《浪迹丛谈》记此事引王襄《广汇》之说，即本《识小录》

所载，所异的是不把识画人的名字标出，他又以为王忬之致祸是由于一诗一画：

　　王襄《广汇》："严世蕃常索古画于王忬，云值千金，忬有临幅绝类真者以献。乃有精于识画者往来忬家有所求，世贞斥之。其人知忬所献画非真迹也，密以语世蕃。会大同有虏警，巡按方辂劾忬失机，世蕃遂告嵩票本论死。"

　　又孙之𫘧《二申野录注》："后世蕃受刑，弇州兄弟赎得其一体，熟而荐之父灵，大恸，两人对食，毕而后已。诗画贻祸，一至于此，又有小人交构其间，酿成尤烈也。"

　　按所云诗者谓杨椒山（继盛）死，弇州以诗吊之，刑部员外郎况叔祺录以示嵩，所云画者即《清明上河图》也。

综合以上诸说，归纳起来是：

1.《金瓶梅》为王世贞作，用意（甲）讥刺严氏，（乙）作对严氏复仇的《督亢图》，（丙）对荆川复仇。

2.唐荆川谮杀王忬，忬子世贞作《金瓶梅》，荆川于车中阅之中毒卒。

3.世贞先行刺荆川不遂，后荆川向其索书，遂撰《金瓶梅》以毒之。

4.唐、王结怨之由是荆川识《清明上河图》为伪，以致王忬被刑。

5.《金瓶梅》为某孝子报父仇作，荆川因以被毒。

6.汤裱褙识王忬所献《辋川真迹》为伪，唐顺之行边与王忬忤，两事交攻，王忬以死。

7.《清明上河图》为王鏊家物，世蕃门客汤臣求之不遂，托王忬想法也不成功，王忬只得拿摹本应命，汤裱褙又自发其覆，遂肇大祸。

8.严世蕃强索《清明上河图》于王忬，忬以赝本献，为旧所提携汤姓者识破。

9.世蕃向世贞索小说，世贞撰《金瓶梅》以讥其闺门淫放，而世蕃不知。

10.世贞赂修工烂世蕃脚，不能入直，严氏因败。

11.王忬献画于世蕃，而贿不及汤裱褙，因被指为伪，致陷大辟。

12.王忬致祸之由为《清明上河图》及世贞吊杨继盛诗触怒严氏。

以上一些五花八门的故事，看起来似乎很多，其实包含着两个有联系的故事——《清明上河图》和《金瓶梅》。

二、王忬的被杀与《清明上河图》

按《明史·卷二〇四·王忬传》："嘉靖三十六年（1557）部臣言蓟镇额兵多缺，宜察补。乃遣郎中唐顺之往核。还奏额兵九万有奇，今唯五万七千，又皆羸老，忬与……等俱宜按治……三十八年二月把都儿、辛爱数部屯会州挟朵颜为乡导……由潘家口入渡滦河……京师大震。御史王渐、方辂遂劾忬及……罪，帝大怒……切责忬令停俸自效。至五月辂复劾忬失策者三，可罪者四，遂命逮忬及……下诏狱……明年冬竟死西市。忬才本通敏，其骤拜都御史及屡更督抚也，皆帝特简，所建请无不从。为总督数以败闻，由是渐失宠。既有言不练主兵者，帝益大患，谓忬怠事负我。嵩雅不悦忬，而忬子世贞复用口语积失欢于嵩子世蕃，严氏客又数以世贞家琐事构于嵩父子，杨继盛之死，世贞又经纪其丧，嵩父子大恨，滦河变闻，遂得行其计。"

当事急时，世贞"与弟世懋日蒲伏嵩门涕泣求贷，箧阴持忬狱，而时为谩语以宽之。两人又日囚服跽道旁遮诸贵人舆搏颡请救，诸贵人畏嵩，不敢言"（《明史·卷二八七·王世贞传》）。

王忬死后，一般人有说他"死非其罪"的，也有人说他是"于法应诛"的，他的功罪我们姑且不管，要之，他之死于严氏父子之手，却是一件不可否认的事实。

我们要判断以上所记述的故事是否可靠，第一我们先要研求王忬和严氏父子结仇的因素，关于这一点最好拿王世贞自己的话来说明。

《弇州山人四部稿·卷一二三·上太傅李公书》：

> ……至于严氏所以切齿于先人者有三：其一，乙卯冬仲芳兄（杨继盛）且论报，世贞不自揣，托所知向严氏解救不遂，已见其嫂代死疏辞戆，少为笔削。就义之后，躬视含殓，经纪其丧。为奸人某某（按即指况叔祺）文饰以媚严氏。先人闻报，弹指唾骂，亦为所诇。其二，杨某为严氏报仇曲杀沈炼，奸罪万状，先人以比壤之故，心不能平，间有指斥。渠误谓青琐之抨，先人预力，必欲报之而后已。其三，严氏与今元老相公（徐阶）方水火，时先人偶辱见收葭莩之末。渠复大疑有所弃就，奸人从中构牢不可解。以故练兵一事，于拟票内一则曰大不如前，一则曰一卒不练，所以阴夺先帝（嘉靖帝）之心而中伤先人者深矣。预报贼耗则曰王某恐吓朝廷，多费军饷。虏贼既退，则曰将士欲战，王某不肯。兹谤既腾，虽使曾参为子，慈母有不投杼者哉！

以上三个原因（1）关于杨继盛，（2）关于沈炼，（3）关于徐阶，都看不出有什么书画肇祸之说。试再到旁的地方找去，《明史·卷二八七·王世贞传》说：

> 奸人阎姓者犯法，匿锦衣都督陆炳家，世贞搜得之。炳介严嵩以请，不许。杨继盛下吏，时进汤药。其妻讼夫冤，为代草。既死，复棺殓之。嵩大恨。吏部两拟提学，皆不用。用为青州兵备副使。父忬以滦河失事，嵩构之论死。

沈德符《野获编·卷八·严相处王弇州》：

王弇州为曹郎，故与分宜父子善。然第因乃翁思质（忬）方总
督蓟辽，姑示密以防其伎，而心甚薄之。每与严世蕃宴饮，辄出恶
谑侮之，已不能堪。会王弟敬美继登第，分宜呼诸孙切责以"不克
负荷"诃诮之，世蕃益恨望，日谮于父前，分宜遂欲以长史处之，
赖徐华亭（阶）力救得免，弇州德之入骨。后分宜因唐荆川阅边之
疏讥切思质，再入鄢剑泉（懋卿）之赞决，遂置思质重辟。

这是说王忬之得祸，是由于世贞之不肯趋奉严氏和谑毒世蕃，可用
以和《明史》相印证。所谓恶谑，丁元荐《西山日记》曾载有一则：

王元美先生善谑，一日与分宜胄子饮，客不任酒，胄子即举杯
虐之，至淋漓巾帻。先生以巨觥代客报世蕃，世蕃辞以伤风不胜杯
杓，先生杂以诙谐曰："爹居相位，怎说出伤风？"旁观者快之。

也和《清明上河图》之说渺不相涉。

现在我们来推究《清明上河图》的内容和它的流传经过，考察它为
什么会和王家发生关系，衍成如此一连串故事的由来。

《清明上河图》到底是一幅怎样的画呢？李东阳《怀麓堂集·卷
九·题清明上河图》一诗描写得很清楚详细：

宋家汴都全盛时，四方玉帛梯航随，清明上河俗所尚，倾城
士女携童儿。城中万屋翠甍起，百货千商集成蚁，花棚柳市围春
风，雾阁云窗粲朝绮。芳原细草飞轻尘，驰者若飙行若云，红桥影
落浪花里，挨舵撒篷俱有神。笙声在楼游在野，亦有驱牛种田者，

眼中苦乐各有情，纵使丹青未堪写！翰林画史张择端，研朱吮墨镂心肝，细穷毫发夥千万，直与造化争雕镌。图成进入缉熙殿，御笔题签标卷面，天津一夜杜鹃啼，倏忽春光几回变。朔风卷地天雨沙，此图此景复谁家？家藏私印屡易主，赢得风流后代夸。姓名不入《宣和谱》，翰墨流传借吾祖，独从忧乐感兴衰，空吊环州一抔土！丰亨豫大纷彼徒，当时谁进流民图？乾坤频仰意不极，世事荣枯无代无！

钱谦益《牧斋初学集·卷八五·记清明上河图卷》：

嘉禾谭梁生携《清明上河图》过长安邸中，云此张择端真本也……此卷向在李长沙家，流传吴中，卒为袁州所购致，袁州籍没后已归御府，今何自复流传人间？书之以求正于博雅君子。天启二年壬戌五月晦日。

按长沙即李东阳，袁州即严嵩。据此可知这图的收藏经过是：
1.李东阳家藏；
2.流传吴中；
3.归严氏；
4.籍没入御府。

一百年中流离南北，换了四个主人，可惜不知道在吴中的收藏家是谁。推测当分宜籍没时，官中必有簿录，因此翻出《胜朝遗事》所收的文嘉《钤山堂书画记》，果然有详细的记载，在《名画部》宋有：张择端《清明上河图》。

图藏宜兴徐文靖（徐溥）家，后归西涯李氏（东阳），李归陈湖陆氏，陆氏子负官缗，质于昆山顾氏，有人以一千二百金得之。

然所画皆舟车城郭桥梁市廛之景，亦宋之寻常画耳，无高古气也。

按田艺蘅《留青日札》严嵩条记嘉靖四十四年（1565）八月抄没清单有：

> 石刻法帖三百五十八册轴，古今名画刻丝纳纱纸金绣手卷册共三千二百零一轴。内有……宋张择端《清明上河图》……乃苏州陆氏物，以千二百金购之，才得其赝本，卒破数十家。其祸皆成于王彪、汤九、张四辈，可谓尤物害民。

这一条记载极关重要，它所告诉我们的是：

1.《清明上河图》乃苏州陆氏物。

2.其人以千二百金问购，才得赝本，卒破数十家。

3.诸家记载中之汤裱褙或汤生行九，其同恶为严氏鹰犬者有王彪、张四诸人。

考陈湖距吴县三十里，属苏州。田氏所记的苏州陆氏当即为文氏所记之陈湖陆氏无疑。第二点所指明的也和文氏所记吻合。由苏州陆氏的渊源，据《钤山堂书画记》："陆氏子负官缗，质于昆山顾氏。"两书所说相同，当属可信。所谓昆山顾氏，考《昆新两县合志·卷二〇·顾梦圭》传：

> 顾懋宏字靖甫，初名寿，一字茂俭，潜孙，梦圭子。十三补诸生，才高气豪，以口过被祸下狱，事白而家壁立。依从父梦羽蕲州官舍，用蕲籍再为诸生。寻东还，游太学，举万历戊子乡荐。授休宁教谕，迁南国子学录，终莒州知州。自劾免。筑室东郊外，植梅数十株吟啸以老。

按梦圭为嘉靖癸未（1523）进士，官至江西布政使。他家世代做官，为昆山大族。其子懋宏十三补诸生。嘉靖四十一年（1562）五月严嵩事败下狱，四十四年三月严世蕃伏诛，严氏当国时代恰和懋宏世代相当，由此可知传中所谓"以口过被祸下狱，事白而家壁立"一段隐约的记载，即指《清明上河图》事，和文田两家所记相合。

这样，这图的沿革可列如下：

1.宜兴徐氏；

2.西涯李氏；

3.陈湖陆氏；

4.昆山顾氏；

5.袁州严氏；

6.内府。

在上引的史料中，最可注意的是《钤山堂书画记》。因为文嘉家和王世贞家是世交，他本人也是世贞好友之一。他在嘉靖四十四年（1565）应何宾涯之召检阅籍没入官的严氏书画，到隆庆二年（1568）整理所记录成功这一卷书。时世贞适新起用由河南按察副使擢浙江布政使司左参政分守湖州。假如王氏果和此图有关系，并有如此悲惨的故事包含在内，他决不应故没不言！

在以上所引证的《清明上河图》的经历过程中，很显明安插不下王忬或王世贞的一个位置。那么，这图到底是怎样才和王家在传说中发生关系的呢？按《弇州山人四部稿续稿》卷一六八《清明上河图》别本跋：

　　张择端《清明上河图》有真赝本，余均获寓目。真本人物舟车桥道宫室皆细于发，而绝老劲有力，初落墨相家，寻籍入天府为穆庙所爱，饰以丹青。

　　赝本乃吴人黄彪造，或云得择端稿本加删润，然与真本殊不相类，而亦自工致可念，所乏腕指间力耳，今在家弟（世懋）所。

此卷以为择端稿本，似未见择端本者。其所云于禁烟光景亦不似，第笔势遒逸惊人，虽小粗率，要非近代人所能办，盖与择端同时画院祇候，各图汴河之胜，而有甲乙者也。吾乡好事人遂定为真稿本，而谒彭孔嘉小楷，李文正公记，文征仲苏书，吴文定公跋，其张著、杨准二跋，则寿承休承以小行代之，岂唯出蓝！而最后王禄之、陆子傅题字尤精楚。陆于逗漏处，毫发贬驳殆尽，然不能断其非择端笔也。使画家有黄长睿那得尔？

其第二跋云：

按择端在宣政间不甚著，陶九畴纂《图绘宝鉴》，搜括殆尽，而亦不载其人。昔人谓逊功帝以丹青自负，诸祇候有所画，皆取上旨裁定。画成进御，或少增损。上时时草创下诸祇候补景设色，皆称御笔，以故不得自显见。然是时马贲、周曾、郭思、郭信之流，亦不致泯然如择端也。而《清明上河》一图，历四百年而大显，至劳权相出死构，再损千金之值而后得，嘻！亦已甚矣。择端他图余见之殊不称，附笔于此。

可知此图确有真赝本，其赝本之一确曾为世贞爱弟世懋所藏，这图确曾有一段悲惨的故事："至劳权相出死构，再损千金之值而后得。"这两跋都成于万历三年（1575）以后，所记的是上文所举的昆山顾氏的事，和王家毫不相干。这一悲剧的主人公是顾懋宏，构祸的是汤九或汤裱褙，权相是严氏父子。

由以上的论证，我们知道一切关于王家和《清明上河图》的记载，都是任意捏造，牵强附会。无论他所说的是《辋川真迹》，是《清明上河图》，是黄彪的临本，是王鏊家藏本，或是王忬所藏的，都是无中生有。事实的根据一去，当然唐顺之或汤裱褙甚至第三人的行踪或指证的传说，都一起跟着不存在了。

但是，像沈德符、顾公燮、刘廷玑、梁章钜等人，在当时都是很有名望的学者，沈德符和王世贞是同一时代的人，为什么他们都会捕风捉影，因讹承讹呢？

这原因据我的推测，以为是：

一是看不清《四部稿》两跋的原意，误会所谓"权相出死力构"是指他的家事，因此而附会成一串故事。

二是信任《野获编》作者的时代和他与王家的世交关系，以为他所说的话一定可靠，而靡然风从，群相应和。

三是故事本身的悲壮动人，同情被害人的遭遇，辗转传述，甚或替它装头补尾，虽悖"求真之谛"亦所不惜。

次之因为照例每个不幸的故事中，都有一位丑角在场，汤裱褙是当时的名装潢家，和王、严两家都有来往，所以顺手把他拉入做一点缀。

识画人的另一传说是唐顺之，因为他曾有疏参王忬的事迹，王忬之死他多少应负一点责任。到了范允临的时候，似乎又因为唐顺之到底是一代大儒，不好任意得罪，所以在他的剧本——《一捧雪》传奇中仍旧替回了汤裱褙。几百年来，这剧本到处上演，剧情的凄烈悲壮，深深地感动了千万的人，于是汤裱褙便永远留在这剧本中做一位挨骂的该死丑角。

三、《金瓶梅》非王世贞所作

最早提到《金瓶梅》的，是袁宏道的《觞政》：

凡《六经》《语》《孟》所言饮式，皆酒经也。其下则汝阳王《甘露经酒谱》……为内典……传奇则《水浒传》《金瓶梅》为逸

典……（《袁中郎全集·卷一四·十之掌故》）

袁宏道写此文时《金瓶梅》尚未有刻本，已极见重于文人，拿它和
《水浒》并列了。可惜袁宏道只给了我们一个艺术价值的暗示，而没提
出它的著者和其他事情。稍后沈德符的《野获编·卷二五·金瓶梅》所
说的就详细多了，沈德符说：

　　袁中郎《觞政》以《金瓶梅》配《水浒传》为外典，予恨未
得见。丙午（1606）遇中郎京邸，问曾有全帙否？曰第睹数卷甚
奇快，今唯麻城刘延白承禧家有全本，盖从其妻家徐文贞录得者。
又三年小修（袁中道，宏道弟）上公车，已携有其书，因与借抄挈
归。吴友冯犹龙见之惊喜，怂恿书坊以重价购刻。马仲良时榷吴
关，亦劝予应梓人之求，可以疗饥。予曰："此等书必遂有人板
行，但一刻则家传户到，坏人心术，他日阎罗究诘始祸，何辞置
对？吾岂以刀锥博泥犁哉！"仲良大以为然，遂固箧之。未几时而
吴中悬之国门矣。然原本实少五十三回至五十七回。遍觅不得。有
陋儒补以入刻，无论肤浅鄙俚，时作吴语，即前后血脉，亦绝不贯
串，一见知其赝作矣。

　　闻此为嘉靖间大名士手笔，指斥时事，如蔡京父子则指分宜，
林灵素则指陶仲文，朱勔则指陆炳，其他各有所属云。

关于有刻本前后的情形和书中所影射的人物，他都讲到了，单单我
们所认为最重要的著者，他却只含糊地说了"嘉靖间大名士"了事，这
六个字的含义是：

1.作者是嘉靖时人；

2.作者是大名士；

3.《金瓶梅》是嘉靖时的作品。

　　几条嘉靖时代若干大名士都可适用的规限，更不妙的是他指这书是"指斥时事"的，平常无缘无故的人要指斥时事干什么呢？所以顾公燮等人便因这一线索推断是王世贞的作品，牵连滋蔓，造成上述一些故事。康熙乙亥（1696）刻的《金瓶梅》谢颐作的序便说：

　　　　《金瓶梅》一书传为凤洲门人之作也。或云即出凤洲手。然洋洋洒洒一百回内，其细针密线，每令观者望洋而叹。

　　到了《寒花盦随笔》《缺名笔记》一些人的时代，便索性把"或"字去掉。一直到近人蒋瑞藻《小说考证》还认定是弇州之作而不疑：

　　　　《金瓶梅》之出于王世贞手不疑也。景倩距弇州时代不远，当知其详。乃断名士二字了之，岂以其诲淫故为贤者讳欤！（《小说考证二》页九六）

　　其实一切关于《金瓶梅》的故事，都只是故事而已，都不可信。应该根据真实史料，把一切荒谬无理的传说，一起踢开，还给《金瓶梅》以一个原来的面目。

　　第一，我们要解决一个问题，要先抓住它的要害点，关于《清明上河图》在上文已经证明和王家无关。次之就是这一切故事的焦点——作《金瓶梅》的缘起和《金瓶梅》的对象严世蕃或唐荆川之被毒或被刺。因为这书据说是作者来毒严氏或唐氏的，如两人并未被毒或无被毒之可能时，这一说当然不攻自破。

　　甲、严世蕃是正法死的，并未被毒，这一点《寒花盦随笔》的作者倒能辨别清楚。顾公燮便不高明了，他以为王忬死后世贞还去谒见世蕃，世蕃索阅小说，因作《金瓶梅》以讥刺之。其实王忬被刑在嘉靖三十九年（1560）十月初一日，殁后世贞兄弟即扶柩返里，十一月二十七日到家，自后世贞即屏居里门，到隆庆二年（1568）始起为河南按察副使。另一方面严嵩于四十一年五月罢相，世蕃也随即被刑。王忬死后世贞方痛恨严氏父子之不暇，何能觍颜往谒贼父之仇？而且世贞于父死后即返里屏居，中间无一日停滞，南北相隔，又何能与世蕃相见？即使可能，世蕃已被放逐，不久即死，亦何能见？如说此书之目的专在讽刺，则严氏既倒，公论已明，亦何所用其讽刺？且《四部稿》中不乏抨责严氏之作，亦何庸写此洋洋百万言之大作以事此无谓之讽刺？

再次顾氏说严氏之败是由世贞贿修工烂世蕃脚使不能入直致然的，此说亦属无稽，据《明史·卷三〇八·严嵩传》所言：

> 嵩虽警敏，能先意揣帝指，然帝所下手诏语多不可晓，唯世蕃一览了然，答语无不中。及嵩妻欧阳氏死，世蕃当护丧归，嵩请留侍京邸，帝许之，然自是不得入直所代嵩票拟，而日纵淫乐于家。嵩受诏多不能答，遣使持问世蕃，值其方耽女乐，不以时答，中使相继促嵩，嵩不得已自为之，往往失旨。所进青词又多假手他人不能工，以是积失帝欢。

则世蕃之不能入直是因母丧，嵩之败是因世蕃之不代票拟，也和王世贞根本无关。

乙、关于唐顺之，按《明史》："顺之出为淮扬巡抚，兵败力疾过焦山，三十九年春卒。"王忬死在是年十月，顺之比王忬早死半年，世贞何能预写《金瓶梅》报仇？世贞以先一年冬从山东弃官省父于京狱，时顺之已出官淮扬，二人何能相见于朝房？顺之比王忬早死半年，世贞又安能遣人行刺于顺之死后？

第二，"嘉靖中大名士"是一句空洞的话，假使可以把它迁就为王世贞，那么，又为什么不能把它归到曾著有杂剧四种的天都外臣汪道昆？为什么不是以杂剧和文采著名的屠赤水、王百谷或张凤翼？那时的名士很多，又为什么不是所谓前七子、广五子、后五子、续五子以及其他的山人墨客？我们有什么反证说他们不是"嘉靖间的大名士"？

第三，再退一步承认王世贞有作《金瓶梅》的可能（自然，他不是不能作）。但是问题是他是江苏太仓人，并且是土著，有什么保证可以断定他不"时作吴语"？《金瓶梅》用的是山东的方言，王世贞虽曾在山东做过三年官（1557—1559），但是能有证据说他在这三年中，曾学会了甚至和土著一样地使用当地的方言吗？假使不能，又有什么根据使他变成《金瓶梅》的作者呢？

前人中也曾有人断定王世贞绝不是《金瓶梅》的作者，清礼亲王昭梿就是其中的一个，他说：

> 《金瓶梅》其淫亵不待言。至叙宋代事，除《水浒》所有外，俱不能得其要领。以宋明二代官名羼杂其间，最属可笑。是人尚未见商辂《宋元通鉴》者，无论宋元正史！弇州山人何至谫陋若是，必为赝作无疑也。（《啸亭续录·卷二》）

作小说虽不一定要事事根据史实，不过假如是一个史学名家作的小说，纵使下笔十分不经意，也不至于荒谬到如昭梿所讥。王世贞在当时学者中堪称博雅，时人多以有史识史才许之，他自身亦以此自负。且毕生从事著述，卷帙甚富，多为后来修史及研究明代掌故者所取材。假使是他作的，真的如昭梿所说："何至谫陋若是！"不过昭梿以为《金瓶梅》是赝作，这却错了。因为以《金瓶梅》为王世贞作的都是后来一般的传说，在《金瓶梅》的本文中除掉应用历史上的背景来描写当时的市井社会奢侈放纵的生活以外，也丝毫找不出有作者的什么本身的暗示存在着。作者既未冒王世贞的名字，来增高他著述的声价，说他是赝作，岂非无的放矢。

四、《金瓶梅》是万历中期的作品

小说在过去时代是不登大雅之堂的，尤其是"猥亵"的作品。因此小说的作者姓名往往因不敢署名，而致埋没不彰。更有若干小说家不但不敢署名，并且还故意淆乱书中史实，极力避免含有时代性的叙述，使人不能捉摸这一作品的著作时代。《金瓶梅》就是这样的一个作品。

但是，一个作家要故意避免含有时代性的记述，虽不是不可能，却也不是一件容易的事。因为他不能离开他的时代，不能离开他的现实生活，他是那时候的现代人，无论他如何避免，在对话中，在一件平凡事情的叙述中，多少总不能不带有那时代的意识。即使他所叙述的是假托古代的题材，无意中也不能不流露出那时代的现实生活。我们要从这些作者所不经意的疏略处，找出他原来所处的时代，把作品和时代关联起来。

常常又有原作者的疏忽为一个同情他的后代人所删削遮掩，这位同情者的用意自然是匡正作者，这举动同样不为我们所欢迎。这一事实可以拿《金瓶梅》来做一例证。

假如我们不能得到一个比改订本更早的本子的时候，也许我们要被作者和删节者瞒过，永远不能知道他们所不愿意告诉我们的事情。

幸而，最近我们得到一个较早的《金瓶梅词话》刻本，在这本子中，我们知道许多从前人所不知道的事。这些事都明显地刻有时代的痕迹。因此我们不但可以断定这部书的著作时代，并且可以明白这部书产生的时代背景，和为什么这样一部名著却包含有那样多的描写性生活部分的原因。

（一）太仆寺马价银

《金瓶梅词话》本第七回页九至十有这样一段对话：

　　张四道："我见此人有些行止欠端，在外眠花宿柳，又里虚外实，少人家债负，只怕坑陷了你！"

　　妇人道："四舅，你老人家，又差矣！他就外边胡行乱走，奴妇人家只管得三层门内，管不得那许多三层门外的事，莫不成日跟着他走不成！常言道：世上钱财倘来物，那是长贫久富家。紧着起来，朝廷爷一时没有钱使，还问太仆寺支马价银子来使。休说买卖人家，谁肯把钱放在家里！各人裙带上衣食，老人家倒不消这样费心。"

在崇祯本《金瓶梅》（第七回第十页）和康熙乙亥本《第一奇书》（第七回第九页）中，孟三儿的答话便删节成：

　　妇人道："四舅，你老人家又差矣！他少年人就外边做些风流勾当，也是常事。奴妇人家，那里管得许多。若说虚实，常言道，世上钱财傥来物，那是长贫久富家。况姻缘事皆前生分定，你老人家倒不消这样费心。"

天衣无缝，使人看不出有删节的痕迹。

　　朝廷向太仆寺借银子用，这是明代中叶以后的事，《明史·卷九二·兵志·马政》：

　　成化二年以南土不产马，改征银。四年始建太仆寺常盈库，贮备用马价……隆庆二年，提督四夷馆太常少卿武金言，种马之设，专为孳生备用，备用马既别买，则种马可遂省。今备用马已足三万，宜令每马折银三十两解太仆，种马尽卖输兵部，一马十两，则直隶山东河南十二万匹，可得银百二十万，且收草豆银二十四万。御史谢廷杰谓祖制所定，关军机，不可废。兵部是廷杰言。而是时内帑乏，方分使括天下逋赋，穆宗可金奏，下部议。部请养卖各半，从之。太仆之有银也自成化时始，然止三万余两。及种马卖，银日增。是时通贡互市，所贮亦无几。及张居正作辅，力主尽卖之议……又国家有兴作赏赉，往往借支太仆银，太仆帑益耗。十五年寺卿罗应鹤请禁支借。二十四年诏太仆给陕西赏功银，寺臣言先年库积四百余万，自东西二役兴，仅余四之一。朝鲜用兵，百万之积俱空。令所存者止十余万。况本寺寄养马岁额二万匹，今岁取折色，则马之派征甚少，而东征调兑尤多，卒然有警，马与银俱竭，何以应之！章下部，未能有所厘革也。崇祯初核户兵工三部借支太仆马价至一千三百余万。

由此可知太仆寺之贮马价银是从成化四年（1468）起，但为数极微。到隆庆二年（1568）百年后定例卖种马之半，藏银始多。到万历元年（1573）张居正做首相尽卖种马，藏银始达四百余万两。又据《明史·卷七九·食货志三·仓库》：

太仆，则马价银归之……隆庆中……数取光禄太仆银，工部尚书朱衡极谏不听……至神宗万历六年……久之，太仓、光禄、太仆银括取几尽，边赏首功向发内库者亦取之太仆矣。

则隆庆时虽曾借支太仆银，尚以非例为朝臣所谏诤。到了张居正死后（1582）神宗始无忌惮地向太仆支借，其内库所蓄，则靳不肯出。《明史·卷二一三·张居正传》载居正当国时：

太仓粟充盈可支十年。互市饶马，乃减太仆种马，而令民以价纳，太仆金亦积四百余万。

在居正当国时，综核名实，令出法行，所以国富民安，号称小康，即内廷有需索，亦往往为言官所谏止，如《明史·卷二二九·王用汲传》说：

> 万历六年……上言……陛下……欲取太仓、光禄，则台臣科臣又言之，陛下悉见嘉纳，或遂停止，或不为例。

其用途专充互市抚赏，《明史·卷二二二·方逢时传》说：

> 万历五年召理戎政……言……财货之费，有市本有抚赏，计三镇岁费二十七万，较之乡时户部客饷七十余万，太仆马价十数万，十才二三耳。

到了居正死后，朝政大变，太仆马价内廷日夜借支，宫监佞幸，为所欲为，专以贷利导帝，《明史·卷二三五·孟一脉传》说：

> 居正死，起故官。疏陈五事：言……数年以来，御用不给，今日取之光禄，明日取之太仆，浮梁之磁，南海之珠，玩好之奇，器用之巧，日新月异……锱铢取之，泥沙用之。

不到十年工夫，太仆积银已空。《明史·卷二三三·何选传》：

> 光禄、太仆之帑，括取几空。

但还搜括不已，恣意赏赐，如《明史·卷二三三·张贞观传》所记：

> 三王并封制下……采办珠玉珍宝费至三十六万有奇，又取太仆

银十万充赏。

中年内外库藏俱竭，力靳内库银不发，且视太仆为内廷正供，廷臣请发款充军费，反被谯责。万历三十年（1602）时：

> 国用不支，边储告匮……乞发内库银百万及太仆马价五十万以济边储，复忤旨切责。（《明史·卷二二〇·赵世卿传》）

万历时贷借支太仆寺马价银的情形，朱国桢《涌幢小品·卷二》说得很具体：

> 太仆寺马价隆庆年间积一千余万，万历年间节次兵饷借去九百五十三万。又大礼大婚光禄寺借去三十八万两。零星宴赏之借不与焉。至四十二年老库仅存八万两。每年岁入九十八万余两，随收随放支，各边年例之用尚不足，且有边功不时之赏，其空虚乃尔，真可寒心。

明神宗贪财好货，至为御史所讥笑，如《明史·卷二三四·雒于仁传》所载四箴，其一即为戒贪财：

> 十七年……献四箴……传索帑金，括取币帛，甚且掠问宦官，有献则已，无则谴怒，李沂之疮痍未平，而张鲸之赇贿复入，此其病在贪财也。

再就嘉靖、隆庆两朝内廷向外库借支情况做一比较，《明史·卷二〇六·郑一鹏传》：

　　嘉靖初……宫中用度日侈，数倍天顺时，一鹏言：今岁灾用诎，往往借支太仓。

《明史·卷二一四·刘体乾传》：

　　嘉靖二十三年……上奏曰：又闻光禄库金自嘉靖改元至十五年，积至八十万，自二十一年以后，供亿日增，余藏顿尽……隆庆初进南京户部尚书……召改北部，诏取太仓银三十万两……是时内供已多，数下部取太仓银。

据此可知嘉、隆时代的借支处只是光禄和太仓，因为那时太仆寺尚未存有大宗马价银，所以无借支的可能。到隆庆中叶虽曾借支数次，却不如万历十年（1582）以后的频数。穆宗享国不到六年（1567—1572），朱衡以隆庆二年（1568）九月任工部尚书，刘体乾以隆庆三年二月任户部尚书，刘氏任北尚书后才疏谏取太仓银而不及太仆，则朱衡之谏借支太仆银自必更在三年二月以后。由此可知在短短的两三年内，即使借支太仆，其次数决不甚多，且新例行未久，其借支数目亦不能过大。到了张居正当国，厉行节俭，足国富民，在这十年中帑藏充盈，无借支之必要，且神宗慑于张氏之威棱，亦无借支之可能。由此可知《词话》中所指"朝廷爷还问太仆寺借马价银子来使"必为万历十年以后的事。

　　《金瓶梅词话》的本文包含有万历十年以后的史实，则其著作的最早时期必在万历十年以后。

（二）佛教的盛衰和小令

　　《金瓶梅》中关于佛教流行的叙述极多，全书充满因果报应的气味。如丧事则延僧作醮追荐（第八回、第六十二回），平时则许愿听经宣卷（第三十九回、第五十一回、第七十四回、第一百回），布施修寺

（第五十七回、第八十八回），胡僧游方（第四十九回），而归结于地狱天堂，西门庆遗孤且入佛门清修。这不是一件偶然的事实，假如作者所处的时代佛教并不流行，或遭压迫，在他的著作中决不能无中生有捏造出这一个佛教流行的社会。

明代自开国以来，对佛道二教，初无歧视，后来因为政治关系，对喇嘛教僧稍予优待，天顺、成化间喇嘛教颇占优势，佛教徒假借余光，其地位在道教之上。到了嘉靖时代，陶仲文、邵元节、王金等得势，世宗天天在西苑玄修作醮，求延年永命，一般方士偶献一二秘方，便承宠遇。诸官僚翰林九卿长贰入直者往往以青词称意，不次大拜。天下靡然风从，献灵芝、白鹿、白鹊、丹砂，无虚日。朝臣亦天天在讲符瑞，报祥异，甚至征伐大政，必以告玄。在皇帝修养或作法事时，非时上奏的且得殊罚。道士遍都下，其领袖贵者封侯伯，位上卿，次亦绾牙牌，跻朝列，再次亦凌视士人，作威福。一面则焚佛牙，毁佛骨，逐僧侣，没庙产，熔佛像，佛教在世宗朝算是销声匿迹，倒尽了霉。

到隆、万时，道教失势了，道士们或贬或逐，佛教徒又承渥宠，到处造庙塑佛，皇帝且有替身出家的和尚，其煊赫比拟王公（明列帝俱有替身僧，不过到万历时代替身僧的声势，则为前所未有）。《野获编·卷二十七·释教盛衰》条：

> 武宗极喜佛教，自列西番僧，呗唱无异。至托名大庆法王，铸印赐诰命。世宗留心斋醮，置竺乾氏不谈。初年用工部侍郎赵璜言，刮正德所铸佛镀金一千三百两。晚年用真人陶仲文等议，至焚佛骨万二千斤。逮至今上，与两宫圣母首建慈寿、万寿诸寺，俱在京师，穷丽冠海内。至度僧为替身出家，大开经厂，颁赐天下名刹殆遍。去焚佛骨时未二十年也。

由此可知武宗时为佛教得势时代，嘉靖时则完全为道教化的时代，到了万历时代佛教又得势了。《金瓶梅》书中虽然也有关于道教的记载，如六十二回的潘道士解禳，六十五回的吴道士迎殡，六十七回的黄真人荐亡，但以全书论，仍是以佛教因果轮回天堂地狱的思想作骨干。假如这书著成于嘉靖时代，决不会偏重佛教到这个地步！

再从时代的习尚去观察，《野获编·卷二五·时尚小令》：

> 元人小令行于燕、赵，后浸淫日盛。自宣、正至成、宏后，中原又行《锁南枝》《傍妆台》《山坡羊》之属，李崆峒先生初自庆阳徙居汴梁，闻之以为可继国风之后。何大复继至，亦酷爱之。今所传《泥捏人》及《鞋打卦》《熬鬏髻》三阕为三牌名之冠，故不虚也。自兹以后，又有《要孩儿》《驻云飞》《醉太平》诸曲，然不如三曲之盛。嘉、隆间乃兴《闹五更》《寄生草》《罗江怨》《哭皇天》《干荷叶》《粉红莲》《桐城歌》《银纽丝》之属，自两淮以至江南，渐与词曲相远，不过写淫媟情态，略具抑扬而已。比年以来又有《打枣竿》《挂枝儿》二曲。其腔调约略相似，则不问南北，不问男女，不问老幼良贱，人人习之，亦人人喜听之，以至刊布成帙，举世传诵，沁人心腑。其谱不知从何来，真可骇叹！又《山坡羊》者，李、何二公所喜，今南北词俱有此名，但北方唯盛爱数落《山坡羊》，其曲自宣、大、辽东三镇传来。今京师妓女惯以此充弦索北调，其语秽亵鄙浅，并桑濮之音亦离去已远，而羁人游婿嗜之独深，丙夜开樽，争先招致。

《金瓶梅词话》中所载小令极多，约计不下六十种。内中最流行的是《山坡羊》，综计书中所载在二十次以上（见第一、八、三十三、四十五、五十、五十九、六十一、七十四、八十九、九十一诸回），次为《寄生草》（见第八、八十二、八十三诸回），《驻云飞》（见第十一、四十四诸回），《锁南枝》（见第四十四、六十一诸回），《要

孩儿》（见第三十九、四十四诸回），《醉太平》（见第五十二回），
《傍妆台》（见第四十四回），《闹五更》（见第七十三回），《罗江
怨》（见第六十一回），其他如《绵搭絮》《落梅风》《朝天子》《折
桂令》《梁州序》《画眉序》《锦堂月》《新水令》《桂枝香》《柳
摇金》《一江风》《三台令》《货郎儿》《水仙子》《荼蘼香》《集贤
宾》《一见娇羞》《端正好》《宜春令》《六娘子》……散列书中，
和沈氏所记恰合。在另一方面，沈氏所记万历中年最流行的《打枣竿》
《挂枝儿》二曲，却又不见于《词话》。《野获编》书成于万历三十四
年（丙午，1606），由此可见《词话》是万历三十四年以前的作品，词
话作者比《野获编》的作者时代略早，所以他不能记载到沈德符时代所
流行的小曲。

（三）太监、皇庄、皇木及其他

太监的得势用事，和明代相终始。其中只有一朝是例外，这一朝代
便是嘉靖朝。从正德宠任刘瑾、谷大用等八虎，坏乱朝政以后，世宗即
位，力惩其弊，严抑宦侍，不使干政作恶。嘉靖九年（1530）革镇守
内臣。十七年（1538）从武定侯郭勋请复设，在云贵、两广、四川、福
建、湖广、江西、浙江、大同等处各派内臣一人镇守，到十八年四月以
彗星示变撤回。在内廷更防微极严，不使和朝士交通，内官因之奉法安
分，不敢恣肆。根基不厚的大珰，有的为了轮值到请皇帝吃一顿饭而破
家荡产，无法诉苦。在有明一代中嘉靖朝算是宦官最倒霉失意的时期。
反之在万历朝则从初年冯保、张宏、张鲸等柄用起，一贯地柄国作威，
政府所有设施，须先请命于大珰，初年高拱任首相，且因不附冯保而被
逐。张居正在万历初期的新设施，新改革，所以能贯彻实行，是因为在
内廷有冯保和他合作。到张居正死后，宦官无所顾惮，权势更盛，派镇
守，探皇木，领皇庄，榷商税，采矿税。地方官吏降为宦寺的属下，承
其色笑，一拂其意，缇骑立至。内臣得参奏当地督抚，在事实上几成地

方最高长官。在天启以前，万历朝可说是宦官最得势的时代。

《词话》中有许多关于宦官的记载，如清河一地就有看皇庄的薛太监，管砖厂的刘太监，花子虚的家庭出于内臣，王招宣家与太监缔姻。其中最可看出当时情形的是第三十一回西门庆宴客一段：

> 说话中间，忽报刘公公、薛公公来了。慌得西门庆穿上衣，仪门迎接。二位内相坐四人轿，穿过肩蟒，缨枪队喝道而至。西门庆先让至大厅上，拜见叙礼，接茶。落后周守备、荆都监、夏提刑等武官，都是锦绣服，藤棍大扇，军牢喝道，僚椽跟随，须臾都到了门口，黑压压的许多伺候，里面鼓乐喧天，笙箫迭奏。上坐递酒之时，刘薛二内相相见。厅正面设十二张桌席，都是帏拴锦带，花插金瓶，桌上摆着簇盘定胜，地下铺着锦捆绣球。
>
> 西门庆先把盏让坐次，刘、薛二内相再三让逊："还有列位大人！"周守备道："二位老太监齿德俱尊。常言三岁内宫，居于王公之上，这个自然首坐，何消泛讲。"彼此逊让了一回。薛内相道："刘哥，既是列位不首，难为东家，咱坐了罢。"
>
> 于是罗圈唱了个喏，打了恭，刘内相居左，薛内相居右，每人膝下放一条手巾，两个小厮在傍打扇，就坐下了。其次者才是周守备、荆都监众人。

一个管造砖和一个看皇庄的内使，声势便煊赫到如此，在宴会时座次在地方军政长官之上，这正是宦官极得势时代的情景，也正是万历时代的情景。

皇庄之设立，前在天顺、景泰时代已见其端，正德时代达极盛期。世宗即位，裁抑恩幸，以戚里佞幸得侯者着令不许继世。中唯景王就国，拨赐庄田极多。《明史·卷七七·食货志一》说：

世宗初命给事中夏言等清核皇庄田，言极言皇庄为厉于民。自是正德以来投献侵牟之地，颇有给还民者。而宦戚辈复中挠之。户部尚书孙交造皇庄新册，额减于旧，帝命核先年顷亩数以闻，改称官地，不复名皇庄。诏所司征银解部。

由此可知嘉靖时代无皇庄之名，只称官地。《食货志一》又记：

神宗赉予过侈，求无不获。潞王寿阳公主恩最渥，而福王分封，括河南山东湖广田为王庄，至四万顷，群臣力争，乃减其半。王府官及诸阉丈地征税，旁午于道，扈养厮役，廪食以万计，渔敛惨毒不忍闻，驾帖捕民，格杀庄佃，所在骚然。

由此可知《词话》中的管皇庄太监，必然指的是万历时代的事情。因为假如把《词话》的时代放在嘉靖时的话，那就不应称为管皇庄，应该称为管官地的才对。

所谓皇木，也是明代一桩特别的恶政，《词话》第三十四回有刘百户盗皇木的记载：

西门庆告诉："刘太监的兄弟刘百户因在河下管芦苇场，撰了几两银子。新买了一所庄子。在五里店拿皇木盖房……"

明代内廷兴大工，派官往各处采大木，这木就叫皇木。这事在嘉靖、万历两朝特别多，为民害极酷。《明史·卷八二·食货志六》说：

嘉靖元年革神木千户所及卫卒。二十年宗庙灾，遣工部侍郎潘鉴、副都御史戴金于湖广、四川采办大木。
二十六年复遣工部侍郎刘伯跃采于川、湖、贵州。湖广一省费至三百三十九万余两。又遣官核诸处遗留大木，郡县有司以迟误大工，逮治褫黜非一，并河州县尤苦之。

万历中三殿工兴，采楠杉诸木于湖广、四川、贵州，费银九百三十余万两，征诸民间，较嘉靖年费更倍。而采鹰平条桥诸木于南直、浙江者，商人逋直至二十五万。科臣劾督运官迟延侵冒，不报。虚糜干没，公私交困焉。

按万历十一年（1583）慈宁宫灾，二十四年乾清、坤宁二宫灾，《词话》中所记皇木，当即指此而言。

《词话》第二十八回有"女番子"这样一个特别名词。

经济道："你老人家是个女番子，且是倒会的放刀……"

所谓番子，《明史·刑法志三》说：

东厂之属无专官，掌刑千户一，理刑百户一，亦谓之贴刑，皆卫官。其隶役悉取给于卫。最轻黠狷巧者乃拨充之。役长曰档头，帽上锐，衣青素褡褶，系小条，白皮靴，专主伺察。其下番子数人为干事，京师亡命诓财挟仇视干事者为窟穴，得一阴事，由之以密白于档头，档头视其事大小，先予之金。事日起数，金日买起数。既得事，帅番子至所犯家左右坐曰打桩，番子即突入执讯之，无有左证符牒，贿如数，径去。少不如意，榜治之名曰干醉酒，亦曰搬罾儿，痛楚十倍官刑。且授意使牵有力者，有力者予多金，即无事，或靳不予，予不足，立闻上，下镇抚司狱，立死矣。

番子之刺探官民阴事为非作恶如此，所以在当时口语中就称平常人的放刀挟诈者为番子，并以施之女性。据《明史》在万历初年冯保以司礼监兼厂事，建厂东上北门之北曰内厂，而以初建者为外厂，声势煊赫一时，至兴王大臣狱，欲族高拱。但在嘉靖时代，则以世宗驭中官严，不敢恣，厂权且不及锦衣卫，番子之不敢放肆自属必然。由这一个特别名词的被广义地应用的情况说，《词话》的著作时代亦不能在万历以前。

（四）古刻本的发现

两年以前《金瓶梅》的最早刻本，我们所能见到的是康熙三十四年（乙亥，1695）皋鹤草堂刻本张竹坡批点《第一奇书金瓶梅》和崇祯本《新刻绣像金瓶梅》。在这两个本子中没有什么材料可以使我们知道这书最早刊行的年代。

最近北平图书馆得到了一部刊有万历丁巳序文的《金瓶梅词话》，这本子不但在内容方面和后来的本子有若干处不同，并且在东吴弄珠客的序上也明显地载明是万历四十五年（丁巳，1617）冬季所刻。在欣欣子的序中并具有作者的笔名兰陵笑笑生（也许便是作序的欣欣子罢）。这本子可以说是现存的《金瓶梅》最早的刊本。其内容最和原本相近，从它和后来的本子不相同处及被删改处比较的结果，使我们能得到这样的结论，断定它的最早开始写作的时代不能在万历十年（1582）以前，退一步说，也不能过隆庆二年（1568）。

但万历丁巳本并不是《金瓶梅》第一次的刻本，在这刻本以前，已经有过几个苏州或杭州的刻本行世，在刻本以前并且已有抄本行世。因为在袁宏道的《觞政》中，他已把《金瓶梅》列为逸典，在沈德符的《野获编》中他已告诉我们在万历三十四年（丙午，1606）袁宏道已见过几卷，麻城刘氏且藏有全本。到万历三十七年袁中道从北京得到一抄本，沈德符又向他借抄一本。不久苏州就有刻本，这刻本才是《金瓶梅》的第一个本子。

袁宏道的《觞政》在万历三十四年以前已写成，由此可以断定金瓶梅最晚的著作时代当在万历三十年以前。退一步说，也决不能后于万历三十四年。

综结上文所论，金瓶梅的成书时代大约是在万历十年到三十年（1582—1602）这二十年中。退一步说，最早也不能过隆庆二年（1568），最晚也不能后于万历三十四年（1606）。

五、《金瓶梅》的社会背景

《金瓶梅》是一部现实主义小说，它所写的是万历中年的社会情形。它抓住社会的一角，以批判的笔法，暴露当时新兴的结合官僚势力的商人阶级的丑恶生活。透过西门庆的个人生活，由一个破落户而土豪、乡绅而官僚的逐步发展，通过西门庆的社会联系，告诉了我们当时封建统治阶级的丑恶面貌和这个阶级的必然没落。在《金瓶梅》书中没有说到那时代的农民生活，但在它的描写市民生活时，却已充分地告诉我们那时农村经济的衰颓和崩溃的必然前景。当时土地集中的情形，万历初年有的大地主拥田到七万顷，粮至二万石（张居正《张文忠公集·书牍六·答应天巡抚宋阳山论均粮足民》）。据万历六年（1578）全国田数七百一万三千九百七十六顷计算，这一个大地主的田数就占全国田数的百分之一。又如皇庄，嘉靖初年达数十所，占地至三万七千多顷。夏言描写皇庄破坏农业生产的情形说：

> 皇庄既立，则有管理之太监，有奏带之旗校，有跟随之名目，每处动至三四十人……擅作威福，肆行武断……起盖房屋，架搭桥梁，擅立关隘，出给票帖，私刻关防。凡民间撑架舟车，牧放牛马，采捕鱼虾蚌蚬莞蒲之属，靡不括取。而邻近土地，则展转移筑封堆，包打界至，见亩征银。本土豪猾之民，投为庄头，拨置生事，欲助为恶，多方掊克，获利不赀。输之宫闱者曾无十之一二，

而私入囊橐者盖不啻十八九矣。是以小民脂膏，吮剥无余，由是人民逃窜而户口消耗，里分减并而粮差愈难。卒致莘毂之上，生理寡遂，间阎之间，贫苦到首，道路嗟怨，邑里萧条。

公私庄田，跨庄逾邑，小民恒产，岁朘月削，产业既失，税粮犹存，徭役苦于并充，粮草苦于重出，饥寒愁苦，日益无聊，展转流亡，靡所底止。以致强梁者起而为盗贼，柔善者转死于沟壑。其巧黠者或投存势家庄头家人名目，恣其势以转为善良之害，或匿入海户陵户勇士校尉等籍，脱免徭役，以重困敦本之人。凡所以蠹民命脉，竭民膏血者，百孔千疮，不能枚举。（《桂洲文集·卷十三·奉敕勘报皇庄及功臣国戚田土疏》）

虽然说的是嘉靖前期的情况，但是也完全适用于万历时代，而且应该肯定，万历时代的破坏情形只有比嘉靖时代更严重。据《明史》景王、潞王、福王等传：景恭王于"嘉靖四十年（1562）之国……多请庄田……其他土田湖陂侵入者数万顷"。潞王"居京邸，王店王庄遍畿内……居藩多请赡田食盐无不应……田多至四万顷"。福王之国时，"诏赐庄田四万顷……中州腴土不足，取山东、湖广田益之"，尺寸皆夺之民间，"伴读承奉诸官假履亩为名，乘传出入，河南北齐楚间所至骚动"。潞王是明穆宗第四子，万历十七年（1589）之藩；福王是明神宗爱子，万历四十二年就藩。三王的王庄多至十数万顷，加上宫廷直属的皇庄和外戚功臣的庄田，超经济的剥削，造成人民逃窜，户口消耗，道路嗟怨，邑里萧条，强梁者起而为"盗贼"，柔善者转死于沟壑的崩溃局面。

除皇庄以外，当时农民还得摊派商税，如毕自严所说山西情形：

榷税一节，病民滋甚。山右僻在西隅，行商寥寥。所有额派税银四万二千五百两，铺垫等银五千七百余两，皆分派于各州府。于是斗粟半菽有税，沽酒市脂有税，尺布寸丝有税，赢特骞卫有税，既非天降而地出，真是头会而箕敛。（《石隐园藏稿·卷五·嵩祝陛辞疏》）

明末侯朝宗描写明代后期农民的被剥削情况说：

明之百姓，税加之，兵加之，刑加之，役加之，水旱灾祲加之，官吏之渔食加之，豪强之吞并加之，是百姓一而所以加之者七也。于是百姓之富者争出金钱而入学校，百姓之黠者争营巢窟而充吏胥，是加者七而因而诡之者二也。即以赋役之一端言之，百姓方苦其穷极而无告而学校则除矣，吏胥则除矣……天下之学校吏胥渐多而百姓渐少……彼百姓之无可奈何者，不死于沟壑即相率而为盗贼耳，安得而不乱哉。（《壮悔党文集·正百姓》）

农民的生活如此。另一面，由于倭寇的肃清，商业和手工业的发达，海外贸易的扩展，国内市场的扩大，计亩征银的一条鞭赋税制度的实行，货币地租逐渐发展，高利贷和商业资本更加活跃，农产品商品化的过程加快了。商人阶级兴起了。从亲王勋爵官僚士大夫都经营商业，如"楚王宗室错处市廛，经纪贸易与市民无异。通衢诸绸帛店俱系宗室。间有三吴人携负至彼开铺者，亦必借王府名色"（包汝楫《南中纪闻》）。如翊国公郭勋京师店舍多至千余区（《明史·卷一三〇·郭英传》）；如庆云伯、周瑛于河西务设肆邀商贾，虐市民，亏国课；周寿奉使多挟商艘（《明史·卷三〇〇·周能传》）；如吴中官僚集团的开设囤房债典百货之肆，黄省曾《吴风录》说：

自刘氏、毛氏创起利端，为鼓铸囤房，王氏债典，而大村名镇必张开百货之肆，以榷管其利，而村镇之负担者俱困。由是累金百万。至今吴中缙绅仕夫，多以货殖为急，若京师官店六郭开行债典兴贩屠酤，其术倍克于齐民。

嘉靖初年夏言疏中所提到的"见亩征银"和顾炎武所亲见的西北农民被高利贷剥削的情况：

日见凤翔之民，举债于权要，每银一两，偿米四石，此尚能支持岁月乎！（《亭林文集·卷三·病起与蓟门当事书》）

商人阶级因为海外和内地贸易的关系，他们手中存有巨额的银货，他们一方面利用农民要求银货纳税的需要，高价将其售出，一方面又和政府官吏勾结，把商品卖给政府，收回大宗的银货，如此循环剥削，资本积累的过程，商人阶级壮大了，他们日渐成为社会上的新兴力量，成为农民阶级新的吸血虫。

西门庆所处的就是这样一个时代，他代表他所属的那个新兴阶级，利用政治的和经济的势力，加紧地剥削着无告的农民。

在生活方面，因此就表现出两个绝对悬殊的阶级，一个是荒淫无耻的专务享乐的上层阶级，上自皇帝，下至市侩，莫不穷奢极欲，荒淫无度。就过去的历史事实说："皇帝家天下"，天下的财富即是皇帝私人的财富，所以皇帝私人不应再有财富。可是在这个时代，连皇帝也殖私产了，金花银所入全充内帑，不足则更肆搜刮。太仓、太仆寺所藏本供国用，到这时也拼命借支，藏于内府，拥宝货作富翁。日夜希冀求长生，得以永葆富贵。和他的大臣官吏上下一致地讲秘法，肆昏淫，明穆宗、谭纶、张居正这一些享乐主义者的死在醇酒妇人手中和明神宗的几十年不接见朝臣，深居宫中的腐烂生活正足以象征这个时代。社会上的有闲阶级，更承风导流，夜以继日，妓女、小唱、优伶、赌博、酗酒，成为日常生活，笙歌软舞，穷极奢华。在这集团下面的农民，却在另一尖端，过着饥饿困穷的生活。他们受着十几重的剥削，不能不在水平线下生活着，流离转徙，一遭意外，便只能卖儿鬻女。在他们面前只有两条道路：一条是转死沟壑，一条是揭竿起义。

西门庆的时代，西门庆这一阶级人的生活，我们可以拿两种地方记载来说明。《博平县志·卷四·人道六·民风解》。

> ……至正德、嘉靖间而古风渐渺，而犹存什一于千百焉……乡社村保中无酒肆，亦无游民……畏刑罚，怯官府，窃铁攘鸡之讼，不见于公庭……由嘉靖中叶以抵于今，流风愈趋愈下，惯习骄吝，互尚荒佚，以欢宴放饮为豁达，以珍味艳色为盛礼。其流至于市井贩鬻厮隶走卒，亦多缨帽缃鞋，纱裙细裤，酒庐茶肆，异调新声，泊泊浸淫，靡焉勿振。甚至娇声充溢于乡曲，别号下延于乞丐……逐末游食，相率成风。

截然地把嘉靖中叶前后分成两个时代。崇祯七年（1634）刻《郓城县志·卷七·风俗》：

> 郓地……称易治。迩来竞尚奢靡，齐民而士人之服，士人而大夫之官，饮食器用及婚丧游宴，尽改旧意。贫者亦槌牛击鲜，合飧群祀，与富者斗豪华，至倒囊不计焉。若赋役施济，则毫厘动心。里中无老少，辄习浮薄，见敦厚俭朴者窘且笑之。逐末营利，填衢溢巷，货杂水陆，淫巧恣异，而重侠少年复聚党招呼，动以百数，椎击健讼，武断雄行。胥隶之徒亦华侈相高，日用服食，拟于市宦。

所描写的"市井贩鬻""逐末营利"商业发展情形和社会风气的变化及其生活，不恰就是《金瓶梅》时代的社会背景吗？

我们且看西门庆和税关官吏勾结的情形:

　　西门庆叫陈经济后边讨五十两银子来,令书童写了一封书,使
了印色,差一名节级,明日早起身,一同去下与你钞关上钱老爹,
叫他过税之时,青目一二。(第五十八回)

　　西门庆听见家中卸货,吃了几盅酒,约掌灯以后就来家。韩伙
计等着见了,在厅上坐的,悉把前后往回事,说了一遍。西门庆因
问钱老爹书下了,也见些分上不曾?韩道国道:"全是钱老爹这封
书,十车货少使了许多税钱,小人把缎箱两箱并一箱,三停只报两
停,都当茶叶马牙香,柜上税过来了。通共十大车,只纳了三十两
五钱钞银子,老爹接了报单,也没差巡捕拦下来查点,就把车喝过
来了。"

　　西门庆听言,满口欢喜,因说:"到明日少不得重重买一份
礼,谢那钱老爹。"(第五十九回)

和地方官吏勾结,把持内廷进奉的情形:

　　应伯爵领了李三来见西门庆……李三道:"今有朝廷东京行
下文书,天下十三省,每省要万两银子的古器,咱这东平府,坐派
着二万两,批文在巡按处,还未下来。如今大街上张二官府破二百
两银子,干这宗批要做,都看有一万两银子寻……"西门庆听了说
道:"批文在那里?"李三道:"还在巡按上边,没发下来呢。"
西门庆道:"不打紧,我这差人写封书,封些礼,问宋松原讨将来
就是了。"李三道:"老爹若讨去,不可迟滞,自古兵贵神速,先
下米的先吃饭,诚恐迟了,行到府里,乞别人家干的去了。"西门
庆笑道:"不怕他,设使就行到府里,我也还教宋松原拿回去就
是,胡府尹我也认的。"(第七十八回)

当时商人进纳内廷钱粮的内幕:

> 李三黄四商量向西门庆再借银子,应伯爵道:"你如今还得
> 多少才勾?"黄四道:"李三哥他不知道,只要靠着问那内臣借一
> 般,也是五分行利。不如这里借着,衙门中势力儿,就是上下使用
> 也省些。如今找着,再得出五十个银子来,把一千两合用,就是每
> 月也好认利钱。"
>
> 应伯爵听了,低了低头儿,说道:"不打紧……管情就替你
> 说成了。我出了五百两银子来,共揽一千两文书,一个月满破认他
> 五十两银子,那里不去了,只当你包了一个月老婆了。常言道秀
> 才取添无真,进钱粮之时,香里头多上些木头,蜡里头多搀些柏
> 油,那里查帐去!不图打点,只图混水,借着他这名声儿,才好行
> 事。"(第四十五回)

西门庆不但勾结官吏,偷税漏税,营私舞弊,并且一般商人还借他作护
符,赚内廷的钱!

在另一方面,另一阶级的人,却不能不卖儿鬻女。《词话》第
三十七回:

> 冯妈妈道:"爹既是许了,你拜谢拜谢儿。南首赵嫂儿家有
> 个十三岁的孩子,我明日领来与你看,也是一个小人家的亲养孩儿
> 来,他老子是个巡捕的军,因倒死了马,少桩头银子,怕守备那里
> 打,把孩子卖了,只要四两银子,教爹替你买下吧!"

这样的一个时代,这样的一个社会,农民的忍耐终有不能抑止的一
天。不到三十年,火山口便爆发了!张献忠、李自成的大起义,正是这

个时代这个社会的必然发展。

　　这样的一个时代，这样的一个社会，才会产生《金瓶梅》这样的一部作品。

1933年10月10日于北平

原载《文学季刊》创刊号

明朝
大历史

第三编

明代人物 //

本编记叙了明代历史上几个有代表性的人物，可以通过
这些人物了解明代的政治特点和社会风习。

◎ 明代民族英雄于谦

有一首《石灰吟》：

> 千锤万击出深山，烈火焚烧若等闲，
> 粉骨碎身全不惜，要留清白在人间。

这首诗是明朝民族英雄于谦写的，经过千锤万击，不怕烈火焚烧，不怕粉骨碎身，要留下清白在人间，写的是石灰，同时，也象征了于谦自己的一生。

于谦（1398—1457），字廷益，浙江钱塘（今杭州）人。小时候很聪明，性格坚强。明成祖永乐十九年（1421）二十四岁时中了进士。明宣宗宣德初年（1426）做了御史（监察官），明宣宗的叔父汉王高煦在山东造反，明宣宗亲自带兵讨伐，高煦投降，明宣宗叫于谦当面指斥高煦罪状，于谦义正词严，说得有声有色，明宣宗很赏识他，认为是个了不起的人才。接着于谦被派巡按江西，发现有几百件冤枉的案件，都给平反了。

宣德五年（1430），明朝政府为了加强中央的权力，特派中央比较能干的官员去治理重要的地方，五月间派况钟、何文渊等九人为苏州等府知府。到九月又特派于谦、周忱等六人为侍郎（中央的副部长），巡抚各重要省区。明宣宗亲自写了于谦的名字给吏部，破格升官为兵部右侍郎（国防部的副部长），巡抚河南、山西两省，宰相也支持这主张。明朝制度，除了南北两直隶（以北京和南京为中心的中央直辖地区）以外，地方设有十三个布政使司，每个布政使司（通称为省）设有布政使管民政赋税，按察使管刑名司法，此外还有都指挥使管军政，号称三司，是地方上三个最高长官，职权不同，彼此都不能互相管辖。布政使是从二品官，按察使是正三品官，都指挥使是正二品官，兵部右侍郎虽只是正三品官，却因为是中央官，又是皇帝特派的，奉有敕书（皇帝的手令）可以便宜行事，是中央派驻地方的最高官员，职权就在三司之上了。

于谦做河南山西巡抚，前后一共十九年（1430—1448），除周忱连任江南巡抚二十一年以外，他是当时巡抚当中任期最长的一个。

于谦极重视调查研究工作，一上任便骑马到处视察，所到地方都延请当地有年纪的人谈话，了解地方情况，政治上的得失利弊，老百姓的负担、痛苦，该办的和不该办的事，一发现问题，立刻提出具体意见，写报告给皇帝。遇有水灾、旱灾，也及时上报，进行救济。他对地方的情况很清楚，政治上的措施也很及时，因之，得到人民的歌颂和支持。

明英宗正统六年（1441），他向皇帝报告，为了解决缺粮户的暂时困难，当时河南、山西仓库里存有几百万石粮食，建议在每年三月间，由州县官调查，报告缺粮户数和所需粮食数量，依数支借，到秋收时归还，不取利息。对老病和穷极不能归还的特许免还。还规定所有州县都要存有预备粮，凡是预备得不够数的，即使任期满了也不许离任，作为前一措施的物质保证，这一款由监察官按时查考。皇帝批准了这一建议。这样一来，广大的缺粮户，在青黄不接的时候，就可以免除地主的高利贷剥削了，他为穷困的农民办了好事。

黄河经过河南，常常闹决口，造成水灾。于谦注意水利，在农闲时动用民力，加厚堤身，还按里数设亭，亭设亭长，负责及时督促修缮。在境内交通要道，都要种树、凿井，十几年间，榆树、柳树都成长了，一条条的绿化带，无数的水井，使行道的人都觉得阴凉，沿途都有水喝。

大同是边上要塞，巡按山西的官员很少到那里去，于谦建议专设御史监察。边地许多将领私自役使军人，为他们私垦田地，国家的屯田日益减少，边将私人的垦田却日益增加，影响到国家的收入和边防的力量，于谦下令没收边将的私田为国家屯田，供给边军开支。

于谦做了九年巡抚，政治清明，威信很高，强盗小偷都四散逃避，老百姓过上了比较安定的生活。由于他政治上的成就，明朝政府升他为兵部左侍郎，支二品俸禄，仍旧做巡抚的官。

在这九年中，于谦的建议到了北京，早上到，晚上就批准，是有其政治背景的。原来这时的皇帝是年轻人，明英宗当皇帝时才十岁，太皇太后和皇太后（皇帝的祖母和母亲）很敬重元老重臣三杨：杨士奇、杨溥、杨荣，这三个老宰相都是从明成祖时就当权的，比较正直，有经验，也有魄力，国家大事都由他们作主张。他们同意于谦做巡抚，对于谦很信任，于谦有了朝廷上三杨的支持，才能在地方办了一些好事。到了正统后期，正统五年（1440）杨荣死，七年杨士奇死，太皇太后死，十一年杨溥死，三杨死后，朝廷上不但没有支持于谦的力量，反对于谦的政治力量反而日益增加了，于谦的政治地位动摇了。

反对于谦的政治力量主要来自两方面，一是宦官，一是权贵。

宦官王振是明英宗的亲信，英宗做了皇帝，他也做了内廷的司礼监太监（皇帝私人秘书长）。英宗年轻，什么事都听他的，只是宫里有老祖母管着，朝廷上有三杨当家，王振还不大敢放肆。到了正统五年以后，太皇太后死了，杨荣也死了，杨士奇因为儿子犯法判死罪不管事，杨溥老病，新的宰相名位都较轻，王振便当起家来了，谁也管不住了，英宗叫他作先生，公侯勋贵叫他作翁父，专权纳贿，无恶不作。他恨于谦不肯逢迎，正统六年三月，趁于谦入朝的时候，借一个题目，把于谦关在牢里，判处死刑。关了三个月，找不出于谦的罪状，只好放了，降官为大理寺少卿。

另一种反对于谦的力量是权贵。照例地方官入朝，是要送礼以至纳贿赂给朝廷权贵的。于谦是清官，在山西河南十九年，父母和儿子住在杭州，老婆留在北京，单身过着极清苦的生活。每次入朝，不但不送礼、纳贿，连普通的人事也不送，空手去，空手回。他有一首著名的诗，为河南人民所传诵的：

> 手帕蘑菇与线香，本资民用反为殃。
> 清风两袖朝天去，免得间阎话短长。

他这样做，老百姓虽然很喜欢，朝廷权贵却恨死他了。

虽然如此，山西、河南的官吏和百姓却非常想念于谦，到北京请愿要求于谦回去的有一千来起。河南的周王和山西的晋王（皇帝的家族）也说于谦确是好官。朝廷迫于民意，只好让于谦再回去做巡抚。

这时，山东、陕西闹灾荒，流民逃到河南的有二十几万人，于谦请准朝廷，发放河南、怀庆两府的存粮救济，又安排田地和耕牛、种子，让流民安居乐业。

这十九年中，于谦的父母先后死了，照当时礼法，应该辞官在家守孝三年，父母两丧合计六年。朝廷特别命令他"起复"，不要守孝，回家办了丧事便复职。

正统十三年（1448）于谦被召入京，回到兵部左侍郎任上。

第二年发生"土木之变"。

瓦剌是蒙古部族之一，可汗脱脱不花，太师也先，知院阿剌各拥重兵，以也先为最强，各自和明朝通好往来，也经常和明朝发生军事冲突。照规定，每次来的使臣不超过五十人，明朝政府按照人数给予各种物资，也先为了多得物资，逐年增加使臣到两千多人，明朝政府要他减少人数，也先不肯。瓦剌的使臣往来，有时还沿途杀掠。到正统末年，也先西破哈密，东破兀良哈，威胁朝鲜，军事力量日益强大。明朝使臣到瓦剌的，也先提出各种无理要求，使臣怕事，一一答应，回来后又不敢报告，也先看到使臣所答应的事都没有下落，认为明朝背信，极不高兴。正统十四年（1449）也先派使臣三千人到北京，还虚报名额，交换的马匹也大多驽劣，礼部（管对外工作和朝廷礼仪的部）按实有人数计算，对提出要求的物资也只给予五分之一，还减了马价，也先大怒，决定发兵入侵。

正统十四年七月，瓦剌大举入侵，脱脱不花攻辽东，阿剌知院攻宣府（今河北张家口市宣化区），也先亲自领军围大同，参将吴浩战死，羽书警报，不断送到北京。

军事情况紧急，王振决策，由明英宗亲自率领军队阻击，朝廷大臣以吏部尚书王直和兵部尚书邝埜、兵部左侍郎于谦为首坚决反对，王振不听，命令英宗的弟弟郕王留守，带领朝廷主要官员和五十万大军向大同出发。邝埜随军到前方，于谦留在北京管理部事。

王振的出兵是完全没有计划的。他根本不会打仗，却指挥着五十万大军。大同守将西宁侯宋瑛、武进伯朱冕、都督石亨等和也先战于阳和（今山西阳高），为王振的亲信监军太监郭敬所制，胡乱指挥，全军覆没，宋瑛、朱冕战死，石亨、郭敬逃归。明英宗的大军到了大同，连日风雨，军中夜惊，人心恟惧，王振还要向北进军，郭敬背地里告诉他敌军情况，才决定退兵。路上又碰着大雨，王振原来打算取道紫荆关经过他的家乡蔚州（今河北蔚县），请明英宗到他家做客的，走了一程，又怕大军过境，会糟蹋他家的庄稼，又下令取道宣府，这样一折腾，闹得军士晕头转向。到宣府时，也先大军追上袭击，恭顺侯吴克忠拒战败死。成国公朱勇、永顺伯薛绶带四万人迎战，到鹞儿岭，敌军设下埋伏，又全军覆没。好容易走到土木堡（今北京市官厅水库附近），诸将商量进入怀来县城据守，王振要保护行李辎重，便下令就地宿营。这地方地形高，没有荫蔽，无险可守，掘地两丈还不见水，也先大军追到，把水源都占据了，军士又饥又渴，挤成一堆。第二天，也先看到明军不动，便假装撤退，王振不知是计，立刻下令移营，阵脚一动，瓦剌骑兵便四面冲锋，明军仓皇逃命，阵势大乱，敌军冲入，明军崩溃，死伤达几十万人，明朝政府的高级官员五十多人都被敌军所杀，王振也死在乱军中。明英宗被敌军俘虏。这次不光彩的战役就叫"土木之变"。

土木败报传到北京，北京震动。这时明军的精锐都已在土木覆没了，北京空虚，形势极为危急。翰林院侍讲（为皇帝讲书的官）徐珵是苏州人，在土木变前，看到局面不好，就打发妻子老小回苏州去了。败报传到后，郕王召集文武百官商量对策，徐珵大声说，从天文看，从历数看，天命已去了。只有南迁，才能免祸。这个主意是亡国的主意，当时要照他的意见办，明朝政府从北京撤退到南方，瓦剌进占北京，黄河以北便会全部沦陷，造成历史上南北朝和金宋对立的局面。于谦坚决反对说，北京是全国根本，一动便大事去了，宋朝南渡的覆辙，岂可重蹈。并且说主张南迁的人应该杀头。大臣胡濙、陈循和太监金英都赞成于谦的主张，郕王也下了坚守的决心，徐珵不敢再说话了，从此恨死了于谦。

明朝政府虽然决定坚守，但是北京剩下的老弱残兵不满十万人，上上下下都胆战心惊，怕守不住。于谦建议征调各地军队到京守卫，分别部署前方要塞军事，人心才稍稍安定。郕王十分信赖于谦，升他为兵部尚书（国防部长），领导北京的保卫战。

王振是土木败军的祸首，群臣提出要追究责任，王振的党羽马顺还倚仗王振的威风，当面叱责提出这主张的人，引起了公愤，给事中（官名，管稽察六部和各机关的工作）王竑抓住马顺便打，群臣也跟着打，把马顺打成肉泥，朝班大乱，连守卫的卫士也呼噪起来了。郕王吓得发抖，站起来要走，于谦赶紧上前拉住，并教郕王宣布马顺有罪应该处死，这才扭转了乱纷纷的局面。退朝时，于谦穿的衣裳，袖子和下襟都裂开了。吏部尚书（管选用罢免官员的部长）王直看到他，拉住手叹口气说，国家只靠着你！像今天的事，一百个王直也办不了。从此，郕王和朝廷大臣，京城百姓都倚靠于谦，认为他有担当，可以支撑危局。于谦也毅然决然把国家的事情担当起来。

英宗被俘，他的儿子还是小孩子，当时形势，没有皇帝是不行的。大臣们商量立郕王为皇帝，郕王再三推辞。于谦说，我们是为国家着想，不是为了任何个人。郕王才答应。九月，郕王即位为皇帝，是为明景帝。

于谦建议景帝，瓦剌得胜，一定要长驱南下。一要命令守边诸将协力防守；二要分道招募民兵；三要制造兵器盔甲；四要派遣诸将分守九门，结营城外；五要迁城关居民入城，免遭敌军杀掠；六要派军队自运通州存有的大量粮食作为军饷，不要被敌人利用。又保荐一些有能力的文官出任巡抚，军官用为将帅。景帝一一依从，并命令于谦提督各营军马，统帅全军。

也先带着明英宗，率军南下，每到一个城池，便说皇帝来了，要守将开门迎接，守将遵从于谦的指示，说我们已经有了皇帝了，拒不接受。也先利用明英宗要挟明朝政府不成功，很丧气。明朝北部各个城池虽然因此保住了，明英宗却也因此对于谦怀恨在心。

瓦剌大军突破紫荆关，直入包围北京。都督石亨主张收兵入城，坚壁拒守。于谦反对，认为怎么可以向敌人示弱，使敌人越发轻视呢。下令诸将统兵二十二万分别在九门外拒守，亲自率领石亨和副总兵范广、武兴列阵德胜门外，和也先决战。通告全军，将不顾军，先退者斩其将，军不顾将，先退者后队斩前队。将士知道只有决战才有生路，都奋勇争先。由于于谦保卫北京的主张是和北京人民的利益一致的，获得了广大人民的支持。也先原来认为北京不战可下，一见明军严阵以待，便泄气了，派人提出要大臣出迎明英宗，要索金帛，和于谦等大臣出来商议等条款，都被拒绝，越发气沮。进攻德胜门，明军火器齐发，也先弟中炮死。转攻西直门，又被击退。进攻彰义门，当地的老百姓配合守军，爬上房顶呐喊，投掷砖石，又被击退。相持了五天，敌军始终没有占到便宜，听说各路援军就要到达，怕归路被截断，只好解围退兵，北京的保卫战就此胜利结束。景帝以于谦功大，加官为少保（从一品），总督军务。

景泰元年（1450），大同守将报告也先派人来讲和，于谦严令申斥守将，从此边将都坚决主战，没有一个人敢倡议讲和的。

也先看到明朝有了新皇帝，不承认明英宗，便在蒙古重立英宗为皇帝，来和明朝对抗，结果明朝政府置之不理，这个法宝也不灵了。俘虏到皇帝不但没有用处，还得供养，成了累赘，便另出花招，派使臣声明愿意送还皇帝，制造明朝统治阶级的内部矛盾。明朝大臣都主张派使迎接，景帝很不高兴，说我本来不愿做皇帝，是你们要我当的。于谦说，皇位已定，不可再变。也先既然提出送回皇帝，理当迎接，万一有诈，道理在我们这面。景帝一听说皇位不再更动，忙说依你依你。派大臣接回英宗，一到北京，就把这个皇帝关在南宫里。

从景泰元年到景泰七年（1450—1456），于谦在兵部尚书任上，所提的意见，明景帝没有不同意的。朝廷用人，也一定先征求于谦意见，于谦不避嫌怨，有意见便说，由此，有些做不了大官的人，都恨于谦，有些大官作用比不上于谦的，也恨于谦，特别是徐珵，他一心想做大官，拜托于谦的门客，想做国子祭酒（大学校长），于谦对景帝说了，景帝说，这人倡议逃亡，心术不正，怎能当这官，败坏学生风气。徐珵不知于谦已经推荐，反而以为是于谦阻挠，仇恨越发深了。改名有贞，等候机会报复。大将石亨原先因为打了败仗削职，于谦保荐领军抗敌立了功，封侯世袭。他嫌于谦约束过严，很不乐意。保卫北京之战，于谦是主帅，功劳最大，结果石亨倒封了侯爵，心里过意不去，写信给景帝，保荐于谦的儿子做官。于谦说国家多事，做臣子的照道理讲不该顾私恩。石亨是大将，没有举荐一个好人，一个行伍有功的，却单单举荐我的儿子，这讲得过去吗？而且我对军功，主张防止侥幸，绝不敢以儿子冒功。石亨巴结不上，反而碰了一鼻子灰，越发生气。都督张轨打仗失败，为于谦所劾。太监曹吉祥是王振门下，也深恨于谦。这批人共同对于谦不满，便暗地里通声气，要搞倒于谦，出一口气，做升官的打算。

　　于谦性格刚直，处在那样一个时代，遇事都有人出来反对，只靠景帝的信任，做了一些事。他在碰到不如意事情的时候，便拍胸叹气说：这一腔热血，竟洒何地？他又看不起那些庸庸碌碌的大臣和勋臣贵戚，语气间时常流露出来，恨他的人便越发多了。他坚决拒绝讲和，虽然明英宗是因为明朝拒和，也先无法利用才被送回来的，心里却不免有些不痛快。这样，在明景帝统治的七年间，在表面上，于谦虽然权力很大，在另一面，却上上下下都有人对他怀恨，只是不敢公开活动而已。

　　于谦才力过人，当军务紧急，顷刻变化的时候，他指挥若定，眼睛看着报告，手头屈指计算，口授机宜，合于实际，底下的工作人员看着，不由得不衷心佩服。号令严明，不管是勋臣宿将，一有错误，便报告皇帝行文申责，几千里外的守将，一得到于谦指示，无不奉行。思虑周密开阔，当时人没有能比得上的。忧国忘身，虽然立了大功，保住了北京城，接还了皇帝，却很谦虚，口不言功。生性朴素俭约，住的地方才蔽风雨，景帝给他一所西华门内的房子，几次辞谢不许才搬过去。土木之变后，索性住在办公室里不回家。晚年害了痰病，景帝派人去看，发现他生活过于俭约，特别叫宫内替他送去菜肴。有人说皇帝宠待于谦太过了，太监兴安说，这人日日夜夜为国家操心，不问家庭生活。他要去了，朝廷哪儿能找得这样的人！死后抄家，除了皇帝给的东西以外，更没有别的家财。

景泰八年（1457）正月，明景帝害了重病，不能起床。派石亨代他举行祭天仪式。石亨认为景帝活不长久了，便和徐有贞、曹吉祥、张轨等阴谋打开南宫，迎明英宗复位，史称"夺门之变"。明英宗第三次做了皇帝，办的第一件事就是把于谦和大学士（宰相）王文关在牢里。石亨等诬告于谦、王文谋立外藩（明朝皇帝的本家，封在外地的），法司判处谋逆，应处死刑。审案时，王文据理申辩，于谦笑着说，这是石亨等人的主意，申辩有什么用。判决书送到明英宗那里，英宗还觉得有些过意不去，说于谦实在有功。徐有贞说，不然，不杀于谦，夺门这一着就说不出名堂来了。于谦、王文同时被杀，明景帝也被绞死，这一年于谦六十岁，明景帝才三十岁。

于谦死后，家属被充军到边地。大将范广、贵州巡抚蒋琳也因为是于谦所提拔的牵连被杀。还刻板通告全国，说明于谦的罪状，这个板子一直到成化三年（1467）才因有人提出意见毁掉。

曹吉祥是于谦的死对头，可是他的部下指挥朵儿却深感于谦的忠义，到刑场祭奠痛哭，曹吉祥大为生气，把他打了一顿。第二天，朵儿又去刑场祭奠了。都督同知陈逵冒着危险，收拾于谦的尸首殡葬，过了一年，才归葬杭州。

广大人民深深悼念于谦，当时不敢指名，作了一个歌谣：

　　鹭鸶冰上走，何处觅鱼嗛？

鱼嗛是于谦的谐音，这个英雄的形象是永远留存在人民的记忆中的。明末抗清英雄张煌言有一首诗：

　　国亡家破欲何之？西子湖头有我师，

日月双悬于氏庙，乾坤半壁岳家祠。

于谦的事迹直接教育了这个有骨气的好汉，宁死勿屈，保持了民族的正气。

石亨的党羽陈汝言代于谦做兵部尚书，不到一年就撤职抄家，有很多金银财宝，明英宗叫大臣们参观，并说，于谦在景泰朝极被亲信，死后没有一点家业，陈汝言怎么会有这么多！石亨听了，说不出一句话。过些日子，边方传来警报，英宗很发愁，恭顺侯吴瑾在旁边说，要是于谦在的话，不会有这情况。英宗听了也说不出一句话。

于谦的政敌都先后失败，徐有贞充军云南，石亨下狱死，曹吉祥造反灭族。

明宪宗成化初年（1465），于谦的儿子于冕遇赦回家，写信给皇帝申冤，明宪宗恢复了于谦的官位，派人祭奠，祭文中说："当国家之多难，保社稷以无虞，唯公道之独持，为权奸所并嫉，在先帝已知其枉，而朕心实怜其忠。"这几句话，传诵一时。于谦的名誉恢复了。明孝宗弘治二年（1489）谥于谦为肃愍，并建立祠堂，号为旌功。明神宗万历时又改谥忠肃。杭州、开封、山西和北京的人民都建立了他的祠堂，广大人民永远纪念这个保卫北京城的民族英雄，永垂不朽！

于谦的著作流传到今天的有《于肃愍公集》八卷，《少保于公奏议》十卷。演绎他的故事的小说有孙高亮所著的《于少保萃忠全传》十卷。

原载《新建设》1961年第六期

◉ 海瑞的故事

一

　　海瑞的时代，是明封建王朝从全盛走向衰落的时代。他生在正德九年，死于万历十五年（1514—1587），一生经历了正德、嘉靖、隆庆、万历四个皇帝。这几十年中，社会情况发生了很大变化，土地更加集中了。皇帝侵夺百姓的土地，建立无数皇庄，各地亲王和勋戚、贵族、大官僚都有庄田，亲王的庄田从几千顷到几万顷。嘉靖时的宰相严嵩和徐阶都是当时最大的地主。万历时期有一个地主的田地多到七万顷。农民的土地被地主所侵夺，沦为佃农、庄客，过着牛马般的生活。庄园的庄头作威作福，欺侮百姓。贵族和官僚的家里养着无数的奴仆，有的是用钱买的，有的是农民不堪赋役负担，投靠来的。他们终年为主人服役，除家庭劳役外，有的学习歌舞，演戏，有的纺纱织布，四出贩卖，有的替主人经营商业，开设店铺，没有工资，也没有自由，世代子孙都陷于同一命运。国家所控制的人口减少了，因为一方面农民大量逃亡，流散四方，另一方面一部分人口沦落为奴仆，户口册上的人口数字日渐减少。同时土地的数字也减少了，这是因为农民流亡，田地抛荒，庄田数目越来越大，庄田主的贵族和官僚想法不交或少交钱粮，这样，向国家缴纳地租的土地就越来越少。更严重的是中小地主和上中农为了逃避赋役，隐蔽在大地主户下，大地主的土地越多，势力越大，把应出的赋役分摊在农民的头上，农民的负担便越重，阶级矛盾便越尖锐。

这个时期，是阶级矛盾日益尖锐的时期。

贪污成为政治风气，正德时刘瑾和他的党羽焦芳等人，公开索取贿赂，嘉靖时的严嵩父子、赵文华、鄢懋卿等人，从上到下，都要弄钱，不择手段。以知县来说，附加在田赋上的各项常例①就超过应得的薪俸多少倍；上京朝见，来回路费和送京官的贿赂都要农民负担。徐阶是当时有名的宰相，是严嵩的对头，但是，他家就是松江最大的富豪，最大的地主，也是最大的恶霸。

京官、外官忙于贪污，水利没有人关心了，许多河流淤塞了。学校没有人关心了，府县学的生员名为学生，到考试时才到学校应付。许多农民产业被夺，田地没有了，却得照旧纳税，打官司的人愈来愈多了。

这个时期是政治最为腐败，贪污成为风气的时期。

也正是这个时期，倭寇（日本海盗）猖獗，沿海一带，经常受到倭寇的威胁。浙江、福建两省被倭寇侵略最严重。明朝政府集中了大量兵力，把这两省合成一个防御性的军事体系，设总督②管辖军事。军队增加了，军饷相应增加，这些负担也自然落在农民身上。

大地主的兼并，官吏的贪污，倭寇的侵略，使得农民生活日益困苦。表面上熙熙攘攘，一片繁荣景象，骨子里却蕴藏着被压抑的千千万万农民的愤怒，一触即发。

海瑞的时代就是这样一个时代。

二

海瑞任浙江淳安知县的时候，总督是严嵩的亲信胡宗宪。

淳安是山区，土地贫瘠，老百姓都很穷，山上只产茶、竹、杉、柏，山下的好田地都被大族占了，老百姓穷得吃不上饭。这个县又处在新安江下游，是水陆交通的枢纽，朝廷使臣，来往官僚过客，都要地方接待。例如经过一个普通官，就要用银二三十两；经过巡盐御史、巡按御史等监察官员③，要用银一二百两；巡抚④出巡，则要用银三四百两。这都要百姓赔垫。他们坐船要支应船夫，走陆路要支应马匹夫役。地方穷，负担重。

有一次，胡宗宪的儿子经过淳安，仗着是总督公子，作威作福，嫌驿站（传递文书的站）的马匹不称心，供应不周到，大发脾气，喝令跟人把驿吏捆了，倒挂在树上。驿站的人慌了，跑到县衙要办法，海瑞说："不慌，我自有主张。"他带人走到驿站，一大堆人在围着看热闹。鲜衣华服的胡公子还在指手画脚骂人，一看海瑞来，正要分说。海瑞不理会，径自进驿站去，一看胡公子带的大箱子小箱子几十个，都贴着总督衙门封条，就有了主意。立刻变了脸色，叫人把箱子打开，都沉甸甸的，原来装着好几千两银子呢。海瑞对着众人说："这棍徒真可恶，竟敢假冒总督家里人，败坏总督官声！上次总督出来巡查时，再三布告，叫地方上不要铺张，不要浪费。你们看这棍徒带着这么多行李，这么多银子，怎么会是胡总督的儿子，一定是假冒的，要严办！"把几千两银子都充了公，交给国库，写一封信把情由说了，连人带行李一并送交胡宗宪。胡宗宪看了，气得说不出话，怕海瑞真个把事情闹大，自己理屈，只好算了，竟自不敢声张。

海知县拿办总督公子的新闻轰动了淳安，传遍了东南，老百姓人人称快，贵族官僚子弟个个头痛，骂他不识时务。

更使人高兴称快的是另一件事：海瑞挡了都御史的驾，拒绝他入境。这在当时说来，是件了不得的骇人听闻的大事。

鄢懋卿是当时宰相大奸臣严嵩父子的亲信，嘉靖三十五年（1556年）以左副都御史的身份，出京来总理两浙（浙东、浙西）、两淮（淮南、淮北）、长芦、河东盐政。

都察院左副都御史是朝廷最高级的监察官员之一，出巡地方时是钦差⑤，掌握着进退升降官吏的建议权。总理盐政是名目，实质上是皇帝要钱用，叫他从产盐、卖盐上打点主意，多搞些钱。

鄢懋卿以监察官、钦差大臣的身份，加上有严家父子做靠山，一到地方，威风得很，利用职权，收受贿赂，给钱的是好官，给多的便答应升官，给少的便找题目磨难，非吃饱了不走。总之，不管官大官小，什么地方，什么官，非给他钱不可，非给够了不走。不这样做，除非不打算做官才行。

不只送贿赂，还要大大地铺张供应、迎送。地方长官巡抚、按察使、知府⑥、知县，大大小小都得跪着接送。吃饭要供应山珍海味，住处要张灯结彩。在扬州，地方请吃饭，一顿饭就花了一千多两银子。他还带着老婆一起，老婆坐五彩搭的轿子，用十二个女子抬。连厕所都用锦缎做垫，便壶都用银子做。

一天，轮到要巡查严州（今浙江建德）了，要路过淳安。全县人都焦急，不知怎么办才好。

钦差、监察官、地方长官到地方巡查，照例都要发一套条约或告示，说明来意和地方应注意事项，并且大体上也都按着老规矩，照前任的抄一遍。告示内少不得要说些力戒铺张，务从节俭等冠冕堂皇的话。海瑞研究了好久，一想对了，即以其人之话还治其人之身。便对差官说，淳安地方小，百姓穷，容不下都老爷的大驾，请从别处走吧，省得百姓为难。他亲自写一封信给鄢懋卿，信上说：

> 细读您的布告，知道您一向喜欢简朴，不喜欢逢迎。您说："凡饮食供应，都应俭朴，不要过分奢侈，浪费人民钱财。"您又说："现在民穷财尽，宽一分，人民就得一分好处，一定要体谅。"您的种种恳切的教导，说得很多。我相信您的话是为国为民，是从心里说出来的，决非空话。

> 但是，您奉命南下以后，沿途情况，浙江派的前路探听的人都说，各处都办酒席，每席要花三四百两银子，平常伙食都是山禽野味，不易弄到的东西。供应极为华丽，连便壶都用银子做。这种排场，是和您颁行的布告大大相反的。

> 都察院长官出来检查盐政，是少有的事。因为少有，所以百姓有疾苦的要求告状，有贪酷行为的官要改心，百姓也会得到少有的好处。现在情况是州县怕接待不周到，得罪都察院长官，极力买办。百姓为出钱伤脑筋，怨声不绝。百姓没有得到少有的好处，反而苦于少有的破费。这可能是地方官属奉承您，以为您喜欢巴结，不喜欢说实话，揣摩错了您的真正用心吧。

> 盐法毛病，我晓得一些，没有全盘研究，不敢乱说。只是这一件事，是我耳闻目见的。您如来了，东西准备了，纵使您一概不受，但是东西既然买了，必然要用许多钱，百姓怨恨，谁当得起？地方官属以今时俗例来猜测您，我又很怕您将来会因为地方官属瞎张罗，不利于执守礼法，而后悔不及。这个害比盐法不通还要大，所以敢把这些意见一一告诉您。

义正词严，话又说得很委婉。鄢懋卿看了，气得发抖，想寻事革掉他的官，但他是清官，名声好，革不得。就此过去，又气不过。只好放在心中，把这封信藏起来，批"照布告办"，严州也不去了。

　　严州知府正忙着准备迎接，听说都老爷忽然不来了，正在纳闷，怕出了什么岔子。后来才知道是海知县写了信，惹了祸。怕连累自己，大怒，海瑞一进来，就拍桌子大骂："你多大的官儿，敢这样！"骂不停口。海瑞不说一句话，等骂完了，气稍平了，作了一个揖就走，以后也不再说什么。等到鄢懋卿巡查完了，走了，严州府上下官员一个也没出事，知府这才放了心，过意不去，见海瑞时连说："好了淳安百姓，难为了你，难为了你！"

　　鄢懋卿恨极海瑞，要报复，叫他管下的巡盐御史袁淳想主意。袁淳也是恨海瑞的，他巡查地方时，海瑞照规矩迎送，迎得不远，送得也不远，供应不丰富，有什么需索，也是讨价还价。这回正好一举两得，也报了自己的私仇。这时海瑞已得朝命升任嘉兴通判（知府的副职），便找一个公文上的手续不对，向朝廷告发，把海瑞降职为江西兴国知县。

三

　　海瑞从江西调到北京，后来又调到南京做了几年官，在隆庆三年（1569）六月才被派为江南巡抚，巡抚衙门设在苏州。第二年四月被革职回家，只做了半年多巡抚。

　　他最恨贪污，一上任，便发出布告，严禁贪污，打击豪强。他敢说敢做，连总督、都御史都不怕，谁还敢不怕他。属下的地方官员有贪污行为的听说他来了，吓得心惊胆怕，罪恶较大的赶忙自动辞官。有的大族用朱红漆大门，一听海都堂要来，怕朱红大门太显耀，连夜把大门改漆成黑色。管织造的太监，常时坐八人轿子，这时吓得减去一半。大地主们知道海瑞一向主张限田，要贯彻均平赋税的主张，实行一条鞭法⑦，也都心怀鬼胎，提心吊胆，时刻不安。

　　他在做江南巡抚的几个月中，主要做了两件大事。一件是"除弊"，一件是"兴利"。

除弊，主要的是打击豪强，打击大地主，要他们把非法侵占农民的田地退出一部分还给农民。

擒贼要先擒王，江南最大地主之一是宰相徐阶，这时正罢官在家。海瑞要他家退田，徐阶只好退出一部分。海瑞不满意，写信给徐阶，要他退出大半，信上说：

> 看到您的退田册，更加钦佩，您是这样使人意想不到的大贤大德。但是已退的田数还不很多，请您再加清理，多做实际行动。从前有人改变父亲的做法，把七个屋子储藏的钱，一会儿便都散光了。您以父亲的身份来改正儿子的做法，有什么做不到的呢？

把非法侵占民田的责任算在他儿子账上，给他留点面子。

这样做，朝廷大官和地方乡官都怕了，人人自危，怨声四起。海瑞在给李石麓阁老信中说：

> 存翁（徐阶）近来受了许多小人的累，很吃了点苦头。他家产业之多，真叫人惊奇，吃苦头是他自取的。要不退出大半，老百姓是不会甘心的。有钱人尽干坏事，如今吃了苦头，倒是一条经验。我要他退出大半田产，也正是为他设想，请不要认为奇怪。

官僚舆论说他矫枉过直，搞得太过火了，他说并不过火。在给谭次川侍郎的信上说：

> 矫枉过直，是从古到今一样的道理，不严厉的改革，便不能纠正过错。我所改革的都不是过直的事，一定会办好，请放心。

又说：

> 江南粮差之重，天下少有，古今也少有。我所到过的地方，才知道所谓富饶全是虚名，而苦难倒很严重，这中间可为百姓痛苦，可为百姓叹息的事，一句话是说不完的。

他不但要坚持下去，还要进一步解除百姓的痛苦，可惜几个月后，他便被革职丢官了。

徐家的田退出，徐阶的弟弟徐陟，做过侍郎，为非作歹，残害百姓，海瑞把他逮捕了依法制裁。地方官奉行政令，不敢延误，大地主们走不动的只好依法退田，有的便逃到别的地方避风头。穷人田地被夺的都到巡抚衙门告状申诉，海瑞一一依法判处。老百姓欣喜相告，从今以后有活路了。地主官僚却非常恨海瑞，暗中组织力量，制造舆论，要把他赶走。

退田只是帮助穷民办法的一种，另一种有效的办法是清丈，把土地的面积弄清楚了，从而按每块土地等级规定租税。以此，海瑞做知县，做巡抚，都以清丈为第一要事，在这基础上，贯彻一条鞭的法令，在一条鞭规定所应征收的以外，一毫不许多取。这对当时农民来说，是减轻徭役，明确负担，提高生活，发展生产的有效措施，是对人民的德政。

兴利是兴水利。江苏的吴淞江泄太湖之水，原来沿江的田亩，都靠这条江水灌溉。年代久了，没有修治，江岸被潮水冲蚀，通道填淤，一有暴雨，便成水灾，淹没田亩，水利成为水害。海瑞在亲自巡行调查之后，决定修治，正月兴工，同月又修治常熟县的白茆河、杨家滨等河，结合赈济饥民，用工代赈；他亲自坐小船往来江上，监视工程的进行，不久就都完工了，人民大得好处。原来老百姓是不敢指望开河的，一来想这样的政府不会做这样的好事，二来想要做也无非要老百姓出钱。因此流传的民谣中有两句话说："要开吴淞江，除是海龙王"。意思是

永世也开不了。现在人民的愿望实现了，河修好了，没有花老百姓一
个钱。

在朝官僚、在野的乡官大族都恨海瑞。过往官僚因为海瑞裁节交
通机构过多的费用，按制度办事，奉朝命该供应马匹和交通工具的只按
制度供应，节约民力和费用，凭人情但是不合制度的一概不供应，不管
你是什么来头，这样一来，这些人受了委屈，也恨海瑞。他们先后向皇
帝告状，说他偏，说他做得太过火，说他包庇坏人，打击乡绅，只图自
己有个好名声，破坏国家政策。海瑞成为大官僚、大地主的公敌，被夺
去巡抚职权，改督南京粮储，专管粮饷。这时，高拱做宰相，海瑞骂过
他，他也是恨海瑞的，又把管粮的职务归并到南京户部⑨，这样，海瑞的
职权全被剥夺，只好告病回家了。

在排挤、污辱、攻击海瑞，保卫自己的利益的这群朝官中，吏科给
事中⑩戴凤翔是个代表人物。他向皇帝告状，说江南在海瑞的治理下，百
姓成为老虎，乡官是肉，海瑞叫百姓拿乡官当肉吃，把乡官弄苦了。海
瑞很生气，立刻回击，也上疏⑪给皇帝说：

> 华亭县（今上海市松江区）乡官田宅特别多，奴仆特别多，
> 老百姓十分怨恨。这种情况，恐怕在全国各地都找不出……老百姓
> 告乡官霸占田产的有几万人……二十年以来，地方府县官都偏听乡
> 官、举人、监生⑪的话，替他们撑腰，弄得老百姓的田产一天天少
> 下去，乡官却一天天富起来……凤翔说百姓是老虎，乡官是肉。他
> 却不知道乡官已经做了二十多年老虎，老百姓做了二十多年的肉。
> 今天乡官的肉，本是老百姓原有的肉；原先被抢走，如今还出来，
> 本来也不是乡官的肉啊！何况过去乡官抢占老百姓十分，如今只还
> 一分，还得并不多，却就大叫大闹了。我看凤翔在家乡，也是这样
> 的乡官。

　　话说得非常锋利，有力量，既说明了情况，也指出了问题。乡官二十多年来做老虎吃老百姓，你们不说话。如今只要乡官还给老百姓原来属于他们自己的一点田地，而且只还了十分之一，你们就说老百姓是老虎吃乡官了。就说是肉吧，也是老百姓原有之肉，先前你们硬夺老百姓的肉，如今就该还，这有什么值得大惊小怪的。末了，一针见血地指出，戴凤翔替乡官诉苦，这些是乡官的话，也是戴凤翔自己的话。戴凤翔要是不在朝，住在家里，也一定是只专吃老百姓的老虎。

　　海瑞不断遭到乡官在朝代言人的攻击，很愤慨。他给人的信中说："一切计划，只有修治吴淞江的水患，因进行得快而成功了，其他都是将近成功就中止，怎么办，怎么办！这等世界，做得成什么事业！"给皇帝告养病的疏中说，在他巡抚任上所行兴利除害的一些办法，都是采访人民意见、研究过去制度而规定的，要求不要轻易改变。并说宰相光听一些不负责任的话，多议论，少成功，靠不住；满朝大官都是妇人，皇帝不要听信他们。用"妇人"骂人，是封建时代的错误看法。用"妇人"骂人，而且把满朝大官一概骂尽，也是很不策略的。但是由此可见他的愤慨程度，同时也说明了海瑞这次罢官以后，在朝掌权的人一连十几年都没有理会他，连万历初年名相张居正也不肯起用他的原因。

　　是的，像海瑞这种爱护人民，一切为老百姓着想，不怕封建官僚势力，不要钱，不怕死的清官，在靠剥削人民存在的封建社会里，又怎么能站得住脚，做得成什么事业呢！

原载《新观察》1959年第十三期

注 释

① 常例是一种附加税，津贴知县用费，变相的但又是合法的贪污行为。

② 总督是地方的最高长官，辖一省或两三省，总揽军民要政。

③ 都察院是朝廷负责纠察弹劾的衙门，都御史、左右副都御史是都察院的正副长官，其下有佥都御史，这些都是都察院的高级监察官员。另外对地方各道派有监察御史，按其工作性质分巡按御史（管司法），巡盐御史（管盐政），提学御史（管教育）等。巡按御史出巡时亦称按院。

④ 巡抚是比总督低一级的地方高级官员，管一省的军事和政治。也称抚台、都堂。

⑤ 钦差是由皇帝特派出京，代表皇帝查办政务的官员。

⑥ 明朝的时候，办理一省刑政和检查官员纪律的机关叫提刑按察使司，简称按察司，长官叫作按察使。明时一省分几个府，一府管几个州、县，府的长官叫知府。

⑦ 一条鞭法是明朝万历年间，把丁役、土贡等都归并在田赋内，按亩征收的一种收税办法。

⑧ 明朝自永乐皇帝迁都北京后，仍在南京保留中央政府的组织，和北京同时设有吏、户、礼、兵、刑、工六部，分管各有关的政务。各部的长官叫作尚书，副长官叫作侍郎。户部是管财政经济的。

⑨ 管检查吏部工作的官员。

⑩ 封建时代臣下向皇帝陈述事情的报告叫"疏"。

⑪ 科举取士制度，规定每隔三年开一次乡试，应乡试的是有秀才或监生资格的人，乡试取中的就称为举人。监生，即是对有入国子监读书资格的人的简称。

◉ 关于魏忠贤

一、生祠

替活人盖祠堂叫作生祠，大概是从那一个时代父母官"自动"请老百姓替他立长生禄位而扩大之的。单有牌位不过瘾，进一步而有画像，后来连画像也不够瘾了，进而为塑像。有了画像塑像自然得有宫殿，金碧辉煌，初一十五文武官员一齐来朝拜，文东武西，环佩锵锵，口中念念有词，好不风光，好不威武。

历史上生祠盖得最多的是魏忠贤，盖得最漂亮的是魏忠贤的生祠，盖得最起劲的是魏忠贤的干儿子、干孙子、干曾孙子、重孙子、灰孙子。

据《明史·魏忠贤传》说，天启六年（1626）魏忠贤大杀反对党，将周起元、高攀龙、周宗建、缪昌期、周顺昌、黄尊素、李应升一些东林党人一网打尽之后，修《三朝要典》（《东林罪状录》），立"东林党人碑"之后，浙江巡抚潘汝桢奏请为忠贤建祠。跟着是一大堆官歌颂功德。于是督抚大吏阎鸣泰、刘诏、李精白、姚宗文等抢先建立生祠。风气一成，连军人，做买卖的流氓棍徒都跟着来了，造成一阵建祠热，而且互相比赛，越富丽越好。地皮有的是，随便圈老百姓的，材料也不愁，砍老百姓的。接着道统论也被提起了，监生陆万龄建议以魏忠贤配享孔子，忠贤的父亲配享启圣公。谁又敢说个不字？

当潘汝桢请建生祠的奏本到达朝廷后，御史刘之待签名迟了一天，立刻革职。苏州道胡士容不识相，没有附和请求，遵化道耿如杞入生祠没有致最敬礼——下拜，都下狱判死刑。

据《明史·阎鸣泰传》，建生祠最多的是少师兼太子太师、兵部尚书阎鸣泰，在蓟辽一带建了七所。在颂文里有"民心归依，即天心向顺"的话。

潘汝桢所建忠贤生祠，在杭州西湖，朝廷赐名普德。

这年十月孝陵卫指挥李士才建忠贤生祠于南京。

次年正月宣大总督张朴、宣府巡抚秦士文、宣大巡按张素养建祠于宣府和大同。应天巡抚毛一鹭、巡按王拱建祠于虎丘。

二月阎鸣泰又和顺天巡抚刘诏、巡按倪文焕建祠于景忠山。宣大总督张朴又和大同巡抚王点、巡按张素养在大同建立第二个生祠。

三月阎鸣泰又和刘诏、倪文焕、巡按御史梁梦环建祠于西密云丫髻山，又建于昌平，于通州。太仆寺卿何宗圣建于房山。

四月阎鸣泰和巡抚袁崇焕建词于宁前。张朴和山西巡抚曹尔桢、巡按刘弘光又建于五台山。庶吉士李若琳建于蕃育署，工部郎中曾国祯建于卢沟桥。

五月通政司经历孙如冽，顺天府尹李春茂建祠于宣武门外，巡抚朱童蒙建于延绥，巡视五城御史黄宪卿、王大年、汪若极、张枢智建于顺天，户部主事张化愚建于崇文门外，武清侯李诚铭建于药王庙，保定侯梁世勋建于五军营、大教场，登莱巡抚李嵩、山东巡抚李精白建于蓬莱阁宣海院，督饷尚书黄运泰、保定巡抚张凤翼、提督学政李蕃、顺天巡按倪文焕建于河间、天津，河南巡抚郭增光，巡按鲍奇谟建于开封，上林监丞张永祚建于良牧、嘉蔬、林衡三署，博平侯郭振明建于都督府、锦衣卫。

六月总漕尚书郭尚友建祠于淮安。顺天巡按户承钦、山东巡按黄宪卿、顺天巡按卓迈，也在六月分别在顺天、山东建祠。

七月长芦巡盐龚萃肃、淮扬巡盐许其孝、应天巡按宋祯汉、陕西巡按庄谦建祠于长芦、淮扬、应天、陕西等地。

八月总河李从心、总漕郭尚友、山东巡抚李精白、巡按黄宪卿、巡漕何可及建祠于济宁。湖广巡抚姚宗文、郧阳抚台梁应泽、湖广巡按温皋谟建祠于武昌、承天、均州。三边总督史永安、陕西巡按胡建晏、巡按庄谦、袁鲸建于固原大白山，楚王朱华奎建于高观山，山西巡抚牟志夔、巡按李灿然、刘弘光建于河东。

踊跃修建的官员，从朝官到外官，从文官到武官，从大官到小官，到亲王勋爵、治河官、卖盐官，没有一个不争先恐后，统一建生祠。

建立的地点从都城到省城，到名山，甚至都督府、锦衣卫、五军营等军事衙门，蕃育署、上林监等宫廷衙门，甚至建立到皇城东街。只要替魏忠贤建生祠，没有谁可以拦阻。

每一祠的建立费用，多的要数十万两银子，少的也要几万两，合起今天的纸币要以多少亿计。

开封建祠的时候，地方不够大，毁了民房两千多间，用渗金塑像。

都城几十里的地面，到处是生祠。上林苑一地就有四个。

延绥生祠用琉璃瓦，蓟州生祠金像用冕旒。南昌建生祠，毁周程三贤祠，出卖濠台灭明祠做经费。

督饷尚书黄运泰迎像，用五拜三稽首礼，立像后又率文武将吏列阶下五拜三稽首。再到像前祝告，某事幸亏九千岁（这些魏忠贤的党羽子孙称皇帝为万岁，忠贤九千岁）扶持，行一套礼，又某事蒙九千岁提拔，又行一套礼。退还本位以后，再行大礼。又特派游击将军一人守祠，以后凡建祠的都依例派专官看守。

国子监生（大学生）陆万龄以孔子作春秋，忠贤作要典，孔子杀少正卯，忠贤杀东林党人，应在国学西建生祠和先圣并尊。这简直是孔子再世，道统重光了。国子司业（大学校长）朱之俊接受了这意见，正预备动工，不凑巧天启皇帝驾崩，政局一变，魏忠贤一下子从云端跌下来了。

崇祯帝即位，魏忠贤自杀。崇祯二年（1629）三月定逆案，全国魏忠贤生祠都被拆毁，建生祠的官员也列名逆案，依法处刑。

《三朝要典》的原刻本在北平很容易见到，印得非常考究，大有翻印影印流传的必要。

魏忠贤的办公处东厂，原来叫东厂胡同，从沙滩一转弯便是。"中央研究院"北平办事处在焉，近来改为东昌胡同了，不知是敌伪改的，还是最近改的。其实何必呢？魏忠贤之臭，六君子的血，留着这个名词让北平市民多想想也是好的。

二、义子干孙

魏忠贤不大识字，智力也极平常。他之所以能弄权，第一私通熹宗的奶妈客氏，宫中有内线。熹宗听客氏的话，忠贤就可以为所欲为。第二是熹宗庸碌，十足的阿斗，凡事听凭忠贤作主张。

光是这两点，也不过和前朝的刘瑾、冯保一样，还不至于起党狱，开黑名单，建生祠，称九千岁，闹得民穷财尽，天翻地覆。原因是：第一，政府在他手上，首相次相不但和他合作，魏广微还和这位太监攀通家，送情报，居然题为内阁家报。其二是，他有政权，就能养活一批官，反正官爵都出于朝廷，俸禄都出于国库。凡要官者入我门来，于是政权军权合一，内廷外廷合一。魏忠贤的威权不但超过过去任何一个宦官，也超过任何一个权相，甚至皇帝。

《明史》说，内外大权，一归忠贤。内竖（宦官）自王体乾等外，又有李朝钦、王朝辅、孙进、王国泰、梁栋等三十余人为"左右拥护"。外廷文臣则崔呈秀、田吉、吴淳夫、李夔龙、倪文焕主谋议，号"五虎"。武臣则田尔耕、许显纯、孙云鹤、杨寰、崔应元主杀戮，号"五彪"。又吏部尚书周应秋、太仆卿曹钦程等号"十狗"。又有"十孩儿""四十孙"之号。而为呈秀辈门下者又不可数计。

"虎""彪""狗"都是魏忠贤的义子。举例说，崔呈秀在天启初年巡按淮扬，贪污狡狯，不修士行，看见东林正红得发紫，想尽方法要挤进去，被拒不纳。四年还朝，都察院都御史高攀龙尽列他在淮扬的贪污条款，提出弹劾。吏部尚书赵南星批定充军处分，朝命革职查办。呈秀急了，半夜里到魏忠贤家叩头乞哀，求为养子。结果呈秀不但复职，而且升官，不但升官，而且成为忠贤的谋主，残杀东林的刽子手了。两年后做到兵部尚书兼都察院左都御史。儿子不会作文也中了举，兄弟做浙江总兵官，女婿呢，吏部主事，连姨太太的兄弟、唱小旦的也做了密云参将。

其他四"虎"，吴淳夫是工部尚书，田吉兵部尚书，倪文焕太常卿，李夔龙副都御史，都是呈秀拉纤拜在忠贤门下当义子的。

十狗中如曹钦程，《明史》本传说："由座主冯铨父事魏忠贤，为十狗之一……于群小中尤无耻，日夜走忠贤门，卑谄无所不至，同类颇羞称之。"到后来，连魏忠贤也不喜欢他了，责以败群革职，可是此狗在被赶出门时，还向忠贤叩头说："君臣之义已绝，父子之恩难忘。"大哭一场而去。忠贤死后，被处死刑，关在牢里等行刑。日子久了，家人也厌烦，不给送饭，他居然有本领抢别人的牢饭，成天醉饱。李自成陷北京，破狱出降。自成失败西走，此狗也跟着，不知所终。

十孩儿中有个石三畏，闹了个不大不小的笑话。有一天某贵戚请吃饭，在座的有魏忠贤的侄儿魏良卿。三畏喝醉，点戏点了《刘瑾醉酒》，犯了忌讳。忠贤大怒，立刻革职回籍。忠贤死后，他还借此复官，到头还是被弹劾免职。

这一群虎狗彪儿孙细按本传，有一个共同的特征，几乎没有一个不是贪官污吏。

例外的也有，如造《点将录》的王绍徽，早年"居官强执，颇以清操闻"。还有作"春灯谜""燕子笺"，文采风流，和左光斗诸人交游的阮大铖，和叶向高同年友好的刘志选，以及《玉芝堂谈荟》的作者周应秋，都肩着当时"社会贤达"的招牌，颇有名气的，只是利欲熏心，想做官，想做大官，要做官迷得发了疯，一百八十度一个大转弯，拜在魏忠贤膝下，终至身败名裂，在《明史》里列名《阉党传》。阮大铖在崇祯朝寂寞了十几年，还在南京冒充东林，附庸风雅，千方百计要证明他是东林，千方百计要洗去他当魏珰干儿的污渍，结果被一批年轻气盛的东林子弟出了留都防乱揭，"鸣鼓而攻之"，落得一场没趣。孔云亭的《桃花扇》真是妙笔奇文，到今天读了，还觉得这副嘴脸很熟，"如"闻其声，"如"见其人。

三、黑名单

黑名单也是古已有之的，著例还是魏忠贤时代。

《明史·魏忠贤传》说：天启四年（1624）忠贤用"崔呈秀为御史。呈秀造《天鉴》《同志》诸录，王绍徽亦造《点将录》，皆以邹元标、顾宪成、叶向高、刘一燝等为魁，尽罗入不附忠贤者，号曰东林党人，献于忠贤。忠贤喜。于是群小益求媚忠贤，攘臂攻东林矣"。

　　替魏忠贤造名单的，有魏广微、顾秉谦，都是大学士（宰相）。名单有黑红两种，《明史·顾秉谦传》说：广微和"秉谦谋，尽逐诸正人，点《缙绅便览》一册，若叶向高、韩爌、何如宠、成基命、缪昌期、姚希孟、陈子壮、侯恪、赵南星、高攀龙、乔允升、李邦华、郑三俊、杨涟、左光斗、魏大中、黄尊素、周宗建、李应升等百余人目为邪党，而以黄克缵、王永光、徐大化、贾继春、霍维华等六十余人为正人。由阉人王朝用进之，俾据是为黜陟。忠贤得内阁为羽翼，势益张。秉谦、广微亦曲奉忠贤，若奴役然"。

　　《缙绅便览》是当时坊间出版的朝官人名录。魏广微、顾秉谦根据这名单来点出正人邪人，必定是用两种颜色，以今例古，必定是红黑两种颜色，是可以断言的。

　　崔呈秀比这两位宰相更进一步，抄了两份。一份是《同志录》，专记东林党人，是该杀该关该革职的该充军的。另一份是《天鉴录》，是东林的仇人，也就是反东林的健将，是自己人。据《明史·崔呈秀传》说："忠贤凭以黜陟，善类为一空。"

　　《明史·曹钦程传》附《卢承钦传》，承钦又向政府提出："东林自顾宪成、李三才、赵南星而外，如王图、高攀龙等谓之副帅，曹于汴、汤兆京、史记事、魏大中、袁化中谓之先锋，丁元荐、沈正宗、李朴、贺烺谓之敢死军人，孙丕扬、邹元标谓之土木魔神，请以党人姓名、罪状榜示海内。忠贤大喜，敕所司刊籍，凡党人已罪未罪者悉编名其中。"这又更进一步了，不但把东林人列在黑名单上，而且还每人都给一个绰号、匪号，其意义正如现在一些刊物上的闻一多夫、罗隆斯基同。

　　王绍徽，魏忠贤用为吏部尚书，仿民间《水浒传》，编东林一百零八人为《点将录》献上，令按名黜汰，以是越发为忠贤所喜。绍徽也名列《明史·阉党传》。

　　这几种黑名单十五六年前都曾读过，记得最后一种《点将录》，李三才是托塔天王，黄尊素是智多星，每人都配上《水浒传》里的绰号，而且还分中军左军右军，天罡地煞，很整齐。似乎还是影印本。可惜记忆力差了，再也记不起在什么丛书中见到。可惜！可惜！

原载《史事与人物》，生活书店，1948年7月

◎ 况钟和周忱

一、从《十五贯》说起

1956年浙江昆苏剧团上演了改编的昆曲《十五贯》之后，各地其他剧种也纷纷改编上演，况钟这个封建时代的好官，逐渐为成千上万的观众所熟识了。这戏中另一个好官周忱，是况钟的上司和同乡，也被赋予和况钟不同的性格，成为舞台上的人物。

《十五贯》成功地塑造了况钟这个历史人物，刻画了他的性格、思想感情。他通过具体分析，进行现场调查研究，得出正确结论，终于纠正了主观主义、官僚主义的错误判断，平反了冤狱，为人民办了好事。这个戏形象地突出了反对主观主义、反对官僚主义这个主题，是具有现实的教育意义的，是个好戏。

　　但是，《十五贯》这个故事，其实和况钟并不相干。

　　《十五贯》的故事出自《宋元话本》的《错斩崔宁》，大概是宋朝的故事。明朝末年，有人把这故事编在一部书里，题名为《十五贯戏言成巧祸》，清初的戏剧家朱素臣又把它改编为《十五贯传奇》。现在上演的本子，是根据朱素臣的本子改编的。从故事改编的发展来说，一次比一次好，迷信成分去掉了，复杂的头绪减少了，人物的形象更典型了，深刻了，也就更生动了；艺术感染力量更强烈了；教育主观主义、官僚主义者的效果也就更好了。

　　那么，问题就来了，《十五贯》既然是宋朝的故事，况钟却是明朝人，从宋末到明前期，相差有一百几十年，为什么戏剧家一定要把这故事算在况钟名下呢？

　　这是因为况钟的确是历史上的好官，也的确替当时负屈的老百姓伸过冤，救活了不少人命，在当时人民中威信很高。其次，朱素臣是苏州人，对《十五贯》的故事和况钟这个人物的传说都比较熟悉。戏剧家为了集中地突出故事情节，集中地突出历史人物，把民间流传已久的《十五贯》故事，和当时民间极有威望的好官况钟结合起来，一方面符合人民对于清官好官的迫切要求，一方面也反映了一定时期的历史情况，是完全可以允许的艺术处理。

　　正因为如此，这故事不但得到广大人民的喜爱，连况钟的子孙也认为确有其事了。况钟九世孙况廷秀编的《太守列传编年》上说：

　　　折狱明断，民有奇冤，无不昭雪。有熊友兰、友蕙兄弟冤狱，
　　公为雪之，阖郡有包龙图之颂，为作传奇，以演其事。惜一切谳
　　断，不能尽传于世。

二、况青天

封建时代的官僚，被人民表扬为青天，是很不容易的事。

由于封建统治阶级一贯剥削、虐待人民，和人民对立，老百姓在平常时候，是怕官的。老百姓和官的关系是，一要完粮，二要当差，三呢，遭到冤枉要打官司。这三件事都使老百姓怕官，一有差错，就得挨板子、上夹板，受到种种非刑，关进班房，以至充军、杀头，等等，老百姓怎能不怕？

但是，一到了阶级矛盾十分尖锐，老百姓忍无可忍，团结起来暴动的时候，情况就完全改变了。人民自己已有了武装，也有了班房，那时候，老百姓就不再怕官了，害怕发抖的是官。以此，历史上每次农民起义，矛头总是首先针对着本地的官员，口号总有杀尽贪官污吏这一条。

由于封建统治阶级的统治基础是建立在对广大农民的剥削、掠夺上面的，封建官僚是为了地主阶级利益服务的；一切政治设施的最后目的，都是为了巩固和加强封建统治。这样，也就不难理解在封建官僚的压迫、奴役下，广大人民对于比较清明、宽大、廉洁政治的向往，对于能够采取一些措施，减轻人民负担，申雪人民冤枉的好官的拥护了。对于这样的好官，人民做了鉴定，叫作青天。

也正由于封建时代的青天极少，所以历史上屈指可数的几个青天，也就成为箭垛式的人物，许多人民理想中的好事都被堆砌到他们身上了。像宋朝的包拯，明朝的况钟和海瑞，都是著名的例子。

也还必须指出，尽管历史上出现了几个青天，是当时人民给的称号。但是，也决不可以由此得出结论，以为青天就是站在人民立场的政治家。不是的，恰恰相反，他们都是为封建统治阶级利益服务的官僚，在这一点上，也和当时其他封建官僚一样，是和人民对立的。不过，由于他们的出身和其他关系，比较接近人民，了解人民的痛苦，比较正直，有远见，为了维持封建统治阶级的长远利益，缓和阶级矛盾，在不损害封建统治阶级的根本利益前提下，有意识地办了一些好事。这些好事是和封建统治阶级的长远利益一致的，也是和被压迫被剥削的广大人民当前利益一致的，对当时的生产发展，对历史的进展有好处的。因此，他们在当时被人民叫作青天，在历史上也就应该是被肯定的，值得纪念的，在某些方面，还是值得今天学习的人物。

况钟（1383—1442），江西靖安人。从1430年起任苏州知府，一直到1442年死在任上，连任苏州知府十三年。

苏州地方殷富，人口稠密，土地集中，人民贫困，阶级关系比较紧张。在况钟以前，做知府的不要说久任，连称职能够做满任期的也没有一个。况钟以后，也还出过几个好官，不过都比不上他这样有名，为人民所爱戴歌颂。

从唐宋以来，封建王朝任命官僚，主要是用科举出身的人，上过学，会写一定格式的诗、文，通过考试，成为叫作进士或者举人的知识分子。一般在衙门里办事的吏（科员），地位很低，只能一辈子做吏，是做不了官的。明朝初期，科举出身的人还不够多，官和吏的区别还不十分严格，以后就不同了。况钟的父亲是一家地主的养子。况钟从小也念过一点书，但没有考上学校。到成年以后，1406年被选作靖安县的礼曹（管礼仪、祭祀一类事务），一直做了九年的吏。他为人干练精明，通达事务，廉介无私，为县官所重视。也正因为他做了多年的吏，直接和人民打交道，不但了解民间痛苦，也深知吏的贪污害民行径，到后来做了官，便有办法来制裁这些恶吏了。

靖安知县和当朝的礼部尚书（管礼仪、祭祀、考试的部长）是好朋友，当况钟做满九年的吏，照例要到吏部（管任免、考核官员的部）去考绩的时候，靖安知县便写信给这个朋友，推荐况钟的才能。礼部尚书和况钟谈了话，也很器重，便特别向皇帝推荐。明成祖召见况钟，特任为礼部仪制司主事，以后升为郎中，一连做了十五年京官。

在这十五年中，况钟和当时许多有名的政治家来往，成为朋友，交换了对政治上的许多看法。其中主要的是江西同乡的京官。在封建年代，交通很不方便，官僚们对同乡是很看重的，来往较多，政治上也互相影响，这种关系称为乡谊，是一种封建关系。况钟的同乡中有许多是当权的大官，有声名的政治家，况钟深受他们的影响，在况钟以后的政治活动中，也得到他们的支持。

明成祖在打到南京，做了皇帝以后，任命七个官员替他管理机密事务，叫作"入阁"，后来叫作"拜相"。这七个人中有五个是江西人，其中泰和人杨士奇和况钟关系最深，南昌人胡俨、湖北石首人杨溥也是况钟的朋友。此外，江西吉水人周忱和况钟也很要好。

明成祖死后，三杨当国，三杨就是原来七人内阁中的三个，是杨士奇、杨溥和杨荣。这三人都是有能力的政治家，在他们当国时期，政治是比较清明的。

1430年，明封建王朝经过讨论，为了进一步加强统治，增加财政收入，认为全国有九个大府，人众事多，没有管好，其中特别是苏州府，交的税粮比任何一省都多，政治情况却十分不好，官吏奸贪，人民困苦，欠粮最多，百姓逃亡。要百官保举京官中有能力而又廉洁的外任做知府，来加强控制。礼部和吏部都推荐况钟，首相杨士奇也特荐况钟做苏州知府。为了加重况钟的权力，明宣宗还特别给以"敕书"（书面命令），许以便宜行事，并特许他可以直接向皇帝写报告，提建议。

我国在过去漫长时期是农业国，封建王朝的经济基础是农业。王朝的全部收入百分之九十以上出自农民交纳的粮食，服兵役和无偿劳役的也主要是农民。要是农民交不起粮或者少交粮了，农民大量逃亡外地，不当差役了，便会发生严重的政治危机，危害封建王朝的统治地位。

由于宋元以来的历史发展，东南地区的农业经济大大发展了，显出一片繁荣气象。况钟所处的15世纪前期，正是明王朝的全盛时期。但是，这个地区的繁荣，这个时期的全盛都只是表面上的，内部却包含着严重的危机。

危机是农民负担过重。

就东南一带而说，农民负担之重居全国第一。这时全国的实物收入，夏税秋粮总数约三千万石，其中浙江一省占二百七十五万多石，约占全国收入十分之一弱。苏州一府七个县却占二百八十一万石，比浙江一省交的粮还多。松江府一百二十一万石，也很重。以苏州而论，垦田数只有九万六千五百零六顷，占全国垦田数百分之一点一，交纳税粮呢，却占全国税收的百分之九点五。

为什么江南地区的农民负担特别重呢？这是因为从南宋以来，由于这一带土地肥沃，经济发展，贵族、官僚用种种方法兼并土地，到了政治局面发生变化，旧的贵族、官僚被推翻了，他们所占有的土地就被没收为官田，经过多次变化，官田就越来越多，民田就越来越少了。到明太祖取得这带地方以后，又把原来的豪族地主的田地没收为官田，并且按私租收税，这样，这带地方的官田租税就特别重了。

民田的租税虽然也很重，但是农民向地主交租，多在本地，当天或者几天就可以来回，一改为官田，不但田租特别重，而且收的粮食要交官了，得由农民运送到指定的仓库交纳。在交通不便的情势下，陆运、水运，要用几个月以至更多时间，不但占用了大量劳动力，不能投入生产，而且交纳一石官粮，往往要用两三石以至四五石的运费，有时候遭风翻船了，或者被人抢劫，都得重新补交，所有这些巨大的运费和意外的赔垫，都要由农民负担，农民怎么负担得起？苏州农民因为官田特别多，负担就特别重。

苏州七个县完纳的二百八十一万石税粮中，民粮只有十五万石，官田田租最重的每亩要交三石粮。官粮中有一百零六万石要远运到山东临清交纳，有七十万石要运到南京交纳，运到临清的每一石要用运费四石，运到南京的也要六斗。这样残酷的剥削使人民无法负担，在况钟到苏州以前，四年的欠粮数就达到七百六十多万石。老百姓完不了粮是要挨板子、坐班房的，农民要活下去，就只好全家逃亡，流离外地了。

占全国税粮近十分之一的苏州，欠粮这样多，人口大量外流，是不能不严重地影响到封建王朝的统治基础的。首相杨士奇提出补救方案：蠲免欠粮，官田减租，清理冤狱，惩办贪官，安抚逃民，特派知府等六项措施。况钟就是在这种情况下，被特派到苏州执行这些措施的。

官田减租是得到明宣宗的同意，用诏书（皇帝的命令）下达全国的。但是，有人认为，减掉了租，就减少了王朝的收入，遭到封建统治阶级内部的反对，没有能够贯彻；蠲免欠粮，也同样行不通。隔了两年，还是没有解决。尽管明宣宗和杨士奇为了缓和阶级矛盾，巩固统治基础，下了极大决心要办，并且严厉申斥户部官员，不奉行减租免粮命令的就要办罪，还是办不了，办不好。

况钟在苏州坚决执行封建王朝的政策，在巡抚周忱的支持下，他多次提出官田减租和蠲免欠粮的具体办法，都被户部批驳不准。况钟并不妥协，坚持要办，一直到宣德七年（1432）3月，才得到批准，减去官田租七十二万一千六百多石，荒田租十五万石，官粮远运临清的减去六十万石，运到南京的改为驻军到苏州自运，连同其他各项。每年减省了苏州人民一百五十六万石的负担，假如连因此而省掉的运费、劳力计算，数目就更大了。这对苏州人民来说，确是一件了不起的大好事，对明王朝的统治来说，也确是起了巩固作用。而且，官田虽然减了一些租，因为不欠粮了，王朝的实际收入比前几年反而增加了。

由于官田田租减轻了，逃民回来后复业的就有三万六千六百多户。人民的生活虽然还是很苦，但是毕竟比过去稍微好了一些，生产情绪也提高了。他们欢欣鼓舞，感谢况钟的恩德，到处刻碑纪念这件好事。

况钟在人民中间的威信日益提高，主要的是他还办了以下这几件事：

第一是惩办贪吏。况钟是从吏出身的，精于吏事。在上任以后，却假装不懂公事，许多吏拿着案卷请批，况钟问他们该怎么办，都一一照批。吏们喜欢极了，以为这知府真好对付，以后的事好办了。况钟在经过充分的调查研究，弄清情况以后，过了一个多月，突然叫官员和吏们都来开会，当场宣读"敕书"，其中有"属员人等作奸害民，尔即提问解京"的话，就问这些吏，那一天你办了什么事，受了多少贿赂，对不对？一一问过，立时杀了六个。官员中有十二个不认真办事，疲沓庸懦的，都革了职。另外有几个贪赃枉法的，拿到京师法办。这一来，官吏们都害怕了，守法了，老百姓也少吃苦头了。人们叫他做青天。

苏州人民好容易有了一个青天，松了一口气。第二年，况钟的继母死了，按封建礼制辞官回家守孝。这一来，苏州的天又黑了，风气又变了，官们吏们又重新做坏事了，百姓又吃苦头了。他们想了又想，都是况钟不在的缘故，三万七千多人便联名请求况钟回来。隔了十个多月，况钟又被特派回到苏州，这一回用不着调查了，立刻把做坏事的官吏们都法办了，天又变好了，况钟更加得到人民的支持。

第二是清理冤狱，苏州有七个县，况钟每天问一个县的案，排好日程，周而复始，不到一年工夫，清理了一千五百多件案子，该办的办，该放的放，做得百姓不叫冤枉，豪强不敢为非，老百姓都叫他是包龙图再世。现在舞台上演唱的《十五贯》，虽然事实上和况钟无关，但确也反映了他在这一方面的工作作风，取得的成绩和威信，是符合历史实际的。

第三是抑制豪强。明朝制度，军民籍贯是分开的，军户绝了，要勾追原籍本家男丁补缺。封建王朝派的清军御史蛮横不讲道理，强迫平民充军，弄得老百姓无处诉冤，况钟据理力争，免掉一百六十个平民的军役，免掉一千四百多平民的世役，只是本身当军，不累及子孙。七县的圩田设有圩长圩老九千多人，大部分都是积年退役（在衙门做过事）的恶霸，这制度和这些人得到大官的支持，为非作恶，况钟不管上官的反对，也把它一起革除了。沿海沿江有些地方的军官，借名巡察河道，劫掠商船，为害商旅，况钟都一一拿办。

第四是为民兴利。苏州河道，淤塞成灾，况钟把它疏浚了，成为水利。人民因粮重贫困，向地主借高利贷，弄得卖儿卖女，况钟想法筹划了几十万石粮食，建立济农仓，每到农民耕作青黄不接的时候，便开仓借贷，每人二石，到秋收时如数偿还，遇有灾荒，也用这粮食赈济。又推广义役仓制度，用公共积累的粮食，供应上官采办物料的赔垫消费，免去中间地主们的剥削和贪污，从而减轻人民的负担。

况钟刚正廉洁，极重视细小事件，设想周密，不怕是小事，只要有利于百姓就做，对百姓有害的就加以改革。兴利除害，反对豪强，扶持良善，百姓敬他爱他，把他看作天神一样。第一次回家守孝，百姓想念他，做歌说：

况太守，民父母，众怀思，因去后，愿复来，养田叟。

又有歌说：

众人齐说使君贤，只剪轻蒲为作鞭，
兵仗不烦森画戟，歌谣曾唱是青天。

三年任满，到京师朝见，百姓怕他升官，很担心，到回来复任，百姓又唱道：

太守朝京，我民不宁，太守归来，我民忻哉！

到九年任满，又照例到吏部候升，吏部已经委派了新的苏州知府了，苏州人民不答应，有一万八千多人联名保留况钟，结果，况钟虽然升了官，又回到苏州管知府的事。

况钟做了十三年知府，死的时候，老百姓伤心痛哭，连做生意的也罢市了。送丧的沿路沿江不绝。苏州和七个县都建立了祠堂，画像祭祀，有的人家甚至把他的画像供在家里。

生性俭朴，住的房子没有什么陈设，吃饭也只用一荤一素。做官多年，没有添置过田产，死后归葬，船上只有书籍和日用器物，苏州人民看了，十分感动。做官办事，不用秘书，一切报告文件都亲自动手，文字质直简劲，不作长篇大论，说清楚了就算。在请求官田减租的报告上，直率批评皇帝失信，毫不隐讳。

和巡抚周忱志同道合，他每次有事到南京，上岸时虽然天黑了，周忱也立刻接见，谈到深夜。况钟在苏州办的许多好事是和周忱的支持分不开的，周忱在巡抚任上办的许多好事，也有况钟的贡献在内。

三、周忱

周忱（1381—1453）从1430年任江南巡抚，一直到1451年，前后共21年，是明朝任期最长的封疆大员，最会理财最能干的好官。

他是进士出身，在刑部（管司法、审判的部）做了二十多年的员外郎（官名，专员），不为人所知。直到大学士（宰相）杨荣推荐为江南巡抚、总督税粮，才出了名。

周忱不摆官僚架子，接近人民，倾听群众意见，心思周密，精打细算，会出主意，极会办事，人民很喜欢他。

江南其他各府县，也和苏州一样，欠了很多税粮。周忱首先找老年农民研究，问是什么缘故。农民们说，交粮食照规矩得加"耗"（附加税），因为仓库存的粮食日子久了分量就减少了，加上麻雀老鼠都要吃粮食，这样，就会有耗损。官府把预计必有的耗损分量在完粮时附加交纳，叫作"耗"。但是，地主们都不肯交纳，光勒揝农民负担全部耗损，农民交纳不起，只好逃亡，税粮越欠越多了。

周忱弄清原因，就创立平米法，把完粮附加的耗米，合理安排，不管是地主是农民，都一律负担，又进一步由工部（管工程的部）制定铁斛，地方准式制造，凡是收放粮食都用同一的标准量器，革除了过去大斗进小斗出的弊病。农民交粮，一向由粮长（地主）经手存放运输，制度紊乱，粮长巧立名目，从中取利，农民负担便越发重了。周忱经过细心研究，制定一套办法，大大减少了粮长做坏事的机会，也减少了耗损。又精打细算，改进了粮食由水路运到北京的办法，节省了人力和粮食。把这些节约的粮食和多出的附加耗米单独设仓贮存，叫作余米，逐年积累，作为机动用费。又和况钟举办了济农仓，减免了苏州和其他各府的官田租粮。经过亲自考察，发现松江、嘉定上海一带的河流淤塞，就用余米动工疏浚，兴办了许多水利工程。通过这些措施，人民负担减轻了，加上遇有天灾，可以得到及时的救济，不但荒年不必逃荒，连税粮也不欠了，仓库富足了，民生也安定了。

周忱遇事留心研究，找出关键问题，提出解决办法，随时改革不适用的旧办法，适应新的情况。他有便宜行事的职权，地方性和局部性的问题，可以全权管理，以此，他在江南多年，先后办了不少好事。

他有良好的工作习惯，每天都记日记，除记重要的事项以外，也记下这一天的气候，阴、晴、风、雨。有一回，有人谎说，某天长江大风，把米船打翻了。周忱说不对，这一天没有风，一句话把这案子破了。又有一回，一个坏人故意把旧案卷弄乱，想翻案。周忱立刻指出，你在某天告的状，我是怎么判决的。好大胆子，敢来糊弄人！这个坏人只好服罪。江南钱粮的数目上千上万，都记得很清楚，随时算出，谁也欺骗不了他。

也有全局观点，对邻近地区遇事支援。有一年江北闹大饥荒，向江南借米三万石，周忱算了一下账，到明年麦子熟的时候，这点粮食是不够吃的，借给了十万石。

1449年10月瓦剌也先败明军于土木（今河北怀来县），明英宗被俘，北京震动。当国的大臣怕瓦剌进攻，打算把通州存的几百万石粮食烧掉，坚壁清野。这时恰好周忱在北京，他极力主张通州存粮可以支给北京驻军一年的军饷，何不就命令军队自己去运，预支一笔军饷呢？这样，粮食保全住了，驻军的粮饷也解决了。

周忱还善于和下属商量办事，即使对小官小吏，也虚心访问，征求意见。对有能力的好官，如苏州知府况钟、松江知府赵豫、常州知府莫愚、同知赵泰等，则更是推心置腹，遇事反复商量，极力支持，使他们能够各尽所长，办好了事。正因为他有这样好的作风，他出的主意，想的办法，也都能通过这些好官，贯彻执行下去。

他从不摆大官架子，有时候有工夫，骑匹马沿江到处走，见到的人不知道他是巡抚。在江南年代久了，和百姓熟了，像一家人一样，时常到农村去访问，不带随从，在院子里，在田野里，和农夫农妇面对面说家常话，谈谈心，问问有什么困难，什么问题，帮着出主意。

周忱最后还是被地主阶级攻击，罢官离开江南。他刚离开，户部立刻把他积储的余米收为官有，储备没有了，一遇到灾荒、意外，又到处饿死人了。农民完不起粮，又大量欠粮了，逃亡了。百姓越发想念他，到处建立生祠，纪念这个爱民的好官。

过了两年，周忱郁郁地死去。

原载《人民文学》1960年9月8日第九期

◉ 爱国学者顾炎武

今年是伟大的爱国学者顾炎武逝世二百八十周年。

关于顾炎武的历史评价，全祖望写的《顾先生炎武神道表》最后一段话很中肯。他说：离开顾炎武的时代逐渐远了，读他的书的人虽然很多，但是能够说出他的大节的人却很少。只有王高士不庵曾说：炎武抱着沉痛的心，想表白他母亲的志向，一生奔走流离，心里的话，几十年来也没有机会说出来。可是后起的年轻人，不懂得他的志趣，却只称赞他多闻博学，这对他来说，简直是耻辱，只好一辈子不回家，客死外地了。这段话很好，可以表他的墓。我读了也认为很好，可以使人们对顾炎武这个人有更好的了解。

顾炎武首先是有气节的有骨头的坚强的爱国主义者，其次才是有伟大成就的学者。

顾炎武（1613—1682），字宁人，原来名绛，明亡后改名，有时自称为蒋山佣，学者称为亭林先生，江苏昆山人。他家世代有人做官，藏书很多。祖父和母亲对他的教育十分关心，六岁时母亲亲自教他《大学》，七岁跟老师读"四书"，九岁读《周易》，接着祖父就教他读古代军事家孙子、吴子的著作和《左传》《国语》《战国策》《史记》等书，十一岁读《资治通鉴》，到十三四岁才读完。十四岁进了县学以后，又读《尚书》《诗经》《春秋》等书，打下了很扎实的学术基础。母亲更时常以刘基、方孝孺、于谦等人的事迹教育他，要他做一个忠于国家、忠于民族的人。

炎武受教育的时代，也正是明王朝政治日益腐化，统治阶级内部分崩离析，互相倾轧，人民负担日益加重，民不聊生，东北建州（后称满族）崛起，明王朝接连打败仗，丧师失地，满汉民族上层统治集团矛盾最尖锐，汉族人民和统治集团矛盾最尖锐的时代。炎武的祖父教炎武读军事学书籍和史书，是有很深的用意的。

当时东南地区的知识分子组织了一个团体叫复社，吟诗作文，议论时事，名气很大，炎武和他的好友归庄也参加了。两人脾气都有些怪，就得了"归奇顾怪"的外号。

炎武的祖父很留心时事，那时候还没有报纸，有一种政府公报叫《邸报》是靠抄写流传的，到崇祯十一年（1638）才有活版印刷。炎武跟祖父读了泰昌元年（1620）以来的《邸报》，对国家大事有了丰富的知识。二十七岁时考乡试没有录取，他"感四国之多虞，耻经生之寡术"，发愤读书，遍览二十一史和全国州县志书、当代名人文集、章奏文册，等等，单是志书就读了一千多部，抄录有关材料，以后还随时增补，著成两部书，一部叫《天下郡国利病书》，一部叫《肇域志》。《天下郡国利病书》着重记录各地疆域、形胜、水利、兵防、物产、赋税等资料。《肇域志》则记述地理形势和山川要塞。他晚年游历北方时，用两匹马、两匹骡装着书，到了关、河、塞、障，就访问老兵退卒，记录情况。说的有和过去知道不符合的，就立刻检书查对，力求记载的真实。他这种从实际出发，研究当前现实的学风，一反那个时代空谈性命，不务实际的学风。他这种治学精神、方法，为后来的学术界开辟了道路，指出了方向。

炎武从三十岁以后，读的经书、史书，都写有笔记，反复研究，经过长期的思索、改订，写成了著名的《日知录》。

顺治二年（1645）五月，清兵渡长江，炎武到苏州参加了抗清斗争。清军围昆山，昆山人民合力拒守，城破，军民死了四万多人，炎武的好友吴其沆也牺牲了。炎武的母亲绝食自杀，临死时嘱咐炎武不要做异国臣子，不要忘了祖父的教训。炎武在军败、国亡、母死的惨痛、悲愤心情中，昂起头来，进行深入的隐蔽的反清斗争。这时期他写的诗如《秋山》："北去三百舸，舸舸好红颜。"记录了清军掳掠妇女的惨状。"勾践栖山中，国人能致死。叹息思古人，存亡自今始。"以勾践复国自勉，表明了他爱国抗清的坚决意志。在以后的许多诗篇中，也经常流露出这种壮烈情感，如《又酬傅处士（山）次韵》："时当汉腊遗臣祭，义激韩仇旧相家。""三户已亡熊绎国，一成犹启少康家。"如《五十初度时在昌平》："远路不须愁日暮，老年终自望河清。"又如："苍龙日暮还行雨，老树春深更着花。"都表明了他至老不衰的英雄气概。

明宗室福王由崧在南京称帝，改元弘光，任命炎武为兵部司务，炎武到过南京。福王被俘，唐王聿键在福建称监国，改元隆武。鲁王以海也在绍兴称监国。唐王遥授炎武为兵部职方司主事，炎武因母丧未葬不能去，不久，唐王也兵败被杀。鲁王流亡沿海一带。1647年秋天，炎武曾到沿海地方，和抗清力量联系。地方上有汉奸地主要陷害他，炎武不得已伪装成商人，奔走江、浙各地，前后五年。《流转》诗中说："稍稍去鬓毛，改容作商贾，却念五年来，守此良辛苦，畏途穷水陆，仇雠在门户，故乡不可宿，飘然去其宇。"便是这几年间的事。

1655年发生了陆恩之狱。

陆恩是炎武家的世仆。在炎武出游时，投奔到官僚地主叶方恒家。

炎武家庭经历丧乱，缺钱使用，把田产八百亩卖给叶家，叶方恒存心想吞并顾家产业，揞勒只给半价，这半价还不给钱，炎武讨了几年才给了一点。恰好陆恩得罪了主人，叶方恒便叫他出面告炎武通海（通海指的是和沿海抗清军事力量勾结，在当时是最大的罪名）。炎武急了，便和家人设法擒住陆恩，扔进水里淹死了。陆恩的女婿又求叶方恒出面告状，用钱买通地方官，把炎武关在叶方恒家奴家里，情况十分危急。炎武的好友归庄只好求救于当时赫赫有名的汉奸官僚钱谦益，钱谦益说，这也不难，不过要他送一门生帖子才行。归庄知道炎武决不肯这样做，便代写了一个送去。炎武知道了，立刻叫人去要回来，要不回来，便在大街上贴通告，说并无此事。钱谦益听了苦笑说，顾宁人真是倔强啊！后来炎武的另一朋友路泽溥认识兵备道，说明了情由，才把案子转到松江府，判处为主杀家奴，炎武才得脱祸。

叶方恒中过清朝进士，做过官，有钱有势，炎武和他结了仇，家乡再也住不下去了。1657年炎武四十五岁，决定到北方游历，一来避仇，二来也为了更广泛地结纳抗清志士，继续进行斗争。

从这一年起，炎武便仆仆风尘，奔走于山东、河北、山西、陕西等地。他的生活情况，在与潘次耕（耒）信中说："频年足迹所至，无三月之淹，友人赠以二马二骡，装驮书卷，一年之中，半宿旅店。"旅途的艰苦，《旅中》一诗说："久客仍流转，悉人独远征。釜遭行路夺，席与舍儿争。混迹同佣贩，甘心变姓名。寒依车下草，饥糁钵中羹……买臣将五十，何处谒承明？"他的心境，在《寄弟纾及友人江南》诗中说："自昔遭难初，城邑遭屠割。几同赵卒坑，独此一人活。既偷须臾生，讵敢辞播越。十年四五迁，今复客天末。田园已侵并，书卷亦剽夺。尚虞陷微文，雉罗不自脱。"是十分沉重、紧张的。

在游历中，结识了孙奇逢、徐夜、王宏撰、傅山、李中孚等爱国学者和李因笃、朱彝尊、毛奇龄等文人，观察了中原地区和塞外的地理形势，并且在山东章丘买了田产，在雁门之北，五台之东，和李因笃等二十多人集资垦荒，建立庐舍，作为进行隐蔽活动的基地。

1663年，南浔庄氏史案发，炎武的好友吴炎、潘柽章牵连被杀，炎武所藏史录、奏状一两千本借给吴、潘两人的，也随同散失。庄廷铖修史时，也曾托人邀请炎武参加，炎武看了情况，知道庄廷铖没有学问，不肯留下。书刻版时没有列上炎武姓名，这才幸免于死。

五年后，莱州黄培诗狱案发，炎武又被牵连，从北京赶到山东投案。案情是莱州人姜元衡告发他的主人黄培写逆诗（反对清朝的诗），又揭发吴人陈济生所编《忠节录》，说这书是顾宁人编的，书上有名的牵连到三百多人。李因笃听到消息，立刻赶到北京告急营救，炎武的许多朋友也到济南帮忙，这时朱彝尊正在山东巡抚处做幕僚，几方面想法子，炎武打了半年官司，居然免祸，可也够危险了。

炎武虽然饱经忧患，跋涉半生，却勤勉好学，没有一天不读书，没有一天不抄书，蝇头行楷，万字如一。朋友们有时终日宴饮，他总是皱眉头，客人走了，叹口气说：可惜又是一天白白度过了。读的书越多，游历的地方越多，写的书也越多，名气也就越大。1671年熊赐履要举荐炎武助修《明史》，他当面拒绝说："果有此举，不为介推之逃，则为屈原之死矣。"1678年叶方蔼、韩菼又打算举荐炎武应博学鸿儒科，炎武坚决辞谢，一连给叶方蔼写了三封信，表明态度，叶方蔼知道不能勉强，方才作罢。为了避免这类麻烦，炎武从此再也不到北京来了。

1677年，炎武已经六十五岁了。从山东到陕西华阴，住王宏撰家。王宏撰替他盖了几间房子，决定在此定居。两年后写信告诉他三个侄子说：陕西人喜欢经学，看重处士，主持清议，和他省人不同。在此买水田四五十亩，可以维持生活。华阴这地方是交通枢纽，就是不出门，也可以看到各方面来的人，知道各地方的事情。一旦局势有变化，跑进山里去守险，也不过十来里路。要是志在四方呢，一出关门，就可以掌握形势。从这封信可以看出，炎武之定居华阴，是和他的一生志愿抗清斗争密切相关的。

　　这时候，炎武的三个外甥都已做了大官，徐元文是顺治十六年（1659）状元，康熙十八年（1679）任《明史》监修总裁官，第二年任都察院左都御史。徐乾学是康熙九年（1670）探花，徐秉义是康熙十二年的探花。三兄弟在青年时都曾得到过炎武的资助和教育。他们看到舅父年老，流离外方，几次写信迎接炎武南归，答应给准备房子和田产，炎武回信坚决拒绝。他不但自己不肯受这几个清朝新贵的供养，连他的外甥要请他的得意门生潘耒去做门客，也去信劝止。义正词严地指出这些人官越大，门客越多，好巴结的人留下，刚正方直的人走开，他们不过要找一两个有学问的人在身边来遮丑而已。应该知道香的和臭的东西是不可以放在一个盒子里的，要记住白沙在泥，与之俱黑的话，不要和狎客豪奴混在一起才是。从这两件事，可以看出炎武的生性刚介和气节。

　　和他的为人一样，炎武做学问也是丝毫不苟的，总是拿最严格的要求来要求自己，从不自满。所著《音学五书》，前后历时三十多年，所过山川亭障，没有一天不带在身边。稿子改了五次，亲自抄写了三次，到刻版的时候，还改了许多地方。著名的《日知录》，1670年刻了八卷，过了六七年，他的学问进步了，检查旧作，深悔过去学问不博，见解不深，有很多缺点，又渐次增改，写成二十多卷。他很虚心，朋友中有指出书中错误的地方，便立刻改正。又十分郑重，有人问他近来《日知录》又写成几卷了，他说，别来一年，反复研究，只写得十几条。他认为知识是无穷无尽的，过去的成绩不可以骄傲，未来的成就更不可以限制自己。做学问不是一天天进步，便会一天天退步。个人独学，没有朋友帮助，就很难有成就，老是住在一个地方，见闻寡陋，也会习染而不自觉。对于自己在学术上的错误，从不宽恕，在给潘耒信上说：读书不多的人，轻易写书，一定会害了读者，像我《跋广韵》那篇文章便是例子。现在把它作废，重写一篇，送给你看，也记住我的过失。我生平所写的书，类此的也还很多，凡是存在徐家的旧作，可以一字不存。自己思量精力还不很衰，不一定就会死，再过些年，总可以搞出一个定本来。

对搜辑资料，也付出极大的努力。例如他在《金石文字记序》所说：我从年轻时就喜欢访求古人金石文字，那时还不很懂。后来读了欧阳修的《集古录》，才知道可以和史书相证明，阐幽表微，补阙正误，不只是文字之好而已。这二十年来，周游各地，所到名山、大镇、祠庙、伽蓝，无不寻求，登危峰，探窈壑，扪落石，履荒榛，伐颓垣，畚朽壤，只要发现可读的碑文，就亲手抄录，要是得到一篇为前人所没有看到的，往往喜欢得睡不着觉。对写作文字，态度也极为谨严，他立定宗旨，凡是文章不关联到学术的，和当代实际没有关系的，一概不写。并且慨叹像韩愈那样的人，假如只写《原道》《原毁》《争臣论》《平淮西碑》《张中丞传后叙》这几篇，其他捧死人骨头的名状一概不写，那就真是近代的泰山北斗了！可惜他没有这样做。

他主张为人要"行己有耻"。有耻就是有气节，有骨头，做学问要"好古敏求"，要继承过去的遗产，努力钻研。对明代末期和当时的学风，他是很不以为然的。在《与友人论学书》里说："呜呼！士而不先言耻，则为无本之人，非好古而多闻，则为空虚之学。以无本之人而讲空虚之学，吾见其日从事于圣人而去之弥远也。"也正因为他这样主张，这样做，所以有些人叫他为怪，和他合不来。

炎武于康熙二十一年（1682）正月，因上马失足坠地，病死于山西曲沃，年七十岁。

原载《人民日报》，1962年2月7日

◎ "社会贤达"钱牧斋

就钱牧斋对明初史料的贡献说，我是很推崇这个学者的。二十年前读他的《初学集》《有学集》《国初群雄事略》《太祖实录辨证》诸书，觉得他的学力见解，实在比王弇州（世贞）、朱国桢高。同时也搜集了有关他个人的许多史料，如张汉儒控告他和瞿式耜的呈文、《牧斋遗事》、《虞山妖异志》、《阁讼记略》、《钱氏家变录》、《牧斋年谱》、《河东君殉家难事实》（以上均见《虞阳说苑甲编》）、《纪钱牧斋遗事》（《痛史》本）、《钱氏家变录》（《荆驼逸史》本）、瞿式耜《瞿忠宣公集》、文秉《烈皇小识》、计六奇《明季北略》，以及《明史·周延儒传、温体仁传、马士英传、瞿式耜传》有关他的记载，和张汉儒呈文的另一印本（刊《文艺杂志》八期）。因为《明史》里不收这个作清朝官的两朝领袖，《清史稿》列他在《文苑传》，极简略。当时就想替此人写点什么。记不得那时候因为什么耽误了，一晃荡便是二十年。

最近又把从前所看过的史料重读一遍，深感过去看法之错误。因为第一他的史学方面成就实在有限，他有机会在内阁读到《昭示奸党录》《清教录》一类秘本，他有钱能花一千二百两银子买一部宋本《汉书》，以及收藏类似俞本《皇明纪事录》之类的秘籍，有绛云楼那样收藏精博的私人图书馆，从而做点考据工作，实在没有什么了不起；第二这个人的人品实在差得很，年轻时是浪子，中年是热衷的政客，晚年是投满的汉奸，居乡时是土豪劣绅，在朝是贪官污吏，一生翻翻覆覆，没有立场，没有民族气节，除了想做官以外，从没有想到别的。他的一点儿成就、虚名、享受，全盘建立在对人民剥削的基础上，是一个道地的完全的小人、坏人。

可是，三百年前，他的名气真大，东林巨子，文坛领袖，斯文宗主，而且还是幕后政治的牵线人物。只是做官的日子短，在野的年代长，以他当时的声名而论，倒是个"社会贤达"也。

我正在研究历史上的士大夫官僚绅士地主这类人，钱牧斋恰好具备这些资格，而且还是"社会贤达"，因此把旧材料利用一下，写出这个人，并非毫无意义，而且也了却多年来的心愿，是为记。

一、定论

牧斋是有自知之明的，他明白自己的大节有亏，时常嘴里说的是一套，纸上写的是一套，做的是完全不同的另一套。师友们轰轰烈烈成为一代完人，只有他醉心于功名利禄，出卖了人格灵魂，出卖了民族国家，到头来变成"药渣"，"秋风起，团扇捐"，被新主人一脚踢开，活着对不起人民，死去也羞见当年师友，老年的情怀实实在在是凄楚的、寂寞的、幽怨的，百无聊赖，只好皈依空门，靠念经礼佛来排遣、忏悔。排遣往年的过错，忏悔一生的罪恶。有时候也不免自怨自艾一番，例如《有学集·卷一·次韵茂之戊子秋重晤有感》之作：

　　残生犹在讶经过，执手只应唤奈何！近日理头梳齿少，频年洗面泪痕多。神争六博其如我，天醉投壶且任他。叹息题诗垂句后，重将老眼向关河。

《再次茂之他字韵》：

　　覆杯池畔忍重过，欲哭其如泪尽何？故鬼视今真恨晚，余生较死不争多！陶轮世界宁关我？针孔光阴莫羡他！迟暮将离无别语，好将白发喻观河。

戊子是明永历二年，清顺治五年（1648），这年他六十七岁了，为了被控和明朝故老闹"反清"，被羁押在南京，案情严重。想想一辈子居高官，享大名，四年前已经六十四岁了，还不顾名节，首倡投降之议，花了一笔大本钱，满以为新朝一定大用，不料还是做礼部侍郎，二十年前早已做过的官。官小倒也罢了，还被奚落，被哂笑，实在受不了，只好告病回籍。如今又吃这官司，说是为明朝呢，说不上，为清朝呢，更说不上，于是见了人只好唤奈何了，要哭也没有眼泪了，活着比死也好不了多少了。顺治十八年（1661）八十岁大寿，族弟钱君鸿要发起替他征集庆寿诗文，他苦口辞谢说：

　　少窃虚誉，长尘华贯，荣进败名，艰危苟免，无一事可及生人，无一言可书册府，濒死不死，偷生得生。绛县之吏，不记其年，杏坛之杖，久悬其胫。此天地间之不祥人，雄虺之所憖遗，鹙鹛之所接席者也。人亦有言，臣犹知之，而况于君乎？（《有学集·卷三九·与族弟君鸿论求免庆寿诗文书》）

这一段话每一个字都是真实的、确当的。他的一生定论"荣进败名，艰危苟免"，他一生的言行是"无一事可及生人，无一言可书册府"，明亡而"濒死不死"，降清而"偷生得生"，真是一个为人民所共弃的不祥人，该以杖扣其胫的老怪物。所谓人亦有言，如顺治三年（1646）在北京碰钉子谢病南归，有无名氏题诗虎丘石上《赠钱牧斋宗伯南归》：

> 入洛纷纷兴太浓，莼鲈此日又相逢。黑头已是羞江总，青史何曾用蔡邕？昔去幸宽沈白马，今归应悔卖卢龙。最怜攀折章台柳，撩乱秋风问阿侬。（此据《痛史》本。《虞阳说苑》本《牧斋遗事》首句作"入洛纷纭意太浓"，"黑头已是"作"黑头早已"，"用蔡邕"作"惜蔡邕"，末二句作"可怜折尽章台柳，日暮东风怨阿侬"。）

如《虞山行》：

> 一朝铁骑横江来，荧惑入斗天门开。群公蒲伏迎狼纛，元臣拜舞下鸾台。挂寇带笠薰风里，耳后生风色先喜。牛渚方蒙青盖尘，更向龙井钓龙子。名王前席拂朱缨，左拍宗伯右忻城。平吴利得逢双俊，投汉何曾有少卿。靡靡北道岁云暮，朔风吹出蚩尤雾。趋朝且脱尚书履，洛中那得司空座。回首先朝一梦中，黄扉久闭沙堤空。终朝褵带嗟何及，挂驷归去及秋风……吁嗟盛名古难成，子鱼佐命褚渊生。生前莫饮乌程酒，死来休见石头城！死生恩怨同蕉鹿，空向兴亡但失足。诗卷终当覆酒杯，山丘何用嗟华屋。（节引自《痛史》本《纪钱牧斋遗事》）

"牛渚方蒙青盖尘"指福王被虏，"更向龙井钓龙子"指牧斋作书诱降在杭州的潞王。"左拍宗伯右忻城"指文班以牧斋为首，武班以忻城伯赵之龙为首迎降清军。"黄扉久闭沙堤空"，指北上后不得大用，失意而反。和这句相发明的，还有一首虞山《竹枝词》：

> 十载黄扉事渺茫，重瞻天阙望恩光。凤凰池上无人问，依旧当年老侍郎。

《牧斋遗事》记一故事，说一天牧斋去游虎丘，穿一件小领大袖的衣服，有人揖问："这衣服是什么式样？"牧斋窘了，只好说："小领遵时王之制，大袖乃不忘先朝。"这人连忙改容说："哦，您真是两朝领袖咧！失敬失敬。"

死后，他所迎降的清朝皇家对他的看法，乾隆三十四年（1769）六月上谕："钱谦益本一有才无行之人，在前明时身跻贰仕。及本朝定鼎之初，率先投顺，洊陟列卿，大节有亏，实不足齿于人类。朕从前序沈德潜所选《国朝诗别裁集》，曾明斥钱谦益等之非，黜其诗不录，实为千古纲常名教之大关。彼时未经见其全集，尚以为其诗自在，听之可也。今阅其所著《初学集》《有学集》，荒诞悖谬，其中诋毁本朝之处，不一而足。夫钱谦益果终为明朝守死不变，即以笔墨腾谤，尚在情理之中。而伊既然本朝臣仆，岂得复以从前狂吠之语，列入集中，其意不过欲借此以掩其失节之羞，尤为可鄙可耻！钱谦益业已身死骨朽，姑免追究，但此等书籍悖理犯义，岂可听其流传，必当早为销毁。"于是二集成为禁书。第二年弘历又题初学集："平生谈节义，两姓事君王。进退都无据，文章那有光？真堪覆瓮酒，屡见咏香囊。末路逃禅去，原为孟八郎。"四十一年又诏："钱谦益反侧卑鄙，应入《国史贰臣传》，尤宜据事直书，以示传信。"四十三年二月又谕："钱谦益素行不端，及明祚既移，率先归命。乃敢于诗文阴行诋毁，是为进退无据，非复人类。若与洪承畴等同列《贰臣传》，不示差等，又何以昭彰瘅？

钱谦益应列入乙编，俾斧钺凛然，合于春秋之义焉。"（《清史·列传·贰臣传·乙编》）其实这些话是有些冤枉的。《初学集》是牧斋在前明的作品，刊行于崇祯十六年（癸未，1643），确是有好些骂清高宗先人的话。《有学集》是降清以后的结集，对清朝祖先便不敢"奴"长"奴"短了。以牧斋在明朝的作品来责备做清朝卿贰的钱谦益，当然不公道。不过，说他"进退失据，非复人类"，倒是定论。

牧斋对明朝失节，出卖祖国，出卖人民，"更一钱不值何须说！"在清朝呢，名列《贰臣传》，而且还是乙编，比洪承畴之类更下一等。活着含羞，死后受辱，这是投机分子应有的结局。

二、荣进败名

牧斋名谦益，字受之，晚年号蒙叟，亦自称东涧老人，江苏常熟人。生于明神宗万历十年，死于清圣祖康熙三年（1582—1664），年八十三岁。

牧斋一生的经历，十七岁（明神宗万历二十六年，1598）进学，二十五岁中举，二十九岁中探花，授翰林院编修，以父丧丁忧。三十九岁还朝。四十岁（熹宗天启元年，1621）做浙江主考，升右春坊中允。四十一岁以浙闱关节案告病回籍。四十三岁以谕德充经筵日讲官。四十四岁升詹事府少詹事，以东林党案削籍家居。四十七岁（思宗崇祯元年，1628）补詹事府詹事，转礼部右侍郎兼翰林侍读学士，廷推枚卜，是候补宰相名单上的第二名，被温体仁攻讦革职，四十八岁后开始闲居。五十六岁被邑人张汉儒告讦为土豪恶绅，被逮北上下狱。五十七岁狱解南归。六十岁纳妾柳如是。六十四岁明福王立于南京，改元弘光，谦益官礼部尚书兼宫保，清兵进军江南，牧斋以文班首臣迎降，随例北行。六十五岁做清朝的内秘书院学士兼礼部侍郎，充《明史》副总裁。六月告病南归。六十七岁以黄毓祺案被逮到南京下狱。六十八岁狱解归里。八十三岁死。

牧斋二十岁左右在东南一带便有文名，和东林领袖顾宪成、允成兄弟交游。点探花以后，叶向高是前辈，孙承宗、王图是座主，高攀龙、左光斗、杨涟、周顺昌、姚希孟、黄道周、文震孟、鹿善继诸名流是僚友，瞿式耜是门生，程嘉燧、李流芳诸人是文酒之友，声气震动一世。到东林诸领袖先后被杀之后，"流俗相尊作党魁"，俨然是乡国重望了。张汉儒告讦案解后，"雒中之冠带，汝南之车骑，蜀郡之好事，鄂杜之诸生，闻声造门，希风枉驾，履舄交错，舟船填咽，邑屋阒其无人，空山为之成市"。成为斯文宗主，一代大师，青年人的泰山北斗，社会上第一号的贤达。六十四岁做了两朝领袖之后，声名骤落，做官不得意，做人不像人，"人亦有言"，成天过被哂笑辱骂的日子，再也不谈气节骨格，缩在文人的圈子里，写墓铭寿序弄钱，腼腼腆腆一直到死。

这个人的一生，用他自己的话来说最确当，"荣进败名"，一句话，不顾国家民族的利益，光想做大官，利禄熏心，坏了名节，毁了自己。

天巧星浪子钱谦益

牧斋前半生是东林中佼佼的人物，反东林的阉党阮大铖造《点将录》，献给魏忠贤，黑名单上的重要人物有天罡星托塔天王李三才，及时雨叶向高，天巧星浪子钱谦益，圣手书生文震孟，霹雳火惠世扬，鼓上蚤汪文言，大刀杨涟，智多星缪昌期等三十六人。地煞星神机军师顾大章，青面兽左光斗，金眼彪魏大中，旱地忽律游士任等共七十二人。崔呈秀开的另一黑名单《天鉴录》上也赫然有钱谦益的名字（计六奇《明季北略·卷二》）。天启五年（1625）杨涟、左光斗诸人被魏忠贤杀害，牧斋也牵连被削籍回里。官虽做不成，名气反而更大，朝野都把他当作东林党魁，他也以此自许，如《初学集·卷六·十一月初六日召对文华殿旋奉严旨革职待罪感恩述事二十首》之一：

> 破帽青衫又一回，当筵舞袖任他猜。平生自分为人役，流俗相尊作党魁。

如《有学集·卷一六·范勋卿文集序》：

> 余庚戌通籍，出吾师耀州王文肃公（名图，阉党卢承钦所作《点将录》，和高攀龙并列的东林副帅，此外曹于汴、汤兆京、史记事、魏大中等谓之先锋，丁元荐、沈正宗、李朴等谓之敢死军人，孙丕扬、邹元标谓之土木魔神）之门……余则继耀州之后，目为党魁，饮章录牒，逾冬逮系，受钩党之祸……入甘陵之部，刊元祐之碑，除名削迹，终老而不相贷贳。

可是他一生的行径，却是道地的"浪子"，阉党虽然比他更灭绝人性，寡廉鲜耻，给他的这个绰号倒还中肯，恰如其人的品格身份。

浙闱关节

牧斋虽是东林党人，可是还没有进身就和宦官勾搭。万历三十八年（1610）殿试后自以为文名满天下，兼之又有内线，状元是拿稳了。发榜的前一晚，已经得到宫中小太监的密报，说是状元已成定局，司礼监太监和其他宫廷权要都派人送帖子来道喜，京中亲朋故旧络绎户外，牧斋喜极乐极。不料到天亮榜发，牧斋竟是第三名探花，状元是归安人韩敬，这一跟头摔得真惨，两人从此结下仇。原来韩敬也有内线，早攀上官中最有势力的大太监，发榜时拿韩敬换了牧斋。牧斋还以为他的老板只此一家，以致上了一回大当。（《虞阳说苑》本《牧斋遗事》）

韩敬做了官，牧斋不服气，使一点手段，在三年京察时，把韩敬革职。

韩敬是浙江人，是反对东林的浙党党人。丢官后恨极，也处心积虑图谋报复。党争和私人怨恨从此纠缠不清。

熹宗天启元年（1621）牧斋奉命做浙江主考官。韩敬和秀水沈德符计议，冒用牧斋的名义，出卖关节，很多人都上了当。名士钱千秋也被说动了，用两千两银子买"一朝平步上青天"的暗号，在每篇文章的结尾嵌入一字。榜发千秋果然考取了。韩敬、沈德符使的人分赃不均，把卖关节的事情嚷开了，韩敬也派人上北京大宣传一气，又联络礼科给事中顾其仁磨勘原卷，找出证据，具疏弹劾。事情闹大，刚好钱千秋已到北京准备会试，牧斋一问果然有真凭实据，急得无法，只好自己上疏检举。经刑部审讯的结果，假冒名义出卖关节的两人枷号发烟瘴充军，钱千秋革去举人充军，牧斋和房官确不知情，以失察罚俸三月，奉旨依拟。这个科场大案，因为牧斋脚力大，就此结束。（文秉《烈皇小识·卷二》，《虞阳说苑》本《阁讼记略》，冯舒《虞山妖乱志·中》）

枚卜之争

明代后期大学士（宰辅）的任用，由吏部尚书领衔，会合廷臣公推，开一张名单，由皇帝点用，叫作枚卜。

崇祯元年（1628）十一月，大学士刘鸿训罢，思宗诏廷臣举行会推枚卜大典。

牧斋是庚戌进士，在东林有重名，会推列名是没有问题的。唯一的劲敌是同官宜兴周延儒，延儒是万历四十一年（1613）的会元状元，名辈虽然较后，可是不久前曾和思宗谈过话，很投机，如也在会推单上列名，周的被点可能要比钱大。乌程温体仁官礼部尚书，虽然是万历二十六年进士，但是名低望轻，根本挨不上，倒不必顾虑。

周延儒事先布置，勾结外戚郑养性和东厂唐之征，势在必得。

牧斋方面，有门生户科给事中瞿式耜、吏科都给事中章允儒在奔走，瞿式耜尤其出力，联络好廷臣，会推单上十一名，第一名成基命，第二名钱谦益，釜底抽薪，周延儒连提名的资格都被取消了，根本说不上圈定。

明思宗性格多疑，正在奇怪怎么会不列周延儒的时候，周延儒的反攻也正在展开，使人散布流言，街巷纷纷传说，这次会推全由钱谦益的党羽操纵，思宗也听见了。温体仁摸清楚情势，上《盖世神奸疏》，弹劾谦益浙闱旧案，说他是盖世神奸，不宜滥入枚卜。思宗召集双方在文华殿面讯，温体仁是有准备的，盛气质询，说话流利，牧斋正在打点做宰相的兴头上，斜刺里挨这一棍，摸不清情况，说不出话，官司便输定了。第二天有旨："钱谦益关节有据，受贿是实。今又滥入枚卜之列，有党可知。祖法凛在，朕不能私，着革了职，九卿科道从公依律会议具奏，不得徇私党比，以自取罪责。"后来钱千秋案虽然由原审人员一致坚持原来的判决，牧斋止于失察，不再深问。可是大学士是被搞掉了，不但做不了大学士，连原官也丢了。革职回籍听勘。

崇祯二年（1629）十二月周延儒入阁，三年六月温体仁入阁。两个死对头接连当权，牧斋一直闲了十六年，再也不得登朝，只好在乡间做"社会贤达"，干土豪劣绅武断乡曲的勾当。

这一次牧斋吃亏的原因：一内线未走好，二被温体仁一口咬定是结党把持，做皇帝的最怕最恨臣下结党，而牧斋恰是结党有据，硬挤周延儒。又吃亏在钱千秋的案子确是有关节。一跤摔倒，再也起不来了。（《明史·卷三〇八·周延儒传、温体仁传》《明史·卷二八〇·瞿式耜传》，《烈皇小识·卷二》，《阁讼记略》，《虞山妖乱志·中》）

贪恶兽宦

明代乡绅作恶于民间，是人民最感痛苦的一害。

崇祯十年（1637）常熟人张汉儒到北京告御状，告乡绅钱谦益、瞿式耜："不畏明论，不惧清议，吸人膏血，啖国正供，把持朝政，浊乱官评，生杀之权不操之朝廷而操之两奸，赋税之柄不操之朝廷而操之两奸，致令蹙额穷困之民欲控之府县，而府县之贤否，两奸且操之，何也？抚按皆其门生故旧。欲控之司道，而司道之黜陟，两奸且操之，何也？满朝皆其私党羽翼也。以致被害者无门控诉，衔冤者无地申冤。"又告发他们："倚恃东林，把持党局，喜怒操人才进退之权，贿赂控江南生死之柄，伦常扫地，虐焰熏天。"开列罪款，一共是五十八款，如侵占地方钱粮，勒索地方大户，强占官地营造市房，霸占湖利强要渔船网户纳常例，私和人命，逼奸良人妻女，出卖生员，霸占盐利，通番走私，占夺故家宝玩财货，毒杀和殴杀平民，占夺田宅等，计赃三四百万。例如：

一、恶钱谦益、瞿式耜每遇抚按提学司道知府推官知县要紧衙门结交，必先托心腹，推用其门生故旧，宣言考选可以力包，以致关说事情，动以千万，灵应如神，诈有不遂者无不立致之死，小民之冤无处申诉，富家之祸无地可容。

二、恶钱谦益、瞿式耜见本县有东西两湖华荡、华汇（《文艺杂志》本作昆城湖、华荡滩），关系民间水利，霸截立桩，上书"礼部右堂钱府""户科瞿衙"字样，渔船网户俱纳常例，佃田小民投献常规，每岁诈银七百余两，二十年来计共诈银一万四千余两，地方切齿，通县公愤。

三、恶钱谦益自卖举人钱千秋之后，手段愈辣，凡文宗处说进学者，每名必要银五百两，帮廪者每名银三百两，科举遗才者要银二百两，自家夸口三党之前曰，我的分上，如苏州阊门贝家的药，货真物精，比别人的明明贵些，只落得发去必有应验。

四、恶钱谦益乘媚阉党崔呈秀心爱顾大章家羊脂白玉汉杯，著名一棒雪，价值千金，谦益谋取到手，又造金壶二把，一齐馈送，求免追赃提问，通邑诽笑证。

　　五、恶钱谦益见刑部郎中赵元度两世科甲，好积古书文画，价值二万余金，后乘身故，馨抢四十八橱古书归家。

这个告发人张汉儒，牧斋自撰的《丁丑狱志》称为奸人，《明史》上也称为常熟奸民。在封建时代，以平民告发大官，其"奸"可知。不过根据冯舒的《海虞妖乱志》，所记牧斋的秽史确有几件是可以和"奸"民的控词互证的。冯舒是牧斋同县人，被这场官司卷入，闹得几乎不可开交，而且是牧斋这方面的人，牧斋和瞿式耜还为他分辩过。他的话应该有史料价值。他说：

　　钱尚书令（杀人犯）翁源德出三千金造塔（赎罪），源德事既败，塔亦终不就。已而钱尚书必欲成之。凡邑中有公事拟罪者，必罚其赀助塔事，黠士敝民请乞不餍，亦具辞请修塔，不肖缙绅有所攘夺者，公以塔为名，而私实自利。即寿考令终者，抑或借端兴词，以造塔为诈局，邑中谓塔为大尸亲，颇称怨苦。钱尚书亦因是藉藉不理人口，谤亦由是起。

他详细记出牧斋曾由族人钱斗之手，敲诈族人钱裔肃：

　　裔肃诸弟又以宪副（钱岱）故妓人纳之尚书，裔肃不得已，亦献焉。凡什器之贵重者，钱斗辈指名索取，以为尚书欢。

张汉儒告发于下，大学士温体仁主持于上，地方大官如巡抚张国维是牧斋的门生，巡按御史路振飞是后辈，也掩饰不了，牧斋和瞿式耜被逮到京拘讯。

官司又眼见得要输了，牧斋自辩二疏，只辩得钱千秋一案，其他各款只咬定是温体仁主使，说他和张汉儒一个鼻孔出气。背地里乞援于司礼监太监曹化淳，因为牧斋往年曾替曹化淳的上司司礼太监王安作过碑文，这门路就走通了。又用贿赂使抚宁侯朱国弼参奏温体仁欺君误国，内外夹攻，转退为进，要翻转这案子。

这时候锦衣卫指挥使是温体仁的人，照理温体仁这着棋是赢定了。不料他走错了一步，在思宗前告发钱谦益和曹化淳的勾结情形，得罪了曹化淳，情势立刻倒过来了，锦衣卫指挥使换了牧斋的朋友，东厂专找温体仁的错，张汉儒枷死，温体仁也接着罢相。第二年秋天牧斋和瞿式耜才出狱。

张汉儒控诉乡绅作恶，一到北京变了质，温体仁用作报复政敌的手段。温体仁得罪了曹化淳，官司又变了质，乡绅作恶的事一字不提，告发人成为"奸"民被处死。牧斋靠内监的庇佑，不但官司没有事，连劣绅恶绅的身份也连带去掉了。（《明史·卷二八〇·瞿式耜传》，冯舒《虞山妖乱志》，《虞阳说苑》本《张汉儒疏稿》，《文艺杂志》本《常熟县民张汉儒控钱谦益、瞿式耜呈词》，《初学集·卷二五·丁丑狱志》《卷八七·微臣束身就系辅臣蜚语横加谨平心剖质仰祈圣明洞鉴疏》）

三、艰危苟免

崇祯十七年（1644）三月明思宗自杀的消息传到南方，南京的文武臣僚乱成一团。吵的不是如何出兵，如何复仇，而是如何找一个皇帝，重建封建统治政权。

当时避难到南京附近的有两个亲王，一是潞王，一是福王。论族属亲疏行辈福王当立，论人品潞王有潞佛子的名气，好说话，容易驾驭。

可是福王有问题，万历年间为了老福王闹的妖书、梃击、移宫三案，东林是反对老福王的，福王如立，很可能追怨三案，又引起新的党争，不得安稳。立潞王，不但政治上不会出岔子，还可立大功。牧斋先和潞王接了头，首倡立潞王之议，南京大臣兵部侍郎吕大器、右都御史张慎言、詹事姜曰广都赞成，雷缜祚、周镳也为潞王大作宣传。这些人有的是东林，有的是准东林，一句话，东林系的士大夫全支持潞王做皇帝。

反东林的阉党着了慌，尤其是阮大铖，出尽全力，和实力派庐凤督师马士英，操江诚意伯刘孔昭，总兵高杰、刘泽清、黄得功、刘良佐结合，高级军人全拥护福王，南京的议论还没有决定，马士英已经统军拥福王到南京了。文官们没办法，只好向福王劝进，在南京建立了小朝廷，维护这一小部分人的利益。

潞王和福王皇帝地位的争夺，也就是幕后人钱牧斋和阮大铖的斗争。钱牧斋输了，马士英入阁，东林领袖史可法外出督师，阮大铖起用，从兵部右侍郎进尚书兼右副都御史，巡阅江防，红得发紫。

大铖用事后，第一件事是起用阉党，第二件事是对东林报复。他好容易熬了十几年，受尽了"清流"的笑骂，今天才能出这口气，造出十八罗汉五十三参的名目，要把东林一网打尽。雷缜祚、周镳首先被杀，南京城中充满了恐怖空气，逃的逃，躲的躲，弄得人心惶惶。

牧斋一见福王登位，知道情形不妙，立刻转舵，一百八十度大转弯，上疏称颂马士英功德，士英乐了，援引牧斋做礼部尚书。一不做二不休，牧斋索性举荐阉党，还上疏替阮大铖呼冤，大铖由之起用。可是阮大铖还是不肯解憾，黑名单上仍旧有牧斋名字。牧斋无法，只好再求马士英保护，战战兢兢，幸免无事。（《明史·卷三〇八·马士英传》）

弘光元年（1645）五月，清军进军江南，牧斋率文班诸臣迎降。南京其他大员送清豫王的礼物动不动就值万两银子，牧斋要表示自己的廉洁，送的礼最薄，这份礼单照抄如下：

　　　　太子太保礼部尚书兼翰林院学士臣钱谦益百叩首谨启上贡：

　　　　计：开鎏金壶一具　珐琅银壶一具　蟠龙玉杯一进　宋制玉杯
一进　天鹿犀杯一进　夔龙犀杯一进　葵花犀杯一进　芙蓉犀杯一
进　珐琅鼎杯一进　文玉鼎杯一进　珐琅鹤杯一对　银镶鹤杯一对
宣德官扇十柄　真金川扇十柄　弋阳金扇十柄　戈奇金扇十柄　百
子官扇十柄　真金杭扇十柄　真金苏扇四十柄　银镶象箸十双

　　　　顺治二年五月二十六日太子太保礼部尚书兼翰林院学士臣钱
谦益

　　据目见的人说，牧斋亲自捧帖入府，叩首阶下，向豫王陈说，豫王很高
兴，接待得不错。（《说苑》本《牧斋遗事》）

　　不但第一个迎降，牧斋还派人到苏州大贴告示说："大兵东下，
百万生灵，尽为虀粉，招谕之举，未知合郡士民，以为是乎非乎？便乎
不便乎？有智者能辨之矣。如果能尽忠殉节，不听招谕，亦非我之所能
强也。聊以一片苦心与士民共白之而已。"又写信给常熟知县曹元芳劝
降："主公蒙尘五日后，大兵始至，秋毫无犯，市不易肆。却恐有舟师
入越，则吴中未免先受其锋。保境安民之举，不可以不早也。牺牲玉帛
待于境上，以待强者而庇民焉，古之人行之矣。幸门下早决之。想督台
自有主持。亡国之臣，求死不得，邑中怨家必攘臂而鱼肉之矣，恐亦非
便计也，如何？"（《赵水部杂志》）在主俘国破的时候，他不但为敌
作伥，招降父母之邦，还念念不忘他家乡那份产业，这封信活画出卖国
贼那副嘴脸。

　　所说"求死不得"是鬼话，他自己曾告诉人，当时宠妾柳如是劝他
殉国，他迟疑不肯，柳如是发急，以身作则，奋身自沉，被侍儿抱住。
他何曾求过死？连小老婆劝他死也不肯，怎么会"不得"！（顾苓《河
东君传》，案顾云美也是牧斋的友人，牧斋曾为撰《云阳草堂记》，见

《有学集·卷二六》）

　　牧斋降清后，一意要为清朝立功，时潞王寄居杭州，牧斋又寄书诱降，骗说只要归顺，就可保住爵土。浙江巡抚张秉贞得信，要挟潞王出降，潞王合家被俘北上（《说苑》本《牧斋遗事》）。牧斋自以为大功既就，而且声名满天下，这次入阁该不成问题了，兴冲冲扬鞭北上，左等右等，等到顺治三年（1646）正月，才发表作礼部侍郎管秘书院事，充修《明史》副总裁，不禁大失所望。苦苦挨了半年，又被劾夺职回籍闲住，荣进了一辈子，状元巴不到，阁老爬不上，落得身败名裂，"昔去幸宽沈白马，今归应悔卖卢龙"！（《说苑》和《痛史》本《牧斋遗事》）

　　牧斋到底悔了没有呢？这头不着巴那头，清朝不要，再投明朝，顺治《东华录记》：

　　　　五年四月辛卯，凤阳巡抚陈之龙奏：自金逆（声桓）之叛，沿海一带与舟山之寇，止隔一水。故密差中军各将稽察奸细，擒到伪总督黄毓祺，搜获铜铸伪关防一颗，反诗一本，供出江北富党薛继周等，江南王觉生、钱谦益、许念元等，见在密密拿缉。得旨：黄毓祺着正法，其……钱谦益等马国柱严饬该管官访拿。

据《贰臣传·乙编》，牧斋这次吃官司也是被人告密的，告密人叫盛名儒：

　　　　以钱谦益曾留黄毓祺宿其家，且许助资招兵。诏总督马国柱逮讯。谦益至江宁，诉辩："此前供职内院，邀沐恩荣，图报不遑。况年已七十，奄奄余息，动履借人扶掖，岂有他念。"哀吁问官乞开脱。会首告谦益从逆之盛名儒逃匿不赴质，毓祺病死狱中。乃以毓祺与谦益素不相识定谳。马国柱因疏言："谦益以内院大臣归

　　老山林，子侄三人新列科目，荣幸已极，必不丧心负恩。"于是得
释归。

这次狱事，一直到顺治六年（1649）春才告结束。同年七月十五日，
同县瞿式耜的家人派家童到桂林去看永历帝的桂林留守牧斋的门生瞿式
耜。牧斋脚踏两头船，带一封密信给他，九月十六日到达，这封密信被
节引在式耜的《报中兴机会事疏中》（《瞿忠宣公集·卷五》），牧斋
指陈当前军事形势，列出全着要着急着。还报告清军将领动态和可能反
正的武装部队。式耜的案语说：

　　臣同邑旧礼臣钱谦益寄臣手书一通，累数百言，绝不道及寒温
家常字句，唯有忠驱义感，溢于楮墨之间。盖谦益身在房中，未尝
须臾不念本朝，而规画形势，了如指掌，绰有成算。

有了这件文字，加上瞿留守的证明，万一明朝恢复天下，看在地下工作
的分儿上，大学士的座位，这一回总该坐得上去了吧？
　　一年后，清军攻下桂林，瞿式耜不屈，慷慨赴义。清人修《明
史》，大传的最后一位，便是牧斋早年的门生瞿式耜。这师生二人，在
民族兴亡、国家存灭的严重关头，一个经不住考验，做了两朝领袖，名
教罪人。一个通过考验，成了明朝的孤臣孽子，忠臣烈士。牧斋地下有
知，怕也没面目见到这位高足吧！

1948年5月13日于清华园
原载《中国建设》六卷五期